KNAUR
BALANCE

Gary McClain

GOOD BYE!

VON DER KRAFT, DINGE GUT ZU BEENDEN

Aus dem amerikanischen Englisch
von Horst Kappen

KNAUR
BALANCE

Die amerikanische Originalausgabe erschien 2024 unter dem Titel
»The Power of Closure: Why We Want It, How to Get It,
and When to Walk Away« bei TarcherPerigee, einem Imprint von
Penguin Random House LLC, New York, USA.

Deutsche Erstausgabe April 2025

Ein Imprint der Verlagsgruppe
Droemer Knaur GmbH & Co. KG
Maria-Luiko-Straße 54, 80636 München

Redaktion: Tamara Fromme und
Karin Weber, texthochzwei GbR, München
Covergestaltung: Favoritbüro, München
Satz und Layout: Adobe InDesign im Verlag
Druck und Bindung: CPI books GmbH, Leck
ISBN 978-3-426-56181-2

Kontaktadresse nach EU-Produktsicherheitsverordnung:
produktsicherheit@droemer-knaur.de

2 4 5 3 1

Für alle, die jemals versucht haben, mit einem
anderen Menschen zu einem Abschluss zu finden:
für jene, die damit Erfolg hatten,
für jene, die damit keinen Erfolg hatten,
und für jene, die akzeptiert haben,
dass es an der Zeit ist weiterzugehen.
Möge es mir mit diesem Buch gelingen,
ihnen allen eine Orientierungshilfe, Ermutigung und
Trost mit auf den Weg zu geben.

INHALT

EINFÜHRUNG

»Könnte ich doch nur einen Abschluss damit finden …«

Haben Sie in letzter Zeit jemanden diesen Satz sagen hören? Oder ihn vielleicht sogar selbst ausgesprochen? Vermutlich ja. Denn das ist wahrscheinlich der Grund, warum Sie dieses Buch in die Hand genommen haben.

Mir selbst geht es da nicht anders. Er gehört zu den Sätzen, die ich in meiner mehr als zwanzigjährigen Tätigkeit als Psychotherapeut am häufigsten gehört habe. Ob es um Trauer aufgrund eines Todesfalls geht, den Verlust des Arbeitsplatzes, eine Trennung, um familiäre Probleme, eine gravierende ärztliche Diagnose oder um einen der vielen anderen Gründe, die Menschen zu mir in die Therapie führen – oft stellen sie sich die gleiche Frage: Wie kann ich einen Abschluss damit finden?

Was kommt Ihnen in den Sinn, wenn Sie an das Thema Abschluss denken? Vielleicht das Ende einer Liebesbeziehung. Nach einer Trennung ist es nur menschlich, ein paar abschließende Worte finden zu wollen, die eigenen Gefühle auszudrücken, verstehen zu wollen, was passiert ist, oder den Wunsch zu haben, einen »endgültigen Schlussstrich« zu ziehen (oder zu schauen, ob die Beziehung noch eine Chance hat). Vielleicht ist es aber auch der Tod eines geliebten Menschen. Wenn jemand stirbt, wird es – unabhängig davon, wie gesund oder ungesund Ihre Beziehung zu diesem Menschen war – mit ziemlicher Sicherheit Dinge geben, die ungesagt geblieben sind und die Sie ihm nun nicht mehr mitteilen können, oder auch ungeklärte

Angelegenheiten, die sich jetzt nicht mehr regeln lassen. Natürlich wünschen wir uns einen guten Abschluss, auch dann – oder *gerade dann* –, wenn dies nicht mehr möglich ist.

Hier eine grundlegende Wahrheit über Abschlüsse, wie ich sie in meinem eigenen Leben – und auch im Leben meiner Klient*innen – erfahren habe: Manchmal gelingt es uns, den Abschluss zu finden, den wir uns wünschen. Und manchmal müssen wir darauf verzichten. Aber festzustellen, dass wir den Abschluss, von dem wir dachten, ihn zu brauchen, nicht bekommen können, und auf ihn zu verzichten kann ebenfalls etwas Kraftvolles haben! Dies ist die eigentümliche Macht, die im Abschluss liegt: Er hat Auswirkungen auf uns, wenn wir ihn erreichen *und* dann, wenn wir ihn nicht erreichen.

Aus diesem Grund habe ich dieses Buch geschrieben. Nach all den Jahren, in denen ich mich mit diesem Thema beschäftigt habe, wurde mir klar, dass es etwas ist, das uns fast alle irgendwann beschäftigt, das aber nur wenige von uns wirklich verstehen. Im Folgenden möchte ich erklären, was ein Abschluss eigentlich ist, warum wir ihn uns wünschen, wie es uns gelingt, mit etwas abzuschließen, und was zu tun ist, wenn nicht. (Und um es gleich vorwegzunehmen: In der überwiegenden Zahl der Fälle gelingt es uns nicht).

Wie ich vermute, haben Sie mein Buch nicht in die Hand genommen, weil Sie auf der Suche nach einer leichten Sommerlektüre waren. Vielmehr haben Sie vermutlich deshalb danach gegriffen, weil Sie irgendwo in Ihrem Leben darum ringen, mit etwas zu einem Abschluss zu kommen. Wenn dies der Fall ist, gilt Ihnen meine ganze Sympathie, und ich fühle mich zutiefst geehrt, dass Ihre Wahl auf mein Buch gefallen ist. Es ist mein Wunsch und mein Ziel, dass

Sie nach der Lektüre der folgenden Kapitel etwas daraus mitnehmen, das für Sie persönlich von Wert ist: einen Gedanken, ein praktisches Beispiel, eine Einsicht, irgendetwas, was Sie auf Ihr eigenes Leben anwenden können, um mit Zuversicht den Abschluss zu suchen, den Sie für sich benötigen – oder auch, um einzusehen, dass es an der Zeit ist, darauf zu verzichten. Das Leben gibt uns nicht immer, was wir wollen; aber wenn wir bereit sind, unsere Lektion zu lernen, gibt uns das Leben oft, was wir brauchen.

Die Gespräche, die ich mit Menschen rund um das Thema Abschluss geführt habe, waren sowohl herzerwärmend als auch herzzerreißend, begleitet von Gefühlen wie Traurigkeit, Frustration, Wut und Angst, aber auch von Erleichterung, Glück, purer Freude und Hoffnung. Wie ich hoffe, werden Sie auf den folgenden Seiten die richtige Mischung aus Unterstützung und praktischen Ratschlägen finden, die Ihnen dabei hilft, in Ihrem eigenen Leben mit etwas zu einem Abschluss zu kommen – oder auch ohne ihn zurechtzukommen. Zu wissen, dass Sie von der Lektüre meiner Worte profitieren konnten, wäre für mich die Erfüllung eines lebenslangen Traums. Vielleicht lassen Sie es mich eines Tages wissen. Vielleicht kann ich auf diese Weise selbst damit zu einem Abschluss kommen.

TEIL I

WAS EINEN ABSCHLUSS AUSMACHT

KAPITEL 1

WAS EIN ABSCHLUSS IST

Wer wie ich im psychotherapeutischen Bereich tätig ist, wird sich dabei immer wieder in bestimmten Gesprächssituationen wiederfinden. Jede*r meiner Klient*innen ist ein Individuum mit eigenen Lebenserfahrungen, Vorstellungen und Zielsetzungen, aber gewisse Themen tauchen immer wieder auf. Eines dieser Themen heißt Abschluss. Und auch wenn alle meine Klient*innen einzigartig sind, sind es doch manchmal dieselben Worte, die sie verwenden.

»Wenn ich nur einen Schlussstrich ziehen könnte …«

»Er schuldet mir in dieser Sache wirklich einen Abschluss.«

»Warum wehrt sie sich nur so dagegen, mir diesen Abschluss zu gewähren?«

Und nur allzu oft: »Ich will, dass diese Sache zu einem Abschluss kommt!«

Aber was *heißt* es eigentlich, mit etwas abzuschließen, und warum scheint uns das jedes Mal ein so wichtiges Anliegen zu sein? Sooft wir auch darüber sprechen mögen, kann es sich als erstaunlich schwer erweisen, eine Definition dafür zu finden.

Dem konkreten Wortsinn nach besagt *Abschluss*, dass etwas zu Ende geht, sei es eine Liebesbeziehung, ein Arbeitsverhältnis oder, was am allerschmerzlichsten ist, ein Leben. Aber der Bedeutungsumfang des Wortes reicht noch sehr viel weiter. Manchmal geht es bei einem Abschluss nämlich gar nicht um ein Ende, sondern vielmehr darum, eine Lösung für ein Problem zu finden, das immer wieder auftaucht.

Woher wissen Sie nun aber, ob in dieser Hinsicht bei Ihnen Bedarf besteht, ob es etwas gibt, mit dem Sie zu einem Abschluss kommen müssen? Hier sind einige der Anzeichen. Vielleicht stellen Sie ja fest, dass Sie ...

- mit jemandem das Gespräch über etwas suchen, was zwischen Ihnen beiden vorgefallen ist;
- in Gedanken durchspielen, was Sie einem Menschen sagen wollen, damit er versteht, wie Sie sich fühlen (und dabei möglicherweise viele ungute Gefühle haben, wenn Sie daran denken, wie er darauf reagieren wird – oder welche Reaktion Sie sich von ihm *wünschen*);
- sich ausmalen, wie Ihre Beziehung zu einem Menschen aussehen wird, nachdem Sie miteinander die »entscheidende Aussprache« geführt haben;
- Fantasien darüber hegen, wie es einem Menschen damit ergehen könnte, wenn Sie ihm »heimzahlen«, was er Ihnen angetan hat.

Vielleicht verspüren Sie aber auch den Wunsch, ...

- an einen Punkt in Ihrer Beziehung zurückzukehren, an dem sie sich Ihrer Ansicht nach befinden sollte, damit das Verhältnis von Geben und Nehmen auf beiden Seiten ausgeglichen ist;
- endlich das zu bekommen, was Ihnen zusteht und was Ihnen bislang bewusst oder unbewusst vorenthalten wurde;
- sich von der Last einer Schuld zu befreien, indem Ihnen jemand endlich verzeiht, was Sie dieser Person angetan haben – oder umgekehrt, indem Sie sich wünschen, dass jemand Sie für etwas um Verzeihung bittet (um sie dann zu gewähren oder auch nicht).
- Anerkennung und Wertschätzung für den Beitrag zu erhalten, den Sie leisten.

Falls Sie sich in einer oder mehreren dieser Aussagen wiederfinden, spielt das Thema Abschluss für Sie vermutlich eine wichtige Rolle.

Beispiele für den Wunsch nach einem Abschluss

Um für etwas eine Definition zu finden, ist es manchmal am besten, konkrete Beispiele anzuführen. Deshalb hier verschiedene Beispiele von Klient*innen aus meiner therapeutischen Praxis, die mit mir über die Gründe gesprochen haben, warum sie sich einen Abschluss wünschen.

Allie und ihr Freund haben sich getrennt, nachdem sie mehr als zwei Jahre lang ein Paar gewesen waren. In den letzten Monaten hatte es zwischen den beiden gekriselt – und Allie weiß immer noch nicht so recht, warum. Die Trennung selbst kam plötzlich, während eines Streits, in dessen Verlauf sie beide beschlossen, die Beziehung zu beenden. Seither haben sich Allie und ihr Ex-Freund ein paarmal per SMS geschrieben, nur um zu sehen, wie es dem anderen geht. Dabei hat sie ihn um ein Treffen gebeten, damit sie über das Geschehene sprechen können, was er aber abgelehnt hat. »Ich brauche eine Art Abschluss«, sagt sie. »Warum will er mir den nicht geben?« Allie empfindet Schmerz und den Wunsch nach Vergebung, aber auch echte Wut …

Tommy wurde vor Kurzem aus seinem Job entlassen, den er seit fünf Jahren bekleidet hatte. Er und sein Chef waren nicht immer einer Meinung gewesen, und mehr als einmal hatte sein Chef ihn zusammengestaucht, als er mit Tommys Leistung nicht zufrieden war. Dennoch war Tommy der Meinung, dass sie insgesamt gut miteinander auskamen. Dann wurde Tommy in die Personalabteilung gerufen, und es wurde ihm die Kündigung ausgesprochen. Sein Chef war an diesem Tag nicht im Büro, also packte Tommy seine Sachen zusammen und ging. Mehrmals hat er im Anschluss daran seinen Chef per E-Mail gebeten, mit ihm über das Vorgefallene zu sprechen, ohne jedoch eine Antwort zu erhalten. »Wenigstens ist er mir eine Antwort auf die Frage schuldig, wie es zu dieser Kündigung gekommen ist«, sagt Tommy. »Was ich mir wünsche, ist eine abschließende Erklärung.« Tommy empfindet Frustration, hat Angst vor der Zukunft und leidet unter dem Gefühl massiver Ungerechtigkeit …

Amanda lebt mit einer chronischen Krankheit und arbeitet seit Jahren mit derselben Ärztin zusammen. Sie ist ihrer Ärztin, die sie schon durch einige schwere Zeiten begleitet hat, wirklich sehr zugetan. Besonders zu schätzen weiß Amanda, dass sie ihr gegenüber ganz offen sein und ihr sagen kann, was ihr auf dem Herzen liegt. Letzte Woche erhielt Amanda einen Brief, in dem ihr mitgeteilt wurde, dass ihre Ärztin die Praxis verlassen hat, sowie der Name des Arztes, der sie als Patientin übernommen hat. Amanda ist am Boden zerstört. »Es ist mir unangenehm, das zuzugeben«, sagt sie, »aber ich dachte, sie würde sich wenigstens verabschieden und mir sagen, wie ich mit ihr in Kontakt bleiben kann. Das hätte den Abschied zwar nicht weniger traurig gemacht, aber ich hätte zumindest einen Abschluss gehabt.« Amanda ist traurig und enttäuscht, ganz abgesehen von den Problemen, die diese Umgewöhnung möglicherweise mit sich bringt …

Es ließen sich noch viele weitere Geschichten zum Thema Abschluss erzählen, manche aus dem Leben meiner Klient*innen, andere aus meinem eigenen. Einige dieser Geschichten haben ein gutes Ende, andere nicht, aber alle verdeutlichen unser grundlegendes Bedürfnis danach, einen Abschluss zu finden.

Einschneidende Lebensereignisse – wie eine Trennung, der Verlust des Arbeitsplatzes oder ein Todesfall – rufen dabei am ehesten das psychologische Bedürfnis nach einem Abschluss hervor. Allerdings ist unser natürliches Bedürfnis danach so ausgeprägt, dass es in jedem Bereich unseres Lebens zutage treten kann, selbst in relativ unbedeutenden Situationen.

Auch dafür seien hier zwei Beispiele genannt.

Sie haben es eilig und stürzen in eine Apotheke, um ein Rezept einzulösen. Sie warten, bis Sie an der Reihe sind, bezahlen und stürmen aus der Tür. Auf einmal fällt Ihnen ein, dass Sie sich nicht einmal die Zeit genommen haben, dem Apotheker zu antworten, der Sie freundlich angelächelt und sich bei Ihnen bedankt hat. Sie befürchten, unhöflich gewirkt zu haben, und hoffen darauf, dass Sie das nächste Mal, wenn Sie in dieser Apotheke sind, denselben Mitarbeiter antreffen werden, um dann besonders höflich zu ihm zu sein. Sie überlegen sogar, noch einmal zurückzugehen und sich dafür zu entschuldigen, dass Sie es so eilig hatten. Was Sie suchen, ist ein Abschluss.

Oder nehmen wir an, Sie sitzen mit ein paar Kolleg*innen in einem Meeting, um ein Projekt zu besprechen. Während Sie ein Problem schildern, an dessen Lösung Sie gerade arbeiten, unterbricht Sie ein Kollege mitten im Satz und bietet haargenau die Lösung an, die Sie gerade darstellen wollten. Sie sagen nichts, denn im Grunde genommen ist es kein Drama, dennoch haben Sie das Gefühl, dass Ihnen unrecht getan wurde. Hätten Sie den Kollegen im Meeting zur Rede stellen sollen? Oder ihn später darauf ansprechen? Zu Ihrem Chef gehen? Sie wissen nur, dass Sie die Sache nicht einfach auf sich beruhen lassen können und irgendwie zu einer Klärung kommen müssen. Mit anderen Worten, Sie suchen für sich nach einem Abschluss.

Versuch einer Definition

Wie schon gesagt, ist es schwierig, den Begriff *Abschluss* genau zu definieren, aber ich werde mein Bestes versuchen. Nach meinem Verständnis bezeichnet Abschluss einen emotionalen Zustand, der durch ein positives Gefühl von Endgültigkeit und Klarheit charakterisiert ist. Das bedeutet, dass in uns nur wenig bis gar keine Unklarheit in Bezug auf eine Situation verbleibt. Unsere Fragen wurden größtenteils beantwortet, auch wenn uns nicht alle Antworten gefallen mögen. Wenn wir hinsichtlich einer Situation zu *keinem* Abschluss gelangen, denken wir häufig – und unter Umständen in zwanghafter Weise – über sie nach und versuchen herauszufinden, warum die Dinge so gelaufen sind, wie sie gelaufen sind, oder malen uns aus, was hätte sein können, wenn wir anders gehandelt hätten. *Haben* wir dagegen mit einer Situation abgeschlossen, sind wir vielleicht nicht unbedingt glücklich darüber, wie sie sich entwickelt hat, aber wir verstehen sie relativ gut und fühlen uns nicht mehr gezwungen, eine Menge Zeit und mentale Energie darauf zu verwenden; wir können nach vorne schauen und uns auf andere Dinge konzentrieren.

In seiner am meisten erwünschten und befriedigenden Form gehört zum Abschluss oft eine ehrliche Kommunikation zwischen Menschen und eine friedliche Konfliktlösung, die zu einem Ergebnis führt, mit dem Sie insgesamt wirklich zufrieden sind. Aber das ist nicht die einzige Form von Abschluss. Ein Abschluss kann traurig oder schmerzhaft sein. Er kann in uns ein Bedauern über die Handlungsweise eines anderen Menschen (oder auch unsere eigene) hinterlassen, das aber hoffentlich mit dem entsprechenden Verständnis einhergeht. Vielleicht gefallen uns nicht immer die Antworten auf unsere Fragen, aber wenn sie zufriedenstellend beantwortet werden und Sie das Gefühl haben, die Vergangenheit hinter sich lassen zu können – herzlichen Glückwunsch: Das bedeutet, wirklich mit etwas abzuschließen.

Angenommen, jemand, mit dem Sie seit ein paar Jahren zusammen gewesen sind, hat kürzlich mit Ihnen Schluss gemacht. Und nehmen wir weiter an, Sie waren völlig erschüttert, weil Sie das nicht hatten kommen sehen. Sie dachten, alles sei in bester Ordnung, bis es auf einmal »geknallt« hat. Vermutlich hätten Sie gerne eine Art von Abschluss, nicht wahr?

Hier ist eine Möglichkeit, wie der zustande kommen könnte: Sie und Ihr*e Ex-Partner*in treffen sich. Sie sprechen darüber, was jede*r von Ihnen in die Beziehung eingebracht hat, und zwar sowohl im Hinblick darauf, was zum Gelingen Ihrer Partnerschaft beigetragen hat, als auch darauf, was ihr abträglich war. Sie haben beide das Gefühl, dass Sie bei diesem Gespräch viel über sich selbst erfahren – darüber, was Sie in Beziehungen gut können, woran Sie noch arbeiten müssen und was Sie sich von einem zukünftigen Partner oder zukünftigen Partnerin wünschen sollten. Im Anschluss an das Gespräch umarmen Sie einander und gehen Ihrer Wege, vielleicht unter Tränen, vielleicht mit einem Lächeln, vielleicht mit einem Gefühl des Bedauerns, dass es in der Beziehung nicht besser gelaufen ist, aber mit der nötigen Klarheit darüber, warum es nicht funktioniert hat.

In meinen Augen ist dies ein Paradebeispiel für die Art von Abschluss, die wir uns alle wünschen, wenn eine Beziehung zu Ende geht. In Hollywood hätte man es sich nicht besser ausdenken können. Wenn ich mit Klient*innen, die sich in dieser Situation befinden, über das Thema Abschluss spreche, dann ist es diese Art von Szenario, das sie sich am meisten erhoffen. Und auch wenn es nicht gerade besonders häufig zu beobachten ist, so kommt es doch vor, zumindest in der einen oder anderen Variante.

Aber auch ein anderes Szenario ist denkbar: Ihr*e Ex-Partner*in kommt sichtlich erregt zu Ihrem Treffpunkt. Noch bevor Sie ein Wort sagen können, werden Sie zur Zielscheibe einer verbalen Attacke, in der Ihnen die Schuld für alles gegeben wird, was jemals in Ihrer Beziehung schiefgelaufen ist, und Ihnen gesagt wird, was für ein schlechter Mensch Sie seien. Während dieser ganzen Tirade kommen Sie nicht ein einziges Mal zu Wort. Schließlich stehen Sie vom Tisch auf und lassen Ihre*n Ex-Partner*in mit seiner oder ihrer ganzen Wut alleine sitzen.

Wahrscheinlich sind Sie traurig, wütend und frustriert darüber, dass Sie nicht die Möglichkeit hatten, Ihre eigene Seite der Geschichte darzustellen, aber vielleicht hat diese unangenehme Erfahrung Ihnen auch einige Fragen beantwortet. Wenn Sie sich im Unklaren darüber waren, ob die Beziehung noch eine Chance hat, können Sie jetzt sicher sein, dass dem nicht so ist. Oder vielleicht gelangen Sie zu der Erkenntnis, dass Ihr*e Ex ohnehin kein anständiger und netter Mensch ist und dass Sie ohne ihn oder sie besser dran sind. Das ist vielleicht nicht das Hollywood-Happy-End, das wir uns alle wünschen, aber wenn Sie dadurch zu einer gewissen Klarheit gelangen und Ihr Leben weiterleben können, kann auch das eine Form von Abschluss sein.

Ein Abschluss kann also viele verschiedene Formen annehmen, und wie ich in den folgenden Kapiteln erläutern werde, ist eine wesentliche Voraussetzung, um ihn zu erreichen, die Offenheit dafür, dass es nicht unbedingt bedeutet, keinen Abschluss zu finden, wenn Sie ihn nicht in der Form bekommen, die Sie sich vorgestellt haben. Der Abschluss, den wir uns wünschen, den wir brauchen oder von dem wir glauben, dass wir ihn verdient haben, ergibt sich nicht immer so, wie wir es uns erhoffen. Aber selbst ein nicht optimaler Abschluss kann unsere Zweifel ausräumen und uns ein Gefühl der Befreiung geben.

Das menschliche Bedürfnis nach einem Abschluss

Was macht den Abschluss zu so einem wichtigen menschlichen Bedürfnis? Für meine Klient*innen lautet die Antwort auf diese Frage häufig: alles Mögliche! Für sie geht es dabei um ihre seelische Gesundheit, ihr Glück und ihre Selbstachtung, um nur einige Aspekte zu nennen, die aus ihrer Sicht dabei auf dem Spiel stehen. Unser Wunsch nach einem Abschluss entspringt dem Bedürfnis, unsere Gefühle zum Ausdruck zu bringen, wirklich den Grund für das zu verstehen, was vorgefallen ist, und eine Möglichkeit zu finden, nach vorne zu blicken. Aber aus noch anderen Gründen können wir nach einem Abschluss suchen: um verzeihen zu können oder damit jemand uns verzeiht, um ein Missverständnis aufzuklären oder um unsere eigenen Gefühle zu heilen.

Und warum ist unser Bedürfnis nach einem Abschluss so stark? Wir Menschen sind darauf programmiert, der Ungewissheit aus dem Weg zu gehen. Wir wehren uns gegen sie. Wir leugnen sie. Wir fliehen vor ihr. Und dennoch leiden wir. In uns ist ein natürliches Unbehagen angesichts offener Fragen, unausgesprochener Worte, unausgedrückter Gefühle und beim Gedanken an Verpflichtungen, von denen wir befürchten, sie nicht erfüllt zu haben. Der Mensch will *Gewissheit*. Wir mögen es nicht, in der Luft zu hängen, nicht zu wissen, warum etwas passiert ist, warum sich ein Mensch so verhalten hat, wie er es getan hat. Und je nachdem, wie sehr wir uns selbst hinterfragen, wollen wir auch wissen, inwiefern wir unsererseits zu der Situation beigetragen haben.

Dieses nur allzu menschliche Verlangen nach Gewissheit kann uns zu dem Verständnis verhelfen, nach dem wir suchen. Es kann aber auch zur Besessenheit werden, die uns in Situationen bringt, in denen wir uns als ohnmächtig erleben und die zu nichts führen. Und mangels echten Wissens ist unser Verstand nur allzu bereit, sich Geschichten auszumalen, die noch mehr Schmerz und Leid mit sich bringen können.

Wenn wir an einen Abschluss denken, scheint in unserer Vorstellung alles so einfach zu sein. Zwei Erwachsene setzen sich zusammen und klären die Dinge. Schildern ihre jeweilige Sichtweise. Hören zu und verstehen. Kommen zu einer Einigung darüber, wie es weitergehen soll, ob gemeinsam oder getrennt. Doch bekanntlich sind die Menschen ziemlich kompliziert. Und Emotionen und Egos zu begreifen, ist keine leichte Aufgabe, wie jede*r Therapeut*in bestätigen wird. Dazu müssen wir in der Lage sein, unsere Gefühle auszudrücken, unsere Gedanken und Gefühle in Worte zu fassen. Wir müssen zuhören können, ohne in eine Abwehrhaltung zu verfallen. Es erfordert ein gewisses Geben und Nehmen. Wenn wir gemeinsam mit einem anderen Menschen einen Abschluss erreichen wollen, heißt das, von ihm zu erwarten, dass er sich offen und verletzlich zeigt, dass er bereit ist, sich der Herausforderung zu stellen und ein ehrliches Gespräch zu führen. Das kann viel verlangt sein, wenn beide Seiten in den Grenzen ihres Menschseins gefangen sind, mit all seinen Stärken, Schwächen und Widersprüchen.

Abschließende Überlegung:
Meine eigene Geschichte zum Thema Abschluss

Meine Mutter pflegte zu sagen: »Wenn ich jedes Mal einen Nickel bekäme, wenn jemand … sagt …« So geht es mir oft mit dem Wort Abschluss. Als Therapeut bin ich mir sicher, in dieser Hinsicht nicht alleine zu sein. Aber ich muss sagen, dass Abschluss ein Thema ist, das in meinem Leben immer wieder auftaucht, und oft frage ich mich, ob das der Grund dafür ist, dass ich Klient*innen anziehe, die ebenfalls versuchen, einen Umgang damit zu finden. Als ich damit begann, dieses Buch zu schreiben, war mein Herz schwer von meinem jüngsten Ringen mit diesem Thema. Hier also meine Geschichte (oder zumindest eine von ihnen).

Mein guter Freund David besitzt ein Grundstück in dem Land, in dem er aufgewachsen ist, und auf Empfehlung eines Freundes stellte er einen netten und motivierten jungen Mann namens Victor ein, der ihm bei der Instandhaltung der Gebäude helfen sollte. Sowohl David als auch ich waren der Meinung, dass Victor eine Menge Potenzial besaß. David beschloss, sich zu seinem Mentor zu machen, und begann, ihn und seine Familie regelmäßig finanziell und auch auf andere Weise zu unterstützen, um bei der Deckung des grundlegenden Bedarfs und laufenden Zahlungen wie den Studiengebühren zu helfen. Auch ich freundete mich mit Victor an und half gelegentlich mit ein wenig Geld aus und einem neuen Computer.

Aber nach ein paar Jahren machte David einige sehr ernüchternde Entdeckungen. Er fand heraus, dass Victor das Geld, das er von ihm annahm, nicht so verwendet hatte, wie er behauptete, und dass er Geschichten erfunden hatte, um die weitere finanzielle Unterstützung sicherzustellen. David hatte Victor eine beträchtliche Summe Geld gegeben und war nun sowohl in emotionaler als auch in finanzieller Hinsicht der Geschädigte. Es war schmerzlich für mich zu sehen, wie sehr er sich hintergangen fühlte.

Nachdem das Verhältnis zerrüttet war und David seine Beziehung zu Victor beendet hatte, war ich erneut zu Besuch in Davids Heimatland. Victor, mit dem ich seither nicht mehr gesprochen hatte, fragte mich, ob wir zusammen zu Abend essen könnten. Ich willigte ein, denn auch mir war an einem Abschluss gelegen. Leider kam es nicht dazu. Während des Essens erzählte mir Victor von Dingen, die in seinem Leben vor sich gingen und von denen ich wusste, dass sie keineswegs der Wahrheit entsprachen. Ich fühlte mich irgendwie betrogen, aber noch mehr machte ich mir Sorgen um ihn, um die Entscheidungen, die er traf, und darum, in welcher Richtung sein Leben verlief.

Nach meiner Rückkehr in die USA schrieb Victor mir weiterhin SMS, und ich zögerte, ihm zu antworten, weil ich das Gefühl hatte, mich David gegenüber loyal verhalten zu müssen. Aber David überließ mir die Entscheidung, und so antwortete ich einige Tage später mit ein paar Worten: *Ich hoffe, es geht dir gut.* Kurz darauf blockierte Victor mich.

Nachdem der Kontakt zu Victor abgebrochen war, wuchs in mir nach und nach der Wunsch nach einem Abschluss, wobei ich ein ganz bestimmtes Bild im Kopf hatte, wie das meiner Meinung nach auszusehen hatte. Ich wollte, dass Victor zu seinen Lügen steht und sich bei mir entschuldigt. Und ich würde seine Entschuldigung annehmen. Ich redete mir ein, dass dies eine Gelegenheit wäre, an der er wachsen könnte, wusste aber auch, dass mein Ego bei diesem Szenario im Spiel war. (Unser Ego ist immer mit im Spiel.) Ich wollte mit ihm in Kontakt bleiben – und ihm nötigenfalls helfen, falls das auf eine Weise möglich wäre, durch die sich mein Freund David nicht noch mehr betrogen fühlen würde.

Zwei Jahre vergingen. Während dieser Zeit hatte ich keine Ahnung, was Victor aus seinem Leben machte, wie er lebte, ob es ihm gut ging oder nicht.

Eines Tages rief mich David auf der Arbeit an. Ich konnte hören, dass er weinte, während er sprach. Er erzählte mir, dass Victor an Krebs gestorben war, wobei wir keine Ahnung davon gehabt hatten, dass er krank gewesen war. Ich dachte an die häufigen Erkrankungen, an denen er zu leiden schien, an die finanzielle Hilfe, die er regelmäßig brauchte, um Krankenhausrechnungen zu bezahlen. Ich dachte an unsere letzte Begegnung und daran, wie ausgemergelt er sich anfühlte, als ich ihn zum Abschied umarmte. Die Antworten auf zuvor unbeantwortete Fragen ergaben sich nun wie von selbst. Mir wurde klar, dass er wahrscheinlich die ganze Zeit über, in der wir ihn kannten, krank gewesen war, uns aber nie davon erzählt hatte. Mit welchen Dämonen hatte dieser junge Mann zu kämpfen, möglicherweise auch mit dem Schreckgespenst seines eigenen Todes? Warum hatte er es uns nicht gesagt? Warum, warum, warum? Alles hätte so anders laufen können. Wir hätten ihm und seiner Familie auf die Weise helfen können, die sie am dringendsten benötigten. Es verlangte mich nach Antworten. Mein Verstand sagte mir, dass ich sie nicht würde bekommen können, aber ich wollte sie trotzdem!

Ein paar Tage lang saß ich in meiner Praxis und weinte zwischen den Therapiestunden. Meinen Klient*innen erzählte ich, dass die roten Augen von einer Allergie herrührten. Und während ich mich den Tränen überließ, dachte ich wieder über einen Abschluss nach. Ich malte mir aus, wie ich mit David in sein Heimatland fliegen würde, um Victor und seiner Familie Essen zu bringen und dafür zu sorgen, dass er gut versorgt wird. Ich stellte mir vor, wie ich an Victors Bett sitze und ihm sage, dass er geschätzt und geliebt wird, dass ich ihm verzeihe und umgekehrt um Verzeihung dafür bitte, mich nicht mehr bemüht zu haben, mit ihm in Kontakt zu bleiben. Mein größter Wunsch aber war es, ihn in den Arm zu nehmen.

Ich wollte einen Abschluss. Ich wollte eine zweite Chance darauf. Einen wirklich grandiosen, fantastischen Abschluss, bei dem wir uns alle wie am Ende eines ergreifenden Films fühlen würden.

Doch ein weiteres Mal blieb mir dieser Abschluss verwehrt.

Ich war traurig um meiner selbst willen, um meines Freundes David willen und um dieses jungen Mannes Victor willen. Ich war traurig über all die anderen Momente in meinem Leben, in denen ich einen Abschluss brauchte, ohne dass ich ihn bekommen konnte. Ich empfand Traurigkeit beim Gedanken an meine Klient*innen, die damit zu kämpfen haben, ihr Leben ohne den Abschluss weiterzuleben, den sie brauchen würden, um nach vorne zu schauen. Ich wurde an die vielen, vielen Male erinnert, als Klient*innen bei mir auf der Couch saßen und darüber sprachen, dass es ihnen nicht möglich war, mit etwas abzuschließen. Trennungen. Scheidungen. Kündigungen. Umzüge. Ärztliche Diagnosen. Todesfälle. Klient*innen, die ihr Gesicht in ihre Hände vergruben, während sie unter Tränen von ihrem Wunsch nach Gewissheit berichteten. Ihrem Verlangen nach Gewissheit. Ihrem Recht auf Gewissheit. Und dennoch … ohne sie blieben.

Wie gesagt, ist es nur menschlich, einen Abschluss finden zu wollen. Die Suche danach kann zu einer Klärung und zu persönlicher Weiterentwicklung führen – oder auch zu Frustration und noch mehr Schmerz. Aber auch der

Schmerz, der darin liegt, keinen Abschluss zu finden, kann letzten Endes zu persönlichem Wachstum führen. Die Suche nach einem Abschluss war ein schmerzhafter, aber auch lohnender Prozess in meinem eigenen Leben und im Leben meiner Klient*innen. Vielleicht ist er das auch in Ihrem? Und damit lade ich Sie ein, mich auf dem Weg zu begleiten, der Abschluss heißt.

KAPITEL 2

WAS EIN ABSCHLUSS NICHT IST

Eine Möglichkeit, um besser zu verstehen, was ein Abschluss ist, besteht darin, sich vor Augen zu führen, was er nicht ist. Wenn ein Abschluss einen emotionalen Zustand bezeichnet, der durch ein positives Gefühl von Endgültigkeit, Klarheit und innerem Frieden charakterisiert ist, dann könnte man das Gegenteil davon als inneren Aufruhr, Verunsicherung oder ungesundes, zwanghaftes Grübeln definieren. Aber um es noch einmal zu sagen, stellt sich die Sache komplizierter dar, denn wenn wir nach einem Abschluss suchen, haben wir für gewöhnlich ein bestimmtes Ergebnis vor Augen. Und unabhängig davon, ob das tatsächliche Ergebnis positiv oder negativ ausfällt, unterscheidet es sich oft sehr von dem, was wir erwartet haben.

Konzentrieren wir uns daher in diesem Kapitel auf drei Aspekte, die häufig fälschlicherweise für einen Abschluss gehalten werden, aber in Wirklichkeit keiner sind: Mit etwas abzuschließen, ist nicht gleichbedeutend mit Vergeltung. Mit etwas abzuschließen, ist nicht gleichbedeutend mit Kontrolle. Und obwohl beides miteinander im Zusammenhang steht, ist mit etwas abzuschließen, nicht gleichbedeutend mit Akzeptanz.

Mit etwas abzuschließen, ist nicht gleichbedeutend mit Vergeltung

Wann haben Sie das letzte Mal daran gedacht, für etwas Vergeltung zu üben? Letzten Monat? Vor einer Woche? Vor ungefähr einer Stunde? Wenn Sie eine dieser Fragen mit Ja beantworten können, möchte ich Ihnen versichern, dass Sie völlig normal sind. Vielmehr wäre ich überrascht, wenn Sie sagen würden, Sie hätten noch niemals den Drang nach Rache verspürt. Wenn wir das Gefühl haben, dass uns in irgendeiner Weise Unrecht geschehen ist oder vorsätzlich Schaden zugefügt wurde, wollen wir es der verantwortlichen Person (oder der Person, die wir dafür verantwortlich machen) »heimzahlen«, und zwar auf eine Weise, die ihr ebenfalls Leiden verursacht.

Das liegt in der menschlichen Natur. Aber es ist kein Abschluss.

Eine Frage, die Sie sich stellen können, wenn Sie darüber nachdenken, einen Schlussstrich zu ziehen, lautet: Möchte ich mit dieser Person auf gesunde Weise einen Abschluss finden, oder möchte ich Gleiches mit Gleichem vergelten und ihr dieselben Schmerzen zufügen, die ich selbst zu erleiden habe? Bis zu einem gewissen Grad ist bei dem Wunsch nach einem Abschluss häufig Rache als Motiv mit im Spiel. Das muss nicht unbedingt ein vernichtender Rachefeldzug sein, der das Opfer als ein Häufchen Elend zurücklässt. Aber das Bedürfnis, der Art und Weise, wie wir mit jemandem abschließen, ein oder zwei Tropfen Rache beizumischen – zum Beispiel, indem wir Trauer oder Schuldgefühle erzeugen –, kann durchaus in unsere Vorgehensweise einfließen.

Nehmen wir zum Beispiel James und Anna. Sie hatten eine Beziehung, von der sie eigentlich dachten, dass sie optimal sei. Sie waren beide Anfang dreißig, erfolgreich in ihrem Beruf, attraktiv und hatten einen großen Freundeskreis. Sie als perfektes Paar zu bezeichnen, schien nicht übertrieben zu sein. Bis es genau das war.

Nachdem sie einige Jahre zusammengelebt hatten, überwand Annas Firma, ein Start-up-Unternehmen, schließlich die kritische Schwelle und begann, erfolgreich zu werden. Anna bekleidete in dem Unternehmen eine führende Position, sodass die Anforderungen an sie exponentiell anstiegen, ebenso wie die Zahl ihrer Arbeitsstunden. Es war Annas Chance, in ihrem Geschäftsbereich einen großen Treffer zu landen, und sie ergriff sie. Jeden Morgen verließ sie in aller Frühe die gemeinsame Wohnung und kam erst spätabends wieder nach Hause. Etwa einmal pro Woche blieb sie ganz in der Firma, schlief ein paar Stunden auf der Couch in ihrem Büro und arbeitete dann direkt den folgenden Tag bis zum Abend weiter.

Annas lange Arbeitszeiten schlossen auch ausführliche Besprechungen mit Jonathan, dem CEO des Unternehmens ein. James war ihm einige Male bei Firmenveranstaltungen begegnet, und obwohl Jonathan ein sympathischer Kerl zu sein schien, wurde James misstrauisch, als Annas Abwesenheit von zu Hause zunahm. Er beobachtete Jonathan und Anna auf einer Party, und ihm missfiel die Art, wie Jonathan seine Hand auf Annas Schulter legte, während sie sich unterhielten.

Eines Abends, als James allein zu Hause vor dem Fernseher saß und über Annas lange Arbeitszeiten und darüber nachdachte, wie vernachlässigt er sich fühlte, beschloss er, auf Anna zu warten. Als sie gegen Mitternacht nach Hause kam, nahm James sie entsprechend in Empfang. Er sagte ihr, dass er Jonathan nicht traue und dass ihm ihre langen Arbeitszeiten nicht gefielen. Er stellte ihr ein Ultimatum: entweder den Job aufzugeben oder ihre Beziehung.

Anna war bestürzt, dass James ihr Untreue vorwarf. Sie war verletzt und wütend, weil er versuchte, über ihr Leben zu bestimmen und sie um eine große Karrierechance zu bringen. Sie sagte ihm, wie sie sich fühlte. Sie erklärte ihm auch, dass sie nicht wisse, wie sie als Paar weitermachen könnten, wenn er ihr so sehr misstraue. Wenn sie nicht in der Lage sei, seine Sicht der Dinge nachzuvollziehen, so pflichtete James ihr zornig bei, dann müsse sie eben gehen. Sie packte eine Tasche und zog noch in derselben Nacht in ein Hotel. Ein paar Tage später kam sie noch einmal in die Wohnung, während James auf der Arbeit war, und holte den Rest ihrer Sachen.

Als er sich endlich eingestehen konnte, dass dies ihre Trennung bedeutete, war James emotional vollkommen durcheinander. Er hatte falsch eingeschätzt, wie Anna reagieren würde. Er hatte gedacht, dass sie sich dafür entschuldigen würde, ihn vernachlässigt zu haben. Er hatte angenommen, sie würde sich mit ihm zusammensetzen und die Dinge klären wollen. Und er war sogar davon ausgegangen, dass ihr ihre Beziehung wichtiger war als ihr Job und dass sie ihn vielleicht schon am nächsten Tag aufgeben würde. Aber es kam ganz anders.

Nachdem Anna ausgezogen war, gab es zwischen ihr und James nur noch kurze Gespräche, in denen es hauptsächlich um noch offene Fragen wie geschuldete Geldbeträge und Nachsendeadressen ging. Ein paarmal schrieb er ihr eine SMS und erhielt nur knappe Antworten: *Ja, mir geht es gut. Ich hoffe, dir auch.* Er hatte das Gefühl, dass er einen Abschluss verdient hatte, nach all der Zeit, die sie zusammen verbracht hatten, nachdem sie sich ein gemeinsames Zuhause aufgebaut hatten, und nach all den Plänen, die sie miteinander geschmiedet hatten. Also bat er sie um ein Treffen. Er sagte ihr, dass er es für wichtig hielt, über das Geschehene zu sprechen. Er wollte, dass sie weiß, wie es ihm damit geht, jetzt, wo er weniger von seinen Gefühlen überwältigt war. Es wäre gut für sie beide, einen Abschluss zu finden, meinte er.

James verwandte auf dieses bevorstehende Gespräch nicht nur viel Überlegung, er fing sogar an, es in Gedanken immer wieder durchzuspielen. Er würde aus dem Herzen sprechen, sagte er sich. Er und Anna hatten noch nie wirklich über die Dinge gesprochen, obwohl es das war, wozu Freund*innen und Familie immer geraten hatten: Sprecht die Dinge aus. Findet zu einer Einigung. Nehmt einander in den Arm und wünscht euch gegenseitig nur das Beste.

»Die Dinge aussprechen«: In James' Augen bedeutete das jedoch, Anna einen Denkzettel zu verpassen. Er beschloss, Anna zu sagen, wie sehr sie ihre Beziehung vernachlässigt hatte und dass er es ihr niemals abnehmen würde, dass sie und Jonathan keine Affäre hatten. Er würde ihr auch sagen, dass der Sex niemals wirklich gut war und dass er sich in ihrer Beziehung nie so glücklich gefühlt hatte, wie er es verdient hätte. Hatte er nicht einen Anspruch darauf, sie das wissen zu lassen?, fragte er sich. Ja, natürlich. Und wäre es nicht auch für sie gut, das zu wissen? Bestimmt. Und sollte Anna nicht auch etwas von dem Schmerz spüren, den er fühlte? Gewiss. Das könnte ihm endlich zu dem Abschluss verhelfen, den er für sich brauchte.

Rache ist süß ... bis der bittere Nachgeschmack folgt. Ich bin lange genug in dem Geschäft, um mit Gewissheit sagen zu können, dass mir noch nie ein Mensch begegnet ist, der es anschließend als ein befriedigendes Gefühl bezeichnet hat, sich an einer anderen Person gerächt zu haben. Für den Moment mag es hervorragend funktionieren: Die andere Person ist verletzt, gedemütigt, am Boden zerstört. Aber fühlt man sich hinterher damit im Frieden und im Reinen? Wahrscheinlicher ist, dass man sich selbst beschämt, peinlich berührt und leer fühlt. Rache ist ein momentaner Sieg, der sich am Ende nur allzu oft wie eine Niederlage anfühlt. Wo sich ein Racheakt als Schlussstrich ausgibt, verstärkt er nur das Bedürfnis nach einem echten Abschluss, um den auf beiden Seiten entstandenen Schaden wiedergutzumachen, und hinterlässt nur den dringenden Wunsch, um Vergebung zu bitten.

So erging es auch James. Als er sein Plädoyer hielt, war die Befriedigung, die er daraus zog, nur von kurzer Dauer. Sie währte so lange, bis Anna zu weinen begann. Als er sah, wie er den Menschen, der ihm einmal so viel bedeutet hatte, verletzt hatte, verlangte es James erst recht nach einem echten Abschluss. Jetzt ging es ihm darum, Anna um Verzeihung zu bitten und sie wissen zu lassen, dass er nicht wirklich so für sie empfand. Ganz und gar nicht. Er hatte ihr ja nur sagen wollen, dass er wütend war und es ihr heimzahlen wollte, dass sie ihn so enttäuscht hatte.

Doch daraufhin brach Anna jeden Kontakt zu ihm ab. James' Verlangen nach einem Abschluss blieb genauso stark wie vor diesem Gespräch, und er sollte noch eine ganze Weile damit zu kämpfen haben.

Wenn Sie nicht sicher sind, ob es Ihnen darum geht, zu einem Abschluss zu kommen, oder darum, Vergeltung zu üben, sollten Sie erst einmal tief Luft holen, sich über Ihre Gefühle klar werden und über die Gründe, warum Sie einen Schlussstrich ziehen wollen, sowie über die möglichen Folgen nachdenken. Die Beweggründe, die uns Menschen antreiben, sind selten vollkommen eindeutig. Versuchen Sie also, offene Fragen zu klären und gegenseitiges Verständnis zu schaffen? Oder legen Sie es darauf an, Leiden zu verursachen? Ersteres ist ein Abschluss. Letzteres ist es nicht. Ein Schlussstrich, der von Vergeltungsdrang motiviert ist, führt nirgendwohin.

Mit etwas abzuschließen, ist nicht gleichbedeutend mit Kontrolle

Ich kann Ihnen gar nicht sagen, wie oft ich danach gefragt werde, wie man einen Menschen dazu veranlassen kann, ein bestimmtes Verhalten an den Tag zu legen. »Wie bringe ich ihn dazu, in mir die kluge und kompetente Person zu sehen, die ich bin?«, »Wie bringe ich sie dazu, all das zu würdigen, was ich für sie tue?«, »Wie kann ich diesem Menschen begreiflich machen, wie viel mir an ihm liegt?«, »Wie kann ich diese Person dazu bringen, mir zu erklären, warum sie sich so verhalten hat?« Und dann beginnen die Menschen, die so fragen, sich eine Geschichte auszumalen, in der sie versuchen, die Gedanken, Gefühle oder das Verhalten einer anderen Person zu verändern.

Aber so gerne wir auch die Augen davor verschließen: Die schlichte Wahrheit ist, dass wir keine Kontrolle darüber haben, wie andere Menschen denken, fühlen oder sich verhalten. Das steht einfach nicht in unserer Macht. Diese Tatsache zu akzeptieren, kann uns eine Menge Herzschmerz ersparen, vor allem, wenn es darum geht, einen Schlussstrich zu ziehen.

Wenn ich mit meinen Klient*innen über einen Abschluss spreche, haben sie meist eine sehr klare Vorstellung davon, wie er auszusehen hat. Manche dieser Vorstellungen sind realistischer als andere. Zum Teil beruhen sie auf der Einschätzung, wozu die andere Person in der Lage ist, darauf, was ihrer Meinung nach das Beste für sie selbst und für die andere Person wäre oder worauf sie ihrer Ansicht nach ein Anrecht haben (vor allem dies). Aber im Endeffekt geht es stets darum, dass sie ein bestimmtes Bild von dem Abschluss im Kopf haben, den sie erreichen möchten.

Häufig bitte ich diese Klient*innen, sich die unterschiedlichen Ergebnisse vorzustellen, die hier denkbar sind. Ich frage sie: »Wie könnte diese Person angesichts dessen, was Sie über sie wissen, auf Ihr Anliegen reagieren?« Und oft stößt diese Frage auf einen gewissen Widerstand. Schließlich ist es schwer, sich von der Vorstellung von einem Abschluss zu lösen, auf den wir ein Anrecht zu haben glauben, oder davon, was wir bei einem anderen Menschen für eine angemessene Reaktion halten. Natürlich ist es schwer. Bekanntlich haben wir Menschen eine Abneigung gegen alles, was in der Schwebe bleibt. Unser Verstand hat die Angewohnheit, uns alle möglichen Szenarien zu präsentieren, um den Dingen, die wir nicht verstehen, einen Sinn zu verleihen. Und wenn es um das Thema Abschluss geht, ist es nur natürlich, dass wir uns an dasjenige Szenario klammern, das uns am ehesten das Gefühl gibt, im Recht, unverstanden oder einfach weniger belastet zu sein. Aber auf einer unbewussten Ebene glauben wir, dass die Dinge so zu geschehen haben, wie es unserer Vorstellung entspricht.

Manchmal ergibt es sich auch so. Oft aber auch nicht. Der Abschluss, den wir erreichen, hat möglicherweise keinerlei Ähnlichkeit mit dem Abschluss, den wir uns vorgestellt haben, ob im Guten oder im Schlechten. Und möglicherweise erreichen wir überhaupt keinen Abschluss.

Wenn jemand aus Ihrem Bekannten-, Freundes- oder Familienkreis gestorben ist, haben Sie vermutlich in irgendeiner Form das Gefühl, keinen Abschluss gefunden zu haben. Das kann das Bedauern über ein paar Worte sein, die auszusprechen Ihnen nicht mehr vergönnt war, etwas, das Sie dieser Person gerne noch gesagt hätten. Oder Sie sind von der Trauer einfach überwältigt und flehen das Universum um einen letzten Moment mit dieser Person an, um das zum Ausdruck zu bringen, was Sie gerne gesagt hätten, als Sie glaubten, dazu noch die Zeit zu haben.

Stellen Sie sich vor, wie Sie als junger Mensch einen Ihrer besten Freunde durch einen Autounfall verlieren. Vielleicht beschließen Sie unter dem Eindruck des schmerzlichen Verlustes, die Familie Ihres Freundes oder Ihrer Freundin zu besuchen, um Ihr Beileid auszudrücken und Erinnerungen an die Verstorbene oder den Verstorbenen mit ihr zu teilen. Unter diesen Umständen wäre dies sicherlich eine angemessene Geste. Vielleicht haben Sie auch ein paar Fotos aus Kindertagen und vom Freundeskreis dabei oder erzählen sich Geschichten aus der Kindheit der oder des Verstorbenen. Sie lachen zusammen, Sie weinen zusammen. Und Sie gehen an diesem Tag im unverminderten Bewusstsein Ihrer Trauer nach Hause, aber auch mit dem Gefühl, einen Abschluss gefunden zu haben, indem Sie diese Zeit mit den Eltern Ihrer toten Freundin oder Ihres toten Freundes geteilt haben, in dem Wissen, ihr oder sein vergangenes Leben gefeiert und sich gegenseitig in Ihrem Schmerz unterstützt zu haben.

Und wenn es auf diese Weise geschieht, dann ist das großartig. Aber nichts davon liegt in Ihrer Hand. Trauer ist kompliziert. Wenn Sie schon einmal vom Tod eines geliebten Menschen betroffen waren, wissen Sie, dass sich trauernde Menschen nicht immer auf vorhersehbare oder gar rationale Weise verhalten. Aus diesem Grund müssen wir uns selbst den Raum geben, um mit unseren Gefühlen fertigzuwerden, und müssen diesen Raum auch anderen zugestehen. Im soeben beschriebenen Szenario ist es durchaus möglich, dass Sie, nachdem Sie sich an die Eltern gewandt haben, keine herzliche oder freundliche Antwort bekommen. Vielleicht erhalten Sie stattdessen eine kurze Notiz, in der man Ihnen dankt und Sie bittet, den Wunsch der Familie nach Privatsphäre zu respektieren, verbunden mit der Anregung, im Gedenken an Ihren Freund oder Ihre Freundin etwas für eine wohltätige Organisation zu spenden.

In dieser Version der Geschichte bleibt Ihnen der Abschluss, den Sie sich gewünscht haben, verwehrt – was aber nicht bedeutet, dass Sie ihn überhaupt nicht bekommen werden. Sie können sich um einen Abschluss bemühen, indem Sie im Freundeskreis der oder des Verstorbenen gedenken, zur Beerdigung gehen, indem Sie beten oder meditieren, wenn Sie ein spirituell orientierter Mensch sind, oder auf viele andere Arten. Wenn aber das einzige Szenario, für das Sie offen sind, dasjenige ist, in dem alles so läuft, wie Sie es sich wünschen, werden Sie wahrscheinlich lange auf einen Abschluss warten müssen.

Wie bringen Sie also jemanden dazu, Ihnen einen Abschluss zu gewähren? Genau genommen gar nicht. Menschen sind nun einmal unberechenbar und unkontrollierbar. Sie selbst machen nur die Hälfte der Gleichung aus (oder weniger als die Hälfte, wenn mehrere Personen beteiligt sind). Das ist es, was das Leben interessant und oft auch frustrierend macht. Es bedeutet aber nicht, dass Ihr Bedürfnis nach einem Abschluss keine Berechtigung hätte oder dass sich das Bemühen darum nicht lohnen würde. Aber wenn Sie für sich einen Abschluss finden, dann nicht, weil Sie einen Weg gefunden haben, die Situation zu kontrollieren oder jemanden dazu zu bringen, sich so zu verhalten, wie Sie es wollen. Das ist die schlechte Nachricht und die gute Nachricht zum Thema Abschluss.

Mit etwas abzuschließen, ist nicht (unbedingt) gleichbedeutend mit Akzeptanz

Da Sie in jeder Situation nur über ein begrenztes Maß an Kontrolle verfügen, ist es durchaus möglich, dass Sie für sich *niemals* einen Abschluss finden. Möglicherweise werden Sie nie die Antworten bekommen, die Sie sich wünschen, oder nie die Gelegenheit haben, Ihre Meinung zu sagen. Auf diese Weise wird es weiterhin offene Fragen und Zweifel geben. Dennoch können Sie sich schließlich mit den Realitäten abfinden, die Dinge so akzeptieren, wie sie sind, und in der Lage sein, Ihr Leben weiterzuführen.

Angenommen, Sie verlieren plötzlich Ihren Job. Damit hatten Sie nicht gerechnet. Ihr Unternehmen wurde umstrukturiert, und Sie finden sich ohne Funktion in Ihrer Abteilung wieder. Und stellen Sie sich weiterhin vor, wie man Sie – um das Ganze noch schmerzlicher zu machen – eine Stunde nach Erhalt der Nachricht aus dem Gebäude eskortiert, nachdem man Sie mit Pappkartons für Ihre Habseligkeiten ausgestattet und Ihnen einen großen, dicken Umschlag von der Personalabteilung überreicht hat. Klient*innen von mir, die sich in dieser Situation befunden haben, beschreiben ihre erste Reaktion als Schock, gefolgt von großer Traurigkeit und Wut. Höchstwahrscheinlich würden Sie das Gefühl haben, dass Ihr Chef oder Ihre Chefin Sie zumindest hätte vorwarnen müssen. Vermutlich würden Sie wissen wollen, warum Ihre Rolle plötzlich als überflüssig angesehen wurde und ob Sie selbst dazu beigetragen haben, sich in diese Lage zu bringen.

Wenn Sie zu mir in die Praxis kämen und mir sagten, dass Sie mit etwas zu einem Abschluss kommen möchten, würde ich Sie bitten, mit mir über Ihre Erwartungen zu sprechen. Hier ist das ideale Szenario, das Klient*innen oft beschreiben: Sie treffen sich mit Ihrem ehemaligen Chef oder Ihrer ehemaligen Chefin auf einen Kaffee. Sie führen ein freundliches Gespräch über all das, was Sie für das Unternehmen geleistet haben. Dabei betont Ihr*e Chef*in, wie begabt Sie sind und wie viel Sie in jeder Hinsicht zu bieten haben. Vielleicht bietet Ihr*e Chef*in Ihnen sogar an, Sie mit Personen aus seinem oder ihrem beruflichen Netzwerk in Verbindung zu bringen, die Ihnen zu Ihrer nächsten Position verhelfen könnten. Das Gespräch endet mit ein paar Tränen, während Ihr*e Chef*in die Entscheidung des Unternehmens bedauert und Sie um Verzeihung dafür bittet, nicht in der Lage gewesen zu sein, sich so für Sie einzusetzen, wie es wünschenswert gewesen wäre.

Aber in Wirklichkeit wird es so wohl nicht ablaufen. Stattdessen ist es wahrscheinlich, dass Ihr*e Chef*in auf Ihre Nachfrage hin lediglich eine von der Personalabteilung vorbereitete Stellungnahme zitiert, in der es heißt, dass die Streichung Ihres Arbeitsplatzes eine betriebliche und keine persönliche Entscheidung war, und Sie an die Telefonnummer verweist, unter der Sie anrufen können, wenn Sie Fragen zu Ihrem Abfindungspaket haben. Oder Sie schicken eine E-Mail an Ihre*n Chef*in und erhalten überhaupt keine Antwort – oder noch schlimmer, einen einzigen Satz mit der Bitte, in dieser Angelegenheit keinen weiteren Kontakt aufzunehmen.

Wie schon gesagt, haben Sie keine Kontrolle über andere Menschen und können weder Ihre*n Chef*in noch irgendjemanden sonst in Ihrem ehemaligen Unternehmen dazu zwingen, sich Ihre Version der Geschichte anzuhören oder Ihre Fragen zu beantworten, warum und wie es zu dieser Entscheidung kam. Auch wenn der Verlust des Arbeitsplatzes in Ihnen den dringenden Wunsch hinterlässt, für sich einen Abschluss zu finden, ist dies in dem gerade beschriebenen Szenario so gut wie unmöglich.

Bedeutet das nun, dass Sie Ihr Leben lang darüber grübeln werden? Vielleicht. Vielleicht finden Sie aber auch einen neuen Job, der Ihnen gefällt, bauen gute Beziehungen zu neuen Kolleg*innen auf und bringen Ihre Karriere weiter voran. Vielleicht werden Sie niemals eine befriedigende Antwort auf die Frage erhalten, warum Sie entlassen wurden oder warum Ihr*e Chef*in Sie so behandelt hat, wie er oder sie es getan hat. Aber irgendwann können Sie das als eines der Mysterien des Lebens akzeptieren und Ihre Zeit und Energie darauf verwenden, Ihr Leben so zu leben, wie Sie es leben möchten. Das ist zwar kein echter Abschluss, aber es ist Akzeptanz, und sie ist das Gesündeste, wonach wir streben können, wenn uns ein Abschluss nicht vergönnt ist.

Abschließende Überlegung: Eine Arbeitsdefinition von *Abschluss*

Inzwischen haben wir also eine vorläufige Definition von *Abschluss*. Es handelt sich dabei um ein Gefühl von Klarheit und Frieden, bei dem wir den Eindruck haben, dass nichts Ungeklärtes im Raum stehen bleibt. In uns ist ein angeborenes Verlangen nach dieser Art von Abschluss, aber unsere Beweggründe und die Art und Weise, wie wir versuchen, ihn zu erreichen, können gesund oder ungesund sein, denn wir alle sind Menschen mit unseren eigenen Fehlern und Unvollkommenheiten. Mit etwas zum Abschluss zu kommen, bedeutet im besten Fall, dass die Beteiligten aufrichtig miteinander kommunizieren und eine gemeinsame Basis des gegenseitigen Verständnisses und der Vergebung erreichen. Im schlimmsten Fall finden wir gar keinen Abschluss – aber es gibt andere Wege, unseren Frieden mit etwas zu machen und weiterzugehen.

TEIL II

WARUM WIR EINEN ABSCHLUSS SUCHEN

KAPITEL 3

WIR SIND VERLETZT

Nachdem nun klarer geworden ist, was ein Abschluss ist und was nicht, wollen wir uns mit den Gründen beschäftigen, aus denen wir normalerweise einen Abschluss anstreben. In den Kapiteln dieses Abschnitts geht es um die komplexen und allzu menschlichen Gründe, warum wir einen Schlussstrich ziehen wollen – vermutlich mehr oder weniger dieselben Gründe, aus denen Sie dieses Buch in die Hand genommen haben. Beginnen wir mit dem naheliegendsten Grund: Wir wollen mit etwas abschließen, weil wir einfach nur verletzt sind.

Was vermag großen emotionalen Schmerz zu lindern? Es war diese Frage, die mich beschäftigte, als ich dieses Kapitel schrieb. Und ich habe sie mir immer wieder gestellt, wenn ich mit Klient*innen arbeitete, deren Schmerz so tief war, dass sie schier untröstlich waren. Ich betrachte es als meine Aufgabe als Therapeut, sie in ihrem Leid zu unterstützen und ihnen dabei zu helfen, den Schmerz hinter sich zu lassen, auf welche Weise dies immer geschehen mag – eine Aufgabe, die ich sehr ernst nehme. Und eine der häufigsten Fragen, die mir dabei gestellt werden, lautet: »Wie kann ich für mich einen Abschluss finden?«

Emotionaler Schmerz kann uns mit einer solchen Wucht treffen, dass er fast körperlich spürbar wird. Vielleicht stammt daher die Vorstellung, »an einem gebrochenen Herzen zu sterben«. Wenn Sie wie ich an den engen Zusammenhang zwischen Körper, Geist und Seele glauben, ist es sicher nicht falsch zu sagen, dass emotionaler und körperlicher Schmerz miteinander in Verbindung stehen. Von Mediziner*innen, mit denen ich über Fragen der Schmerztherapie gesprochen habe, erhielt ich oft die Auskunft, dass es für Patient*innen schwierig ist, ihre körperlichen Schmerzen in einer Weise zu beschreiben, die einen optimalen Behandlungsansatz erlaubt, was die Schmerztherapie zu einer Versuch-und-Irrtum-Strategie werden lässt. Ich glaube sogar, dass es für Psychotherapeut*innen wirklich einfacher sein kann, das Ausmaß des Schmerzes zu verstehen, den ihre Klient*innen durchmachen. In diesem Zusammenhang habe ich Sätze gehört wie: »Ich weiß nicht, wie ich den Tag überstehen soll«, »Ich habe das Gefühl, unter der Last zusammenzubrechen«, »In mir ist ein solcher Schmerz, dass ich mich am liebsten in ein Loch verkriechen und abwarten möchte, bis er endlich aufhört«. Wenn ich von meinen Klient*innen Sätze wie diese höre, gehen bei mir sämtliche Alarmglocken an. Ich weiß, dass es sich um Menschen handelt, die zutiefst leiden.

Tiefer Schmerz kann sich negativ auf unsere Beziehungen auswirken und dazu führen, dass wir uns abkapseln, vor Wut aus der Haut fahren oder uns hilflos und bedürftig fühlen. Im Extremfall kann es sich so anfühlen, als hätte der Schmerz von unserem ganzen Leben Besitz ergriffen. Wir haben die Fähigkeit verloren, Optimismus und Freude zu verspüren, und keinen Zugang mehr zu unserer früheren Leistungsfähigkeit. Unser Leben besteht nur noch aus emotionalem Schmerz.

Haben Sie jemals einen so tiefen Schmerz verspürt? Vermutlich ja. Mir selbst ergeht es da nicht anders. Und ich vermute auch, dass Sie dabei irgendwann das Gefühl hatten, dass der einzige Weg, um weiterzukommen, darin besteht, für sich einen Abschluss zu finden. Kann dies ein Weg sein, den Schmerz zum Verstummen zu bringen? Irgendeinen Weg muss es doch geben! Oder?

Wann Sie sich professionelle Hilfe holen sollten

Wenn der emotionale Schmerz nicht aufhören will, sollten Sie sich unbedingt an einen Psychologen oder eine Psychologin wenden. Unabhängig davon, ob Sie in irgendeiner Hinsicht einen Abschluss finden müssen oder nicht, kann ein nicht enden wollender emotionaler Schmerz Anzeichen für eine tiefer liegende Ursache sein, wie etwa eine Depression oder eine andere Form von psychischer Erkrankung. Das ist nichts, wofür Sie sich schämen müssten. Emotionaler Schmerz und jede damit verbundene psychische Erkrankung sind behandelbar. Der erste Schritt besteht darin, einen Termin mit einer Therapeutin oder einem Therapeuten zu vereinbaren, darüber zu sprechen, wie sich Ihr Leiden auf Ihr Leben auswirkt, und gemeinsam einen Therapieplan zu erarbeiten. Diese therapeutische Arbeit kann Ihnen auch dabei helfen, mit etwas zum Abschluss zu kommen. Aber es ist ein Prozess, der schrittweise erfolgt, und möglicherweise muss dabei ein spezifischer Behandlungsplan am Anfang stehen.

Verlustschmerz

Bei tiefem emotionalem Schmerz denken wir häufig zuerst an einen Verlust. Das kann der Verlust eines geliebten Menschen sein; der Verlust des Arbeitsplatzes; der Verlust der Gesundheit im Zusammenhang mit einer ärztlichen Diagnose; der Verlust einer Beziehung; oder der Verlust eines sicheren Zuhauses aufgrund einer Naturkatastrophe oder finanziellen Ruins.

Einer meiner Klienten, Miguel, hat den Menschen verloren, von dem er dachte, dass er ihn für immer seinen besten Freund nennen würde. Sein Name war Damian. Sie führten ihr Leben, wie viele junge Menschen in ihren Zwanzigern es tun, bewohnten eine gemeinsame Wohnung, luden Freund*innen ein und stellten einander potenzielle Partnerinnen vor. Eines Tages stieg Damian in sein Auto, um über das Wochenende zu seinen Eltern zu fahren. Auf dem Weg dorthin wurde sein Wagen von dem eines betrunkenen Fahrers erfasst, und er war auf der Stelle tot. Die Aussage, dass Miguel durch Damians Tod emotional erschüttert war, beschreibt nicht annähernd, wie er sich fühlte. Er war von Kummer überwältigt.

In unseren Gesprächen betonte Miguel, was für ein guter Freund Damian ihm gewesen war. Ihm wurde klar, wie sehr er auf die Präsenz Damians gebaut hatte. Sie hatten Spaß zusammen, aber sie boten sich auch gegenseitig emotionale Unterstützung und Stabilität, so, wie es Freunde tun, die anfangen, zur Familie zu gehören. Immer wieder stellte Miguel mir zwei Fragen: »Warum ist Damian das zugestoßen?« Und: »Warum ist mir das zugestoßen?« Natürlich wusste Miguel, dass es auf diese Fragen keine Antworten gab. Wir sprachen über die Ungewissheit des Lebens. Wir sprachen über seinen spirituellen Glauben. Er berichtete von seinen schönsten Erlebnissen mit Damian. Und er litt weiter.

Im Laufe unserer Gespräche brachte Miguel zum Ausdruck, wie sehr er sich wünschte, dass dieser Schmerz verschwinden würde. Er fragte sich, ob er jemals das Gefühl haben würde, mit dem Geschehenen abschließen zu können, und ob das überhaupt möglich sei. Er überlegte, welche Art von Abschluss für ihn hilfreich sein könnte, um mit seinem Schmerz fertigzuwerden. Selbst wenn es möglich wäre, sich an dem betrunkenen Fahrer zu rächen, so wusste er doch, dass es letztlich ein leerer Sieg wäre und Damian nicht zurückbringen würde. Aber was könnte ihm dann helfen? Eine Erklärung dafür, warum der Unfall passiert ist? Er glaubte jedoch nicht daran, dass irgendetwas eine Tragödie wie diese erklären könnte. Würde es ihm ermöglichen, einen Abschluss zu finden, wenn es ihm gelänge, Damians Tod zu akzeptieren? Aber Miguel war in seinem Trauerprozess noch nicht weit genug gekommen, um an Akzeptanz zu denken. Würde es ihm helfen, wenn er sein Leben auf eine Weise weiterführte, mit der er das Vermächtnis seines Freundes in Ehren hielt? Vielleicht, aber auch dafür war es noch zu früh. Ein Abschluss blieb in weiter Ferne.

Ähnliche Gespräche habe ich mit Klient*innen geführt, die Verluste anderer Art erlitten hatten, die sie in tiefen emotionalen Schmerz gestürzt haben. Der Verlust des Arbeitsplatzes und das Ende einer Liebesbeziehung sind die typischsten Beispiele. Aber viele meiner Klient*innen leben mit chronischen Krankheiten und gravierenden gesundheitlichen Problemen, und auch das Bewusstsein, dass das eigene Leben eine Unterbrechung und drastische Veränderung erfährt, kann zu emotionalem Schmerz führen. Zukunftspläne, die auf einmal platzen; Einschränkungen, mit denen zu leben man lernen muss; Ungewissheiten im Hinblick auf die Zukunft; Ängste, wie sich die Diagnose auf nahestehende Menschen auswirken wird, möglicherweise verbunden mit der Sorge, ob sie die Konsequenzen der Diagnose für ihr eigenes Leben akzeptieren oder ob sie sich abwenden werden.

Ich habe ebenfalls mit Klient*innen gearbeitet, die einen geliebten Menschen durch Suizid verloren haben. Sie waren durch den emotionalen Schmerz wie gelähmt. Und sie waren verzweifelt auf der Suche nach einem Weg, für sich einen Abschluss zu finden. Unaufhörlich grübelten sie und hinterfragten sich selbst, ob sie aufmerksam, liebevoll und unterstützend genug gewesen waren, und riefen sich immer wieder die Äußerungen der oder des Verstorbenen in

Erinnerung, von denen sie nun befürchteten, dass es sich um Hilferufe gehandelt haben könnte. Sie wollten für sich einen Abschluss finden, nicht nur, um zu verstehen, warum der geliebte Mensch diese Entscheidung getroffen hatte, sondern auch, um sich von ihren schweren Schuldgefühlen zu befreien. Diese Art von Schmerz kann unerträglich sein, und die Unmöglichkeit, damit abzuschließen, kommt noch erschwerend hinzu.

Übung: Auf die innere Stimme hören

Suchen Sie sich einen ruhigen Ort, an dem Sie ungestört und durch nichts abgelenkt sind. Sitzen Sie aufrecht in einer bequemen Haltung, weder steif noch krumm, sodass Ihr Atem frei fließen kann. Atmen Sie, um innerlich zur Ruhe zu kommen, ein paarmal durch die Nase ein und durch den Mund aus. Machen Sie dabei tiefe Atemzüge, weder zu schnell noch zu langsam, sondern folgen Sie Ihrem normalen Atemrhythmus in seiner ganzen Länge.

Richten Sie dann mit halb geöffneten Augen den Blick auf einen Punkt an der Wand vor Ihnen (nicht nach draußen aus dem Fenster, wodurch Sie abgelenkt werden könnten). Denken Sie nun an eine Person, mit der Sie gerne sprechen würden und die in der Lage wäre, Ihren Schmerz zu lindern. Das kann ein kluger Mensch sein, den Sie verloren haben oder der noch in Ihrem Leben ist, oder irgendeine andere Persönlichkeit aus Vergangenheit oder Gegenwart, die Sie besonders schätzen. Stellen Sie sich vor, wie Sie diesem Menschen Ihr Herz ausschütten und ihm Ihren emotionalen Schmerz schildern. Scheuen Sie sich nicht, ihm all Ihre Gefühle zu offenbaren und auch Ihre Gedanken und Überlegungen darüber mitzuteilen, wie Sie sich fühlen und warum.

Welchen Gesichtsausdruck zeigt er, während Sie ihm Ihre Geschichte erzählen? Welche unterstützenden Worte bietet er Ihnen an? Kann er Ihnen irgendeinen Rat geben, damit Sie für sich einen Abschluss finden? Stellen Sie sich selbst die Frage: Wie kann ein anderer Mensch mir helfen, heil zu werden? Und fragen Sie sich auch: Wie kann ich mir selbst helfen, um Heilung zu finden? Nehmen Sie sich etwas Zeit, um die Botschaft zu notieren, die Sie an sich selbst gerichtet haben. Was haben Sie dadurch gelernt, dass Sie auf Ihre innere Stimme gehört haben?

Kindheitstrauma und Abschluss

Ich kann hier nicht über den Abschluss als Mittel zur Heilung vom seelischen Schmerz sprechen, ohne auf den Schmerz traumatischer Kindheitserlebnisse einzugehen, der uns bis ins Erwachsenenalter begleitet.

Wir neigen dazu, die Kindheit zu idealisieren. Die Zauberwelt der Fantasie und der ersten Entdeckungen. Liebevolle Eltern. Fröhliche Geburtstagsfeiern mit Freund*innen. Tanzstunden und Sport. Es ist eine Welt voller Magie, nicht wahr? Beschreibt das Ihre Kindheit? Es beschreibt sicher nicht die Kindheit vieler Erwachsener, die auf der anderen Seite der Taschentuchbox in meiner Praxis sitzen. Man kann wohl mit Gewissheit sagen, dass es für uns alle nicht leicht war, erwachsen zu werden. Das war es nicht für mich und für Sie vermutlich ebenso wenig.

Im Laufe der Kindheit können wir eine Menge seelischen Schaden nehmen. Im Rahmen der Psychotherapie sprechen wir oft über die tiefen psychischen Wunden, die durch einmalige traumatische Ereignisse wie den Tod eines Elternteils, eine Naturkatastrophe oder einen gewalttätigen oder sexuellen Übergriff entstehen. Und ich hatte reichlich Gelegenheit, solche Gespräche zu führen. Ein derartiges traumatisches Ereignis kann einem sich entwickelnden

Gehirn unvorstellbaren Schaden zufügen. Kaum minder schädlich ist aber der Einfluss, den ein ständiger Strom täglich sich wiederholender Misshandlungen und Beschimpfungen, Respektlosigkeiten, verdeckter Aggressionen, rassistischer oder homophober Äußerungen, Schikanen, Demütigungen und anderer Formen von seelischer Verletzung auf das sich entwickelnde Gehirn haben kann. Solche tagein, tagaus erlittenen Grobheiten und regelrechten Akte des Missbrauchs können die psychische Gesundheit im Laufe der Zeit nachhaltig schädigen und tiefe emotionale Wunden hinterlassen. Sie können zudem einen kumulativen Effekt mit tiefgreifenden Folgen haben.

Wenn ein Kindheitstrauma, gleich welcher Art, große emotionale Schäden in uns hinterlässt, stellt sich auch die Frage, was wir tun können, um den Schmerz zu überwinden. Und hier kommt wieder das Thema Abschluss ins Spiel.

Angesichts der erlittenen seelischen Schädigung kreiert unser menschlicher Geist eine Geschichte. Und er sagt uns, dass wir den Schmerz zum Verschwinden bringen, vielleicht sogar einen Sinn in dem finden können, was uns angetan wurde, wenn wir die Geschichte in der Gegenwart wiederholen und ihr ein glücklicheres Ende geben. Wenn wir das, was geschehen ist, in der Vergangenheit nicht zu heilen vermögen, vielleicht können wir es dann in der Gegenwart heilen? Also erschaffen wir die Situationen, die uns in der Kindheit tiefe Wunden zugefügt haben – und meist ohne uns dessen bewusst zu sein –, als Erwachsene aufs Neue und hoffen, dass die Dinge diesmal für uns »gut ausgehen«.

Wenn uns das gelänge – so glauben wir bewusst oder unbewusst –, würden wir mit dem Vergangenen abschließen können. Endlich wäre die Situation in gewisser Weise »in Ordnung gebracht«. Höchstwahrscheinlich erreichen wir jedoch nicht den neuen Ausgang, den wir uns wünschen, und sind am Ende doch wieder mit den gleichen Gefühlen konfrontiert, die wir zu vermeiden oder aufzulösen bemüht waren. Und so versuchen wir unser Glück aufs Neue. Wir durchleben eine Neuauflage des Dramas, des Missbrauchs und des daraus resultierenden Elends, in der Hoffnung, dass es *dieses* Mal für uns einen so befriedigenden Ausgang gibt, dass davor alle anderen schlechten Erfahrungen zu fernen Erinnerungen verblassen und uns nie wieder Schmerzen bereiten werden. Wir werden damit endlich abgeschlossen haben.

Wahrscheinlich haben Sie schon einmal den Satz gehört, demzufolge die Definition von Verrücktheit darin besteht, immer wieder dasselbe zu tun und andere Ergebnisse zu erwarten. Vermutlich fanden Sie ihn amüsant, als Sie ihn zum ersten Mal hörten. Für uns Psychotherapeut*innen beschreibt er jedoch einen sehr traurigen Umstand, den wir oft im Leben unserer Klient*innen beobachten. Als Beispiel seien hier ein paar Geschichten genannt, die ich von Klient*innen in meiner Praxis gehört habe.

- Theo wuchs mit einem unnahbaren, abweisenden und überkritischen Vater auf. Als Erwachsener hat er sich an Frauen gehalten, die – Sie ahnen es schon – unnahbar, abweisend und überkritisch waren. Als er zu mir in die Praxis kam, beklagte er sich darüber, dass die Frau, mit der er sich in letzter Zeit getroffen hatte, ihn niemals für das schätzte, was er war, oder ihm auf einer emotionalen Ebene näher kam. Er fragte mich, ob ich eine Erklärung dafür hätte, warum ihm das immer wieder passierte.
- Tanya war ein schüchternes, fleißiges Kind gewesen, das nie wirklich Teil einer Gemeinschaft war und stattdessen oft gehänselt und sogar gemobbt wurde. Immer hatte sie sich die Anerkennung durch die beliebteren Mädchen gewünscht. Als Erwachsene versuchte sie, sich mit einer

Gruppe von Kolleginnen anzufreunden, die alle für die künftigen Powerfrauen im Unternehmen hielten. Sie erzählte mir, dass sie nicht gerade begeistert davon waren, sie zum Mittagessen oder zu den Happy Hours einzuladen, und dass sie in ihrer Anwesenheit sogar einige abfällige Äußerungen über sie gemacht hatten.

- Cheris Mutter erwartete immer von ihr, dass sie in allem die Beste ist. Jeden Tag sagte sie ihr, sie müsse besser sein. Wenn Cheri in der Schule eine 2+ bekam, hätte es eine 1 sein müssen. Wenn sie den zweiten Platz belegte, hätte es der erste sein müssen. Als Erwachsene verlangte Cheri von sich selbst das Äußerste bei ihrer Arbeit. Sie hatte nie das Gefühl, gut genug zu sein – oder dass irgendjemand anders es war, sehr zur Frustration ihrer Kolleg*innen. Sie fragte mich, was sie tun müsse, um in ihrem Job die Anerkennung zu bekommen, die sie verdiente. Frustriert, wie sie war, zog sie in Erwägung, ihre Firma zu verlassen. Wieder einmal.
- Don wuchs in einer Umgebung auf, die großen Wert auf ausgeprägte Männlichkeit legte. Sowohl sein Vater und seine älteren Brüder als auch seine Klassenkameraden erwarteten von ihm, dass er an ihren Jagdausflügen und sportlichen Aktivitäten teilnahm, obwohl er lieber las und sich mit Kunst beschäftigte. Immer wieder wurde er schikaniert, von Mitschülern verprügelt und von seinen Brüdern und seinem Vater ausgeschimpft. Ständig kritisierte er sich selbst dafür, schwach zu sein, und hatte das Gefühl, dass er zu Recht so schlecht behandelt wurde. Vor Kurzem hatte Don eine weitere Anstellung verloren, da er eine ungesunde Arbeitsatmosphäre verbreitet hatte, indem er die ihm unterstellten Mitarbeiter*innen anbrüllte und sogar bedrohte. Er selbst verstand nicht, warum er für seine starken Führungsqualitäten bestraft wurde.

Jeder dieser Menschen hat seine eigene Geschichte, die er neu zu schreiben versucht: *Wenn ich dies tue, das sage, XYZ erfahre, dann wird die Vergangenheit endlich der Vergangenheit angehören. All diese schmerzlichen Gefühle werden vergehen. All die negativen Stimmen werden dann verstummen: die Stimme der Kritik, der Nachstellung, der Ablehnung, des Schmerzes, der Schuld. Was immer davon noch übrig ist, wird endlich schweigen. Ich werde unter all das endlich einen Schlussstrich ziehen können.*

Häufig spielen wir diese Geschichten aus unserer Vergangenheit in unserem Kopf immer wieder durch. Wir stellen uns vor, wie es wohl wäre, wenn eine emotional unnahbare und abweisende Person uns sagt, wie wunderbar wir sind, dass sie ohne uns nicht leben kann und wie sehr sie mit uns zusammen sein möchte. Oder wie Menschen, die einfach nicht begreifen, wie kompetent wir sind und wie viel wir zu bieten haben, uns endlich sagen, wie gern sie uns in ihrem sozialen Umfeld hätten, oder uns mit einer Beförderung belohnen. Oder wie die Menschen, von denen wir gehört haben, wir seien irgendwie verkehrt oder nicht normal, uns Achtung, Respekt und Ehrerbietung entgegenbringen.

Nun, einige von uns hatten eine glücklichere Kindheit als andere, und die meisten von uns haben zumindest einige glückliche Erinnerungen an ihre Kindheitstage. Aber auch glückliche Erinnerungen können im ständig wiederkehrenden Versuch enden, unsere Geschichte umzuschreiben. Vielleicht haben Sie zum Beispiel versucht, glückliche Gefühle aus Ihrer Kindheit in einer Liebesbeziehung erneut zu erleben, um noch einmal so glücklich zu sein, wie Sie es einst in Ihrem Leben waren. *Könnte ich das doch nur noch einmal erleben …* Vielleicht hoffen Sie, dass dies eine Art von Abschluss wäre, der Ihnen bestätigt, dass Sie es wirklich verdient haben, glücklich zu sein, oder dass diese Glückserfahrung mit einem anderen Menschen Ihnen hilft, die Erinnerung an jemanden aus Ihrer Vergangenheit zu bewahren. Oder vielleicht haben Sie im Laufe der Jahre Schuldgefühle entwickelt, weil Sie in der Vergangenheit für diese Zeit nicht so dankbar waren, wie Sie es hätten sein sollen, und nehmen sich nun vor, Ihr Glück dieses Mal wahrhaftig zu schätzen, dafür dankbar zu sein und es sich nicht entgehen zu lassen.

Ich bezeichne dieses Phänomen als »Abschlussfantasie« – die Generalentschädigung für die Ansammlung von Schmerz, die in der Kindheit ihren Anfang nahm. Je nach ihrer therapeutischen Ausrichtung mögen manche meiner Kolleg*innen die von mir verwendete Terminologie in Zweifel ziehen. Aber aus meiner Sicht geht es bei dem Versuch, den Teufelskreis des Kindheitstraumas, das sich im Erwachsenenalter wiederholt, zu durchbrechen, um nichts anderes als einen Abschluss. Damit endlich alles gut wird. Und ist es nicht das, was wir uns von einem Abschluss erhoffen?

Diese Abschlussfantasie, mit der wir herumlaufen, ist für uns sicherlich von elementarer Bedeutung, aber sie ist auch in gewisser Weise simpel und realitätsfern. Häufig habe ich erlebt, wie Klient*innen mir genau beschrieben, wie es aussehen wird, wenn sie für sich endlich einen Abschluss finden, wenn sie endlich Respekt, Liebe, Zugehörigkeit erfahren oder was auch immer ihnen das Leben ihrer Meinung nach bisher vorenthalten hat. Diese Fantasien sind nicht nur irrational und unnötig für unsere seelische Gesundheit, sie können auch noch mehr Schaden anrichten, indem sie einen Kreislauf aus Niederlagen, Enttäuschungen und Ohnmacht in Gang setzen.

Übung: Ihr inneres Kind beruhigen

Die wenigsten von uns hatten eine Kindheit wie aus dem Bilderbuch, und in vielen sitzt noch immer der alte Schmerz. Unter welchen Umständen lebt Ihr Kindheitsschmerz am ehesten wieder auf? Was sind dafür die typischen Auslöser?
Denken Sie an das letzte Mal, als Sie von Ihren Emotionen überwältigt wurden. Waren Ihnen diese Gefühle vertraut? Erinnern Sie sich noch an das erste Mal, als Sie sich so gefühlt haben? Wenn Sie sich die Zeit nehmen, darüber nachzudenken, werden Sie höchstwahrscheinlich in der Lage sein, die Gefühle, die in der Gegenwart so übermächtig sind, mit den Gefühlen in Verbindung zu bringen, die Sie als Kind hatten, als Sie missverstanden wurden, sich nicht ausdrücken durften, bestraft oder drangsaliert wurden, oder mit anderen Kindheitserlebnissen, die noch bis in Ihr Erwachsenenleben nachwirken.
Überlegen Sie nun, wie Sie sich selbst beruhigen können, wenn diese Gefühle hochkommen. Was können Sie zu sich selbst sagen, um sich zu erden? Was können Sie für sich selbst tun, um sich mit Ihrer Mitte zu verbinden? Wer kann Ihnen dabei helfen, Ihre Gefühle zu ordnen? Legen Sie sich ein Repertoire von Werkzeugen zur Selbstberuhigung zu, auf das Sie notfalls zurückgreifen können. Leiten Sie diesen Prozess ein, bevor Sie sich an jemanden wenden, um mit etwas zu einem Abschluss zu kommen; möglicherweise liegt der Abschluss in Ihnen selbst.

Die Kraft von Geschichten

Was ist Ihre Geschichte? Wir alle haben eine. Geschichten sind Teil unseres Menschseins. Sie können uns die Kraft geben, uns für ein anderes Leben zu entscheiden, nicht die Vergangenheit zu wiederholen und uns nicht dadurch zerstören zu lassen, dass wir am Schmerz festhalten. Sie können uns dazu anspornen, die wohltuenden und inspirierenden Momente, die wir erlebt haben, zu wiederholen, und uns zu einem produktiven, glücklichen und erfolgreichen Leben führen. Oder sie können uns in einem Teufelskreis gefangen halten, in dem wir immer wieder dasselbe selbstzerstörerische Verhalten an den Tag legen.

Für mich persönlich besteht die Definition von Verrücktheit also nicht darin, immer wieder das Gleiche zu tun und andere Ergebnisse zu erwarten. Ich nenne das, eine Geschichte zu haben. Und allzu oft dringen unsere Geschichten unentwegt in unser Leben ein, richten immer wieder denselben emotionalen Schaden an und bereiten uns denselben wohlbekannten, aber nichtsdestoweniger verheerenden Schmerz, sodass wir in einer Tretmühle gefangen sind, die uns nirgendwohin führt.

Nein, das ist nicht verrückt. Das ist menschlich.

Was ich damit im Grunde sagen will, ist, dass es schwierig ist, die Vergangenheit durch etwas heilen zu wollen, das wir in der Gegenwart tun, vor allem, wenn wir dabei auf das Mitwirken anderer Menschen angewiesen sind (erinnern Sie sich an meine Ausführungen in Kapitel 2 über die Unmöglichkeit, andere Menschen zu kontrollieren, und dass der Versuch, dies zu tun, niemals dazu führt, dass wir mit etwas abschließen können). Als erfahrener Psychotherapeut kann ich nur sagen, dass der Weg zur Heilung der Vergangenheit darin besteht, sich mit dem auseinanderzusetzen, was in der Vergangenheit geschehen ist. Das heißt, den Mut aufzubringen, sich anzusehen, was uns damals widerfahren ist; die Gefühle zu benennen, die wir dabei erfahren haben; sich die Rolle der Menschen anzuschauen, die uns Schmerz zugefügt haben, und welche Rolle wir selbst dabei gespielt haben, ob bewusst oder unbewusst. Das ist harte Arbeit. Aber es ist die Arbeit, die notwendig ist, um wirklich zu einem Abschluss oder zur Akzeptanz zu finden. Sie beginnt und endet in uns selbst und nicht damit, dass wir eine Erfahrung in der Gegenwart wiederholen, um zu versuchen, den Schmerz der Vergangenheit zu heilen.

Ich will damit nicht behaupten, dass es ein Irrweg sei, einen Abschluss für sich zu suchen, um die emotionalen Wunden der Kindheit zu heilen. Ich habe miterlebt, wie Klient*innen ihren Weg in Beziehungen gefunden haben, die ihnen endlich den Beweis geliefert haben, dass sie ein anderes Leben führen, eine andere Behandlung erfahren und sich die Zukunft aufbauen können, von der sie geträumt haben. Das kommt also vor. Lauern die Dämonen der Vergangenheit dennoch weiterhin im Hintergrund? Wahrscheinlich. Aber diese Klient*innen sind in der Lage, in der Gegenwart zu leben und gut zu leben.

Andererseits erlebe ich nur zu oft, dass meine Klient*innen immer wieder dieselben Runden mit denselben unglücklichen Ergebnissen drehen. Solange sie sich nicht mit dem Problem in ihrem Inneren auseinandersetzen, sondern ihre Macht ständig an eine andere Person abgeben und von dieser erwarten, dass sie das Heilungswerk für sie vollbringt, werden sie immer wieder am Anfang stehen. Wenn Sie sich in dieser Lage befinden, ist es dann an der Zeit, den Kampf aufzugeben und sich darauf zu konzentrieren, die Stimmen in Ihrem Inneren zu verstehen, die Ihnen sagen, wie wertlos, wenig liebenswert oder unfähig Sie sind? Mit anderen Worten: Wenn das nächste Mal dieselbe Musik gespielt wird, ist es dann an der Zeit, ein anderes Lied dazu zu singen?

Wenn ich mit Klient*innen arbeite, halte ich häufig Ausschau nach dieser Art von Geschichten. Manchmal kommt die Geschichte ans Licht, sodass wir sie gemeinsam analysieren können, manchmal aber auch nicht. Wie dem auch sei, ich denke, es ist ein wichtiger Ansatz, um den Klient*innen zur Klarheit darüber zu verhelfen, was sie zurückhält. Kein Mensch ist in der Vergangenheit gefangen und dazu verdammt, sie immer aufs Neue zu wiederholen, es sei denn, er lässt es selbst zu.

Selbsteinschätzung: Bevor Sie mit etwas abschließen

Hier sind einige Fragen, die Sie sich stellen sollten, wenn Sie, um ständigen emotionalen Schmerz zu heilen, über einen Abschluss nachdenken und dabei die möglichen Vor- und Nachteile abwägen.

- Warum fühle ich mich so, wie ich mich fühle? Was ist meiner Meinung nach die Ursache für meinen Schmerz?
- Suche ich für mich einen Abschluss in einer Form, die unmittelbar auf die Ursache meines Schmerzes zielt?
- Hat irgendetwas ein Gefühl aus der Vergangenheit oder eine Erinnerung in mir wachgerufen, und ist es etwas, mit dem ich mich auf andere Weise auseinandersetzen muss?
- Ist die Intensität meiner Gefühle der Situation angemessen?
- Wie genau müsste ein Abschluss aussehen, wenn mein Schmerz dadurch eine Linderung erfahren soll?
- Wie wahrscheinlich ist es, dass mein Versuch, zu einem Abschluss zu kommen, zu dem von mir gewünschten Ergebnis führt?
- Ist es realistisch anzunehmen, dass diese Person / diese Institution in der Lage ist, mir einen Abschluss zu gewähren?
- Kann es passieren, dass sich der Abschluss, den ich anstrebe, wie ein leerer Sieg anfühlt?
- Wird diese Art von Abschluss ausreichend sein, um mir den ganzen Schmerz zu nehmen? Oder einen Teil davon?
- Kann ich damit umgehen, wenn ich nicht den gewünschten Abschluss erhalte?

Wenn Sie sich die Zeit nehmen, über diese Fragen nachzudenken, kann Ihnen das eine klarere Vorstellung davon vermitteln, was Sie erwarten können und was nicht, und darüber hinaus weiteres Leid ersparen.

Abschließende Überlegung: Zu leiden, ist menschlich

Erinnern Sie sich an die Figur des Blechmanns aus *Der Zauberer von Oz*? Am Ende des Films, als Dorothy dem Blechmann eine tickende Uhr überreicht, meint er, dass er jetzt wisse, dass er ein Herz hat, weil es brechen kann. Wie viele andere Filme, Lieder und Bücher sind über den Schmerz eines gebrochenen Herzens geschrieben worden? Die eigentliche Botschaft ist, dass es menschlich ist, ein gebrochenes Herz zu haben.

Ich habe die Erfahrung gemacht, dass eine der Hauptursachen für emotionalen Schmerz die Unfähigkeit oder Weigerung ist, das Geschehene zu akzeptieren, oder, um es noch direkter zu sagen: die Weigerung, die Realität zu akzeptieren. Wenn Sie sich der Realität einer Situation nicht stellen können oder wollen, entbrennt ein Kampf in Ihrem Kopf, der zwischen der rein emotionalen und der rationalen Seite Ihres Geistes ausgetragen wird. Und was ist das Resultat? Mehr Schmerz. Wir werden uns in Teil IV noch eingehender mit der Rolle der Akzeptanz befassen. Vielleicht kann ein Abschluss Ihnen das geben, was Sie brauchen, um die Dinge so zu akzeptieren, wie sie sind, und weiterzugehen. Vielleicht aber auch nicht.

Wir hoffen auf einen Abschluss, um unseren emotionalen Schmerz zu heilen. Wir hoffen auf Worte, Taten oder göttliche Interventionen, die das Ende unseres Leidens und den Beginn eines Weges nach vorne bedeuten, den wir ersehnen oder für den wir beten. Es ist nur menschlich, sich zu wünschen, dass unser Schmerz ein Ende hat. Einen Abschluss zu wollen. Manchmal ist der Abschluss, der sich ergibt, tatsächlich magisch. Ein anderes Mal bleibt er nur eine Hoffnung, ein Traum, eine Fantasie.

KAPITEL 4

WIR VERSPÜREN WUT

Gefühle der Wut sind eng mit solchen des Schmerzes verwandt, und wie diese sind sie ein häufiges Motiv für die Suche nach einem Abschluss. Wenn wir uns von einer anderen Person emotional oder auf andere Weise verletzt fühlen, ist es nur menschlich, nicht nur gekränkt, sondern auch wütend zu sein. Wir alle werden von Zeit zu Zeit wütend – oder sehr oft sogar. Wutgefühle können sowohl auf gesunde als auch auf ungesunde Art und Weise den Wunsch nach einem Abschluss wecken. Vielleicht haben Sie den Drang, sich von Ihrer Wut zu befreien, indem Sie in aller Ruhe aussprechen, was in Ihnen vorgeht – oder wollen dafür sorgen, dass Ihr Gegenüber weiß, wie wütend Sie sind, indem Sie dieser Person gehörig die Meinung sagen und sie dazu bringen, sich gebührend bei Ihnen zu entschuldigen.

Bevor ich auf das Thema Wut und ihre Beziehung zum Abschluss zu sprechen komme, möchte ich noch ein wenig weiter ausholen und näher darauf eingehen, welche Rolle der Wut im modernen Leben zukommt. Sie werden mir vielleicht zustimmen, dass wir in einer Kultur der Wut leben. Wir erleben sie überall: in den Nachrichten; am Arbeitsplatz; auf dem Gehweg; in Geschäften und Restaurants; im Straßenverkehr; bei Familientreffen. Vielleicht haben Sie ebenso wie ich schon einmal die Erfahrung gemacht, dass Sie mit einer freundlichen und höflichen Person eine gepflegte Unterhaltung geführt haben und dann auf einmal, als politische oder gesellschaftliche Themen ins Gespräch kamen, beobachten konnten, wie sich das Gesicht dieser Person vor Wut verzerrt hat, die daraufhin mit Schimpfwörtern um sich warf, mit denen Sie nicht unbedingt gerechnet hatten. In meinem Beruf erlebe ich sicherlich viel Wut. Einige meiner Klient*innen sind selbst voller Wut oder sind der Wut anderer Menschen ausgesetzt und wenden sich an mich mit der Bitte, ihnen zu helfen, sich zu ändern oder damit fertigzuwerden oder beides.

Dennoch verkenne ich nicht, dass der Zorn eine Kraft sein kann, die zu positiven Veränderungen führt. So hat der Zorn zum Beispiel Menschen auf der ganzen Welt dabei geholfen, Kräfte für notwendige soziale Reformen zu organisieren. Wut hat unterdrückte Menschen dazu gebracht, für ihre Rechte zu kämpfen. Sie hat dazu geführt, dass Ressourcen Menschen zugutekommen, die sie dringend benötigen, und dass neue Ressourcen geschaffen wurden. Sie hat bewirkt, dass das Bewusstsein für Ungleichheiten im Wirtschafts- oder Gesundheitssystem gewachsen ist, wenn jemand endlich wütend genug war, um entsprechend Alarm zu schlagen.

Ebenso kann ich bestätigen, dass Wut eine wichtige Rolle als Beweggrund für individuelle Veränderungen spielt. Ich habe mit Klient*innen gearbeitet, die bereit waren, die Risiken auf sich zu nehmen, die nötig waren, einen neuen Weg in ihrem Leben einzuschlagen, weil sie sich endlich ihre Wut über die Lebenssituation eingestehen konnten, in der sie sich befanden. Es war die Wut, die sie dazu brachte, einzusehen, dass ihr derzeitiger Job oder ihre Karriere sie krank machte; dass die Beziehung, in der sie waren, für sie nicht förderlich war, sie nicht glücklich machte oder geradezu missbräuchlich oder ungesund war; dass sie ihren Lebensstil, wie ungesunde Essgewohnheiten oder Substanzmissbrauch, ändern mussten. Diese Menschen erlaubten sich, ihre Wut über einen Aspekt ihres Lebens zu spüren, fanden einen Weg, diese Wut zu kanalisieren, sie in positive Energie umzuwandeln, und kamen auf diese Weise voran.

Ja, Wut kann also durchaus ihre guten Seiten haben. Aber das Ausmaß, in dem die Wut tagtäglich zunimmt, ist besorgniserregend. Ich will hier keine Schwarzmalerei betreiben, aber nach meiner Beobachtung scheint es, dass der Zuwachs an Wut in der Welt kein Ende nehmen will. In der Welt, in der wir leben, ist Wut zu einem Grundgefühl, um nicht zu sagen zu *dem* Grundgefühl geworden.

Wut als verdeckende Emotion

Wut fängt oft im Kleinen an – als Groll. Der Groll, den Sie verspüren, wenn Sie sehen, wie nach langer und harter Arbeit eine erwartete Beförderung einer anderen Person angeboten wird. Der Groll, den Sie verspüren, wenn eine wertvolle Geschäftsbeziehung durch die mangelnde Aufmerksamkeit eines Kollegen Schaden nimmt. Der Groll, den Sie verspüren, wenn Ihrem Partner oder Ihrer Partnerin anscheinend weniger an Ihrem Glück und Seelenheil gelegen ist als umgekehrt. Der Groll, den Sie verspüren, wenn Sie von einem Familien- oder Freundestreffen erfahren, zu dem Sie nicht eingeladen waren. Groll kann sich im Laufe der Zeit aufstauen, oder er kann plötzlich in Wut umschlagen.

Wut bringt uns dazu, etwas tun zu wollen, etwas zu unternehmen. Es ist nur menschlich, etwas mit unseren Gefühlen der Wut oder des Grolls machen zu wollen, sie herauszulassen, sie loszuwerden. Wut ist etwas, das unerbittlich an uns nagt, das es uns schwer macht, produktiv zu sein, das Beziehungen beschädigt, Menschen von uns wegstößt und unserer seelischen und körperlichen Gesundheit schadet. Daher ist es absolut logisch, dass die Wut uns dazu antreibt, für uns einen Abschluss zu suchen. *Ich muss etwas unternehmen, um diese Wut loszuwerden!*

Ich halte es für wichtig, an dieser Stelle kurz innezuhalten und einige Hintergrundinformationen zur Psychologie der Wut zu bieten. Wut ist eine primäre Emotion, das heißt, sie erfasst uns mit einer elementaren, unmittelbaren, vitalen Gewalt. Irgendetwas passiert, das uns nicht gefällt, und – peng! – wir rasten aus.

Aber Wut kann auch eine »verdeckende Emotion« sein, die eine Schutz- oder Abwehrfunktion erfüllt. Lassen Sie mich erläutern, was ich damit meine. Haben Sie sich schon einmal unendlich traurig gefühlt, geradezu überwältigt von Traurigkeit ... und sich dann dabei ertappt, wie Sie wütend wurden, um diese Traurigkeit nicht in ihrer ganzen Tiefe spüren zu müssen? Das ist eine Möglichkeit, wie Wut als eine verdeckende Emotion fungieren kann. Wir benutzen sie, um uns vor Gefühlen zu schützen, die besonders schwer zu ertragen sind, wie Traurigkeit, Schmerz und Angst. Oder wir werden wütend, um uns einen Schutzpanzer zuzulegen, der andere davon abhält, unserer empfindsamen Seite zu nahe zu kommen, der Seite in uns, die sich traurig, ängstlich oder verletzt fühlt.

So höre ich zum Beispiel oft von Wutgefühlen, wenn ich mit einer Klientin oder einem Klienten über eine Trennung spreche. Sie sind verletzt und traurig, können sich das aber noch nicht eingestehen. Ich muss ihnen dabei helfen, ihre Wut zu verstehen, den Wutgefühlen Ausdruck zu verleihen, bevor sie sich ansehen können, wie verletzt sie sind. Ein anderes Beispiel: Es kann schwer sein, sich anzusehen, wie viel Angst es macht, den Arbeitsplatz zu verlieren. Vielleicht fürchten wir uns davor, unseren Lebensunterhalt zu verlieren oder unsere Familie nicht mehr ernähren zu können. Es ist schwer, sich dieser Angst und dem damit einhergehenden Gefühl der Hilflosigkeit zu stellen. Es ist viel einfacher, all dies in Form von Wut auf unsere*n ehemalige*n Arbeitgeber*in auszudrücken.

Wut eignet sich so gut, um andere Emotionen zu überdecken, dass ich, als ich an einer Fortbildung am Albert Ellis Institute in New York teilnahm, einen der Dozent*innen auf das Thema ansprach und ihn fragte, ob Wut tatsächlich *jedes Mal* ein Mittel sei, um andere Emotionen zu kaschieren. Ich erinnere mich noch gut an seine Antwort. Er sagte: »Gary, haben Sie jemals einem Baby das Fläschchen weggenommen?« »Natürlich nicht«, antwortete ich. Daraufhin sagte er: »Nun, wenn Sie das tun, werden Sie ein großes Geschrei hören. Das Baby ist ziemlich wütend.« Wut *ist* eine primäre Emotion. Und sie ist *auch* eine verdeckende Emotion.

Um was es mir hier geht, ist Folgendes: Es ist sehr wichtig, dass Sie sich Ihre Wut ansehen, bevor Sie darangehen, mit etwas oder jemandem abzuschließen. Um die Ursache für Ihre Wut zu verstehen. Und um sich über Ihre Intentionen im Klaren zu sein, damit Sie diese Intentionen auch der Person verständlich machen können, mit der Sie einen Abschluss suchen. (Mehr zum Thema Intentionen und Intentionalität in Teil III). Wenn Sie einen Schlussstrich ziehen, ohne sich vorher die Zeit zu nehmen, wirklich zu verstehen, worüber Sie wütend sind und ob es wirklich die Wut ist, die Sie zu einem Abschluss drängt, oder vielmehr ein ganz anderes Gefühl, das Sie nicht bewusst zulassen, können Sie am Ende damit einer Beziehung, Ihrem eigenen seelischen Wohlbefinden oder beidem schaden. Man kann wohl mit ziemlicher Sicherheit sagen, dass es Ihnen emotional nicht besser gehen wird, wenn Sie an jemandem Ihre Wut auslassen, obwohl es in Wirklichkeit große Traurigkeit oder Angst ist, was Sie empfinden.

Wie Wut dazu motivieren kann, einen Abschluss zu suchen

Denken Sie an das letzte Mal, als Sie über etwas wütend waren. Nehmen Sie sich einen Moment Zeit, um diese Wut wirklich zu spüren. Das mag etwas Mühe kosten, aber wenn Sie so sind wie die meisten Menschen, können Sie sich leicht an frustrierende Ereignisse in Ihrem Leben erinnern und an die Gefühle der Wut, die daraus erwachsen sind. Viele meiner Klient*innen berichten, dass es nur allzu leicht ist, Wut zu verspüren, dass die entsprechenden Erinnerungen stets an der Oberfläche sind, bereit, durch gegenwärtige Ereignisse wieder zum Leben erweckt zu werden. Vielleicht befinden Sie sich auch gerade jetzt in einer Situation in Ihrem Leben, die in Ihnen große Wut auslöst und von der Sie hoffen, dass Sie auf irgendeine Weise mit ihr abschließen können, um sich von Ihren Wutgefühlen zu befreien.

Fragen Sie sich, während Sie diese Wutgefühle in sich spüren: *Welche Form von Abschluss würde mir helfen, Heilung für meine Wut zu finden?* Hier einige der am meisten erwünschten Resultate, wenn es um einen durch Wut motivierten Abschluss geht.

Sich verstanden fühlen

Eines der am meisten frustrierenden Dinge im Leben ist es, sich unverstanden zu fühlen oder, schlimmer noch, überhaupt kein Gehör zu finden. Wenn wir das Gefühl haben, dass eine andere Person unseren Standpunkt nicht versteht, können wir nicht anders, als einen Weg zu finden, damit diese Person es »kapiert«. Das kann geradezu zwanghaft werden. Es nagt an uns, frisst an uns. *Dieser Mensch muss doch einfach begreifen, warum ich so wütend bin! Dann könnte ich mit dieser Sache endlich abschließen!*

Daraus folgt, dass die Erwartung, die Sie an einen Abschluss knüpfen, durch eine Unterredung zu erfüllen wäre. Vielleicht ist es Ihr Wunsch, sich mit der Person, die Sie in Rage gebracht hat, zusammenzusetzen und ihr zu erklären, warum Sie so wütend sind. Vielleicht hoffen Sie darauf, dass die Gegenseite daraufhin erklärt, wie sie sich damit fühlt, woraus sich möglicherweise ein weiterer Austausch ergibt, der schließlich zum gegenseitigen Verständnis führt.

Wenn es gut läuft, kann die Suche nach einem Abschluss mit dem Ziel, zum gegenseitigen Verständnis zu gelangen, einen großen Beitrag zur Verbesserung der Beziehung leisten. Sie können etwas über die Person erfahren, mit der Sie einen Abschluss erreichen wollen, wie sie auf den Ausdruck Ihrer Wut reagiert und wie sehr ihr an der Fortsetzung einer Beziehung mit Ihnen gelegen ist. Und vielleicht erfährt sie dabei umgekehrt auch etwas über Sie.

Andererseits besteht natürlich die Gefahr, dass die andere Seite Ihre Wut nicht nachvollziehen kann. Vielleicht heißt es sogar, dass Sie überreagieren, die Dinge durcheinanderbringen und dramatisieren – was dazu führt, dass Ihre Wut anhält, wenn nicht sogar noch größer wird als zuvor. Das ist das Risiko, das Sie eingehen, wenn Sie einen Abschluss suchen, um Ihre Wut zu heilen, indem Sie um Verständnis werben.

Eine Entschuldigung hören

Meine Klient*innen sprechen oft über den Wert einer Entschuldigung für die Heilung ihrer Wutgefühle. Einer Aussage wie: »Ich möchte einfach nur verstanden werden …«, folgt oft die andere: »... und eine Entschuldigung hören für das, was er/sie getan hat.« Wenn uns jemand auf emotionaler oder anderer Ebene Schaden zugefügt hat, wollen wir eine Entschuldigung hören. Wir möchten wissen, dass diese Person die Verantwortung übernimmt für das, was sie getan hat, um uns in Wut zu versetzen.

Die gute Nachricht ist, dass es Menschen gibt, die in der Lage und manchmal auch bereit dazu sind, unsere Wutgefühle anzunehmen, uns anzuhören und sich bei uns zu entschuldigen. Vielleicht haben sie den Impuls dazu, sobald sie sehen, wie wütend wir sind, weil sie erkennen, welche unbeabsichtigten Folgen ihre Handlungsweise hatte. Vielleicht brauchen sie von uns aber auch eine klare Aussage, was uns so wütend gemacht hat, warum wir so reagieren und was ihre Worte oder Handlungen in uns bewirkt haben. In jedem Fall kann eine Entschuldigung zwei Menschen einander näherbringen und ihre Beziehung vertiefen.

Andererseits weigert sich die andere Person vielleicht, die Verantwortung zu übernehmen, und erklärt, die ganze Situation sei eigentlich unsere Schuld. Oder sie sieht sich außerstande, das Problem zu erkennen, und fragt: »Warum regst du dich überhaupt so auf?« Oder sie schenkt uns ein Mona-Lisa-Lächeln und sagt so etwas wie: »Tut mir leid, dass du dich so fühlst.« Auch in diesen Fällen verspüren wir vielleicht noch größere Wut als zuvor.

Vergeltung üben

Wir alle sind nur Menschen, und unsere Beweggründe sind nicht immer astrein. Wenn die Emotionen hochkochen, geht das rationale Denken schnell flöten. Jemand ist uns an den Karren gefahren, und nun wollen wir es dieser Person heimzahlen. Vielleicht ist uns dabei nicht einmal bewusst, was sich da in uns abspielt.

Nehmen wir an, Sie erfahren, dass Sie nicht zur Geburtstagsparty eines Freundes eingeladen wurden, und sind deswegen stinksauer. Sie sind tatsächlich so wütend, dass Sie beschließen, Ihrem Freund die Meinung zu sagen. Sie warten bis zum Abend vor der Geburtstagsparty, um ihn anzurufen. Sie sagen, dass Sie von der Party erfahren haben und dass er sie nicht vor Ihnen verheimlichen könne. Sie erklären, wie gekränkt und wütend Sie sind, auf diese Weise behandelt zu werden. Da Sie wissen, wie sensibel Ihr Freund ist und wie sehr er sich die Dinge zu Herzen nimmt, können Sie also sicher sein, dass er mit zu großen Schuldgefühlen zu kämpfen hat, um sich am nächsten Tag unbeschwert auf der Party zu amüsieren.

Eine emotionale Bombe zum Platzen zu bringen, kann sich im Moment gut anfühlen, aber wie wir in Kapitel 2 gesehen haben, ist Rache nicht dasselbe wie ein Abschluss. Und Bomben richten eine Menge Schaden an.

Übung: Die ganze Wut herauslassen

Ich werde häufig von Klient*innen gefragt, wie sie ihre aufgestaute Wut auf eine Weise loswerden können, die weder ihrem Ansehen noch ihren Beziehungen schadet. Aktivitäten zum Loslassen von Wut können Ihnen helfen, den ersten Ansturm von Emotionen zu bewältigen und einen rationaleren Blick auf das zu werfen, was Ihnen zu schaffen macht. Denken Sie an etwas, das zurzeit Ihren Zorn erregt. Lenken Sie diese Zornesenergie nun in eine Aktivität. Hier einige Vorschläge:

- Schreiben Sie einen bösen Brief ohne die Absicht, ihn abzuschicken.

- Schlagen Sie auf ein Kissen ein.
- Kicken Sie einen Strandball wiederholt gegen eine Wand.
- Gehen Sie auf flotte Weise spazieren, und sagen Sie dabei der Person, die es betrifft, Ihre Meinung (im Stillen, wenn Sie unter Menschen, oder auch laut, wenn Sie mit sich allein sind).
- Suchen Sie einen Ort auf, an dem Sie keine Aufmerksamkeit auf sich ziehen oder jemanden erschrecken können, und brüllen Sie ein paar wirklich üble Schimpfwörter.
- Fragen Sie sich selbst: Wie fühlt es sich an, wenn Sie auf diese Weise etwas von Ihrer Wut herauslassen?

Die Risiken abwägen

Ich möchte an dieser Stelle noch einmal betonen, dass es einer zwischenmenschlichen Beziehung durchaus förderlich sein kann, wenn wir einen Abschluss anstreben, um Wutgefühle zu heilen. Die Wut und den Schmerz zum Ausdruck zu bringen, kann Ihnen und Ihrem Gegenüber helfen, einander besser zu verstehen, künftig mehr auf die Gefühle des anderen zu achten und sich der gegenseitigen Bedürfnisse und verwundbaren Stellen bewusster zu werden. Aber weil wir uns oft vor den Abgründen fürchten, in die uns die Wut stürzen kann, entgehen uns möglicherweise die Wachstumschancen, die sich daraus ergeben, dass wir die Wut durch einen Abschluss heilen. Lassen Sie mich also wiederholen, dass ein Abschluss ein mächtiges Werkzeug zur Heilung von Wut sein kann.

Als Therapeut habe ich es viele, viele Male erlebt, wie Klient*innen schließlich den Mut aufbrachten, sich mit einem Freund, einer Partnerin, einem Familienmitglied oder einem Kollegen zusammenzusetzen und einen Schlussstrich zu ziehen, indem sie über ihre Wutgefühle sprachen – und dadurch ein Gefühl von Heilung erfuhren. *Heilung* ist hier das Schlüsselwort. Wenn Sie schon einmal erfahren haben, wie sich Wut auf Ihr emotionales und körperliches Wohlbefinden auswirken kann, dann wissen Sie, wovon ich spreche.

Aber auch das Gegenteil kann der Fall sein. Nehmen wir Darryl und Rebecca. Die beiden waren sehr eng befreundet, fast unzertrennlich. Sie telefonierten jeden Tag miteinander und gingen jeden Samstagabend im selben Restaurant zusammen essen. Sie sprachen über alles: die Arbeit, ihre Familien, über jede Verabredung, die sie jeweils hatten. Über alles.

Dabei war sich Darryl stets bewusst, dass Rebecca zuweilen schwierig sein konnte. Sie war sehr direkt, manchmal sogar grob. Aber er verbuchte das als Teil ihres Naturells und sagte sich, dass er ihre manchmal bissigen und sogar herabsetzenden Kommentare als Beleg dafür ansehen könne, dass ihr viel an ihm lag. Rebecca konnte manchmal auch sehr bestimmend sein, indem sie Darryl sagte, was er zu tun und zu lassen hatte, und ihn kritisierte, wenn er ihren Rat nicht befolgte. Bisweilen geriet sie urplötzlich in Rage über etwas, das er ihrer Meinung nach falsch gemacht hatte. So schimpfte sie ihn einmal dafür aus, dass er versäumte, einen Vorschlag zu machen, welchen Film sie sich zusammen ansehen sollten, und sie ihrer Ansicht nach die Hauptlast der Verantwortung in ihrer Freundschaft zu tragen hatte. Überdies konnte sie ihm gegenüber ein konkurrierendes Verhalten an den Tag legen, indem sie ihn überbot, wenn er ihr von einer persönlichen Leistung berichtete, oder ihn eines Besseren belehrte, wenn er seine Meinung zu etwas äußerte. Als sie einen neuen Partner hatte, ließ Rebecca sich ihm gegenüber über Darryls Schwächen aus und machte sich manchmal sogar über ihn lustig. Schließlich rief Rebecca eines Tages Darryl an, warf ihm vor, kein hilfreicher Freund zu sein, und teilte ihm mit, dass sie erst einmal auf Abstand zu ihm gehen wolle.

Anfänglich war Darryl einfach nur traurig. Er hatte das Gefühl, ihr ein loyaler Freund gewesen zu sein, und verstand ihre Anschuldigung nicht. Aber als er auf ihre Beziehung zurückblickte – auf die Momente, in denen Rebecca ihn schlecht gemacht, in denen sie ihn durch unhöfliches Verhalten gegenüber der Bedienung in Verlegenheit gebracht, in denen sie versucht hatte, ihm vorzuschreiben, was er zu tun und zu lassen habe, oder in denen sie ihm gedroht hatte, die Freundschaft aufzukündigen, wenn er sie in irgendeiner Weise enttäuschte – begann er, ihr gegenüber Groll zu empfinden. Gefolgt von Wut, großer Wut, als ihm klar wurde, wie ungesund ihre Präsenz in seinem Leben gewesen war. Um ehrlich zu sein, war Darryl rasend vor Wut, wenn er an die Zeit dachte, die er mit Rebecca verbracht hatte, und was er sich alles von ihr hatte gefallen lassen.

Dennoch zögerte Darryl, das Gespräch mit Rebecca zu suchen. Er wusste, dass sie ihm rhetorisch weit überlegen war, und er hatte die Befürchtung, dass eine direkte Aussprache nur dazu führte, dass sie ihr Verhalten auf geschickte Weise abstreiten und ihm einen Vortrag über seine eigenen psychologischen Probleme halten würde. Immerhin kannte er Rebecca schon seit Jahren. Warum sollte sie sich jetzt anders verhalten? Wie wahrscheinlich war es, dass sie ein offenes Gespräch über ihre Beziehung führen konnten: was gut gelaufen war, was zu ihrem Zerwürfnis geführt hatte, was jede*r von ihnen hätte anders machen können – ein Austausch von glücklichen Erinnerungen und ein Auseinandergehen im Guten mit den besten Wünschen …? Aus

Darryls Sicht war das wenig wahrscheinlich. Stattdessen beschloss er, die Situation so zu akzeptieren, wie sie war, und weiterzugehen, auch wenn seine Wut keineswegs verflogen war und seine Fragen ohne Antworten geblieben waren.

Wenn wir uns an einen anderen Menschen wenden, um mit ihm über etwas zu einem Abschluss zu kommen, dann wollen wir etwas von ihm, und sei es nur, dass er zuhört oder auf irgendeine Weise auf uns eingeht. Bis zu einem gewissen Grad machen wir damit unsere Heilung davon abhängig, wie die andere Person auf uns reagiert. Das kann zwei Menschen einander näher bringen und ihre Beziehung stärken, es kann aber auch einen Keil zwischen sie treiben oder sogar ihre Beziehung beenden. Es ist daher wichtig, sich dieser Risiken bewusst zu sein, wenn Sie erwägen, mit jemandem ein klärendes Gespräch zu führen.

Eine Anmerkung zum Thema Wut auf Institutionen

Wenn es uns darum geht, mit etwas abzuschließen, um uns von unserer Wut zu heilen, wollen wir uns damit normalerweise direkt an die Ursache unserer Wut wenden, also an die Person, die wir für diese Ursache halten. Aber sind wir mit der Person, die wir dabei vor Augen haben, tatsächlich an der richtigen Adresse, oder repräsentiert sie nur eine Einrichtung oder Institution, gegen die sich unsere Wut eigentlich richtet? Sind wir also wütend auf eine*n bestimmte*n Mitarbeiter*in oder vielmehr auf unsere Bank, eine Fluggesellschaft oder unsere Arztpraxis? Mit anderen Worten: Versuchen wir, uns besser zu fühlen, indem wir jemanden zum Sündenbock machen? Wenn Sie Ihre Wut schon einmal an einem Kundenbetreuer oder einer Empfangsdame ausgelassen haben, dann haben Sie vielleicht auch festgestellt, dass der Abschluss, den Sie damit für sich erreichten, Ihnen bestenfalls vorübergehend Befriedigung verschaffte, möglicherweise gefolgt von einer Menge Reue. Ich hatte einige dieser angeschlagenen Mitarbeiter*innen bei mir wiederum als Klient*innen sitzen und konnte sehen, wie sie aufgrund der Kränkung und der Wut, die die unfaire Behandlung durch Kund*innen in ihnen ausgelöst hat, selbst nach einem Abschluss verlangen. Was ich damit sagen will, ist: Werden Sie sich über die wahre Ursache Ihres Zorns klar und lassen Sie ihn nicht einfach an einem Menschen aus, der gar nicht in der Lage ist, Ihnen zu dem Abschluss zu verhelfen, den Sie für sich brauchen.

Selbsteinschätzung: Mit Wutgefühlen abschließen

Wenn es Sie zu einem Abschluss drängt, um Ihre Wutgefühle zu heilen, ist es wichtig, dass Sie sich zuvor die Zeit nehmen, Ihre Wut richtig einzuordnen. Das bedeutet, sich selbst genau zu überprüfen und sich einige unbequeme Fragen zu stellen, damit Sie dabei mit klarem Verstand vorgehen können. Hier einige Fragen, die Sie sich dabei stellen sollten:

- Warum bin ich so wütend?
- Kommt mir dabei selbst eine Rolle zu, die ich nicht wahrnehmen will?
- Ist es wirklich Wut, die ich empfinde, oder steckt dahinter ein anderes Gefühl, das ich mir nicht eingestehen will, wie Traurigkeit, Enttäuschung oder Angst?
- Welche Art von Abschluss erwarte ich? Verständnis? Vergebung?
- Sind meine Motive für einen Abschluss konstruktiv, oder habe ich das Verlangen, der anderen Person Schaden zuzufügen?

- Was kann ich vernünftigerweise von der Person erwarten, mit der ich einen Abschluss erreichen will?
- Ist meine Wut der Situation angemessen, oder hat sie mit einem Gefühl aus der Vergangenheit oder einer Erinnerung zu tun, die durch diese Situation ausgelöst wurde und mit der ich mich auf andere Weise auseinandersetzen muss?
- Bin ich auf die Möglichkeit vorbereitet, dass mein Versuch, für mich einen Abschluss zu finden, damit endet, dass ich noch mehr Wut verspüre?
- Zielt mein Versuch, einen Abschluss für meine Wutgefühle zu erreichen, wirklich auf die Person ab, die meine Wut verursacht hat, oder repräsentiert sie nur die Institution, der ich auf andere Weise meinen Unmut kundtun muss?

Abschließende Überlegung: Eine bessere Wahl treffen

Wenn wir auf jemanden wütend sind, wird uns oft gesagt, dass es sinnvoll sei, sich mit dieser Person zusammenzusetzen und die Dinge zu besprechen. So lernen wir es von unseren Eltern und Lehrer*innen, und so hören wir es in den Medien. Zurückblickend kann ich sagen, dass ich meine erste Erfahrung mit dieser Form von Abschluss als Kind gemacht habe, als ich in der Schule eine aufgeheizte Situation aufzulösen hatte.

Aber wir leben auch in einer Welt, in der Wut nicht immer durch einen sinnvollen Abschluss ihre Auflösung erfährt – es sei denn, man zählt Hassposts in den sozialen Medien, Racheakte oder gezielt schädigendes Verhalten dazu. Man kann wohl mit einiger Gewissheit sagen, dass ein großer Teil der Wut in der Welt nicht aufgelöst, sondern eher weitergetragen wird. Das heißt gewiss nicht, mit etwas abzuschließen.

Es ist nur menschlich, manchmal wütend zu werden, aber wir haben die Wahl, wie wir damit umgehen wollen. Wir können uns dafür entscheiden, einen Abschluss zu suchen, um Wutgefühle auf eine Weise zu heilen, die uns hilft, als Individuen zu wachsen und Beziehungen zu vertiefen, oder die es uns ermöglicht, eine Beziehung mit Selbstachtung, Achtung vor der anderen Person und in Würde zu beenden.

KAPITEL 5

WIR FÜHLEN UNS OHNMÄCHTIG

Wann haben Sie sich das letzte Mal hilflos oder ohnmächtig gefühlt? Das Leben scheint uns dazu täglich Gelegenheit zu geben. Und nicht anders als Schmerz und Wut kann dieses Gefühl der Hilflosigkeit das Verlangen nach einem Abschluss wecken, uns sogar davon besessen werden lassen.

Ich komme hier relativ früh in unserer Untersuchung über das Abschließen auf das Thema Hilflosigkeit zu sprechen, da es in meinen diesbezüglichen Gesprächen mit meinen Klient*innen häufig auch um ihre Gefühle der Ohnmacht geht. Wie ergibt sich dieser Zusammenhang? Ganz einfach: Der Grund, aus dem wir für uns einen Abschluss suchen, ist schon fast definitionsgemäß, dass wir keine Kontrolle über eine bestimmte Situation hatten. Sie hat sich nicht so entwickelt, wie es unserem Wunsch entsprach, und es lag nicht in unserer Macht, das zu ändern. Dieser ursprüngliche Kontrollverlust erzeugt das Verlangen nach einer Lösung, und wenn wir mit unseren Versuchen, diese Lösung zu erreichen, scheitern, führt uns das nur erneut unseren Mangel an Kontrolle vor Augen.

Ich glaube nicht, dass eine Woche vergeht, in der ich nicht mit einer Klientin oder einem Klienten über ihre oder seine Gefühle der Ohnmacht spreche. Viele meiner Klient*innen leben mit chronischen oder schwerwiegenden gesundheitlichen Problemen; einige stehen kurz vor dem Ende ihres Lebens. Eine gravierende ärztliche Diagnose zu erhalten, kann eine der hilflosesten Situationen sein, in der wir uns jemals befinden. Wir wissen nicht, wie uns geschieht. Vielleicht müssen wir grundlegende Veränderungen in unserer Lebensweise vornehmen, die wir uns nicht ausgesucht haben und die wir nicht wollen. Wir wissen vielleicht nicht, was das alles für unsere Zukunft bedeutet. Es ist, als würde ein ungebetener Gast bei uns einziehen und die Kontrolle über unser Zuhause übernehmen.

Aber auch in anderen Zusammenhängen spreche ich mit meinen Klient*innen über Hilflosigkeit. Finanzielle Probleme, die sich unerbittlich und unlösbar anfühlen. Eine Beziehung, die möglicherweise irreparabel beschädigt ist. Sorgen um ein Kind oder ein anderes Familienmitglied, das unkluge Entscheidungen trifft. Das Gefühl, in einem miserablen Job festzustecken. Und so weiter und so fort. Das Leben scheint uns alle möglichen Gründe zu liefern, um uns hilflos zu fühlen.

Und es ist nur menschlich, das Gefühl der Hilflosigkeit zu fürchten. Wir möchten die Kontrolle behalten oder zumindest einige unserer Entscheidungen selbst in der Hand haben. Wir wollen wissen, dass wir *dieses* Ergebnis erwarten können, wenn wir *jenes* tun. Wir wollen die Gewissheit haben, dass wir auf dem richtigen Weg sind, um das zu erreichen, wofür wir gearbeitet haben, und dass wir das Richtige tun, um den gewünschten Erfolg zu erzielen. Wir wollen uns nicht mit schlimmen Dingen auseinandersetzen, uns nicht schlecht fühlen müssen. Wir suchen nach einem Abschluss, um Antworten auf Fragen zu erhalten, die wir uns nicht selbst beantworten können, in der Hoffnung, dass diese Informationen uns das Gefühl geben, das Ruder in der Hand zu haben. Wir suchen nach einem Abschluss, der uns von der Last früherer Handlungsweisen befreit, die wir gerne ändern würden.

Lassen Sie uns mit einem kleinen Beispiel für Hilflosigkeit beginnen. Stellen Sie sich vor, wie Sie während der

Hauptverkehrszeit auf der Autobahn zur Arbeit unterwegs sind. Dabei werden Sie von einem Wagen überholt, der plötzlich vor Ihnen nach rechts einschert und sie dabei schneidet. Vielleicht verdrehen Sie nur die Augen und nehmen es mit einem Achselzucken hin, und vielleicht verringern Sie Ihr Tempo, um mehr Abstand zwischen sich und den rücksichtslosen Fahrer zu bringen.

Was aber, wenn dieser Vorfall Erinnerungen an Ihre Kindheit weckt und wieder das Gefühl daran wachruft, schikaniert und respektlos behandelt zu werden, ohnmächtig zu sein und außerstande, sich vor Menschen zu schützen, die sich einen Spaß daraus machen, Sie herumzuschubsen? Also geben Sie Gas, wechseln auf die linke Spur, holen zu dem Rüpel im anderen Auto auf, zeigen dem Fahrer beim Überholen den Mittelfinger und schneiden ihn ihrerseits.

Wow! Sie, das frühere Opfer, gehen endlich zur Offensive über und lassen sich nicht mehr von anderen herumschubsen! All die Gefühle der Ohnmacht münden in diesen glorreichen Moment eines wohltuenden Machtgefühls. Endlich haben Sie für sich damit abgeschlossen, oder? Und das fühlt sich wirklich gut an! Zumindest für den Moment …

Und wie wäre es mit einem prägnanteren Beispiel für Ohnmacht? Ich möchte Ihnen von Amelia erzählen, einer Produzentin eines großen TV-Nachrichtensenders, die sich um viele Details zu kümmern hat. Vieles davon wird im Voraus geplant und geregelt, anderes muss ad hoc erledigt werden. Amelia liebt ihre Arbeit, fühlt sich von dem Stress, den sie mit sich bringt, aber manchmal überfordert. Oft kommt sie sich vor wie eine Zirkusdirektorin in einem Zirkus mit drei Manegen, umringt von Löwen, die ständig auf eine Gelegenheit lauern, sich auf sie zu stürzen. Sie glaubt, dass sie immer nur einen Fehltritt davon entfernt ist, ihren Ruf zu ruinieren oder gar ihren Job zu verlieren.

In der vergangenen Woche kam es zu einem dieser gefürchteten Momente. Im Laufe eines arbeitsreichen Tages ist ihr eine Information durch die Lappen gegangen, sodass sie die Gelegenheit verpasst hat, eine*n der Reporter*innen vor Ort einen wichtigen Politiker interviewen zu lassen. Für die Live-Sendung, die sie zu betreuen hat, war das ein großer Verlust. Und alle Augen waren auf sie als die Person gerichtet, die diesen Schnitzer begangen hat.

Seit diesem Vorfall hatte sich Amelia schrecklich gefühlt. Die ganze folgende Woche über hatte sie schlecht geschlafen. Sie fühlt sich bloßgestellt, beschämt und traurig. Sie ist wütend auf sich selbst. Sie macht sich Sorgen, dass dieser Patzer niemals vergessen oder vergeben werden wird, und wünscht sich, er wäre nie passiert, dass sie ihn ungeschehen machen könnte. Normalerweise ist sie stolz darauf, immer alles unter Kontrolle zu haben, aber jetzt fühlt sie sich außerstande, den Schaden wiedergutzumachen, den sie ihrer Sendung und sich selbst zugefügt hat.

Ihr Mentor rät ihr, den Kopf nicht hängen zu lassen und sich wieder an die Arbeit zu machen, doch Amelia sucht einen Weg, um mit dem Vorgefallenen abschließen zu können, damit das Gefühl der Hilflosigkeit verschwindet. Daher hat sie den Produktionsleiter um ein Treffen gebeten, um mit ihm den ganzen Hergang bis zu ihrem Missgeschick genau zu rekonstruieren. Sie hofft, dadurch einen bisher übersehenen Aspekt aufdecken zu können, der erklären kann, warum das Ganze passiert ist, und der deutlich machen würde, dass die Umstände nicht normal waren. Im Grunde geht es ihr darum, entlastet zu werden oder zumindest klarzumachen, dass jedem Menschen in ihrer Position dieser Fehler hätte unterlaufen können. Mit anderen Worten: Sie möchte, dass ihr Produktionsleiter ihr erlaubt, mit der Sache zu einem Abschluss zu kommen.

Ohnmacht gibt uns das Gefühl, in der Falle zu sitzen. Einen Abschluss zu finden, kann sich wie ein Ausweg aus dieser Falle anfühlen.

Übung: Wie sind Sie bislang mit dem Gefühl der Hilflosigkeit oder Ohnmacht umgegangen?

Denken Sie an eine Zeit in Ihrem Leben zurück, in der etwas, das Ihnen oder einer anderen Person widerfahren ist, Sie hat hilflos fühlen lassen. Beantworten Sie dann die folgenden Fragen. Nehmen Sie diese Übung jedoch nicht als Anlass zur Selbstkritik. Wir geben mit dem Wissen und Können, über das wir zu einem gegebenen Zeitpunkt verfügen, stets unser Bestes.

- Welche Gefühle kamen in dieser Situation in Ihnen auf?
- Wie sind Sie mit Ihren Gefühlen umgegangen?
- Haben diese Gefühle dazu geführt, dass Sie sich innerlich abgeschottet haben?
- Haben diese Gefühle dazu geführt, dass Sie aktiv geworden sind?
- Gibt es rückblickend etwas, was Sie als Reaktion auf Ihr Gefühl der Hilflosigkeit vielleicht hätten anders machen können?
- Sind Sie in Bezug auf Ihren Umgang mit dem Gefühl der Hilflosigkeit zu irgendwelchen Einsichten gelangt?

Und wenn ich so tue, als wenn nichts wäre?

In der Arbeit mit meinen Klient*innen habe ich viel über die Art und Weise gelernt, wie sie mit Gefühlen der Hilflosigkeit oder Ohnmacht umgehen beziehungsweise nicht umgehen. Oft tun Menschen alles, um diese Gefühle vollständig zu leugnen. Ein markantes Beispiel aus meiner

Arbeit mit Menschen, die mit chronischen Krankheiten zu leben haben, sind Klient*innen, die sich weigern, ihre Diagnose anzuerkennen und sich entsprechend behandeln zu lassen, oder die zwar ihre Medikamente einnehmen, aber nicht bereit sind, ihre Lebensweise zu ändern, um sich ihr körperliches Wohlbefinden zu erhalten. Ein anderes Beispiel für Leugnung wäre ein Mensch, der sich weigert, einzusehen, dass sein Partner oder seine Partnerin ihn betrügt, obwohl es dafür eindeutige Belege gibt. *Wenn ich so tue, als gäbe es das Problem nicht, muss ich mich nicht hilflos fühlen.* Aber natürlich funktioniert das Leben so nicht.

Leugnung ist oft mit dem Verlangen nach einer Form von Abschluss verbunden. Dem liegt eine einfache Logik zugrunde: *Wenn du das sagst oder tust, was ich von dir erwarte, dann muss ich mich nicht verantwortlich fühlen oder mir eingestehen, dass ich keine Kontrolle über das Geschehen habe.*

So erzählte mir zum Beispiel meine Klientin Mina, dass ihr Partner Dominic beschlossen hatte, ans andere Ende der Vereinigten Staaten von New York nach Los Angeles zu ziehen. Dabei hatte er sie nicht gebeten, ihn zu begleiten. Sie war selbst auch der Meinung, dass Dominic sich auf seine Karriere konzentrieren musste, dass dies eine Gelegenheit war, die er nicht ausschlagen konnte, und dass er seine ganze Zeit und Energie darauf verwenden musste, in diesem Job erfolgreich zu sein. Dabei war sich Mina auch vollkommen sicher, welche Art von Abschluss sie für sich brauchte. Sie benötigte entweder ein »Ja, ich möchte ein gemeinsames Leben in Los Angeles aufbauen« oder ein »Nein, ich muss mich in erster Linie auf meine Karriere konzentrieren und sehe dabei keinen Platz für dich in meinem Leben«.

Ich hatte mich mit Mina schon seit Längerem über ihre Beziehung unterhalten. Auf mich wirkte es so, dass Dominic offenbar eine ganze Reihe von Terminen hatte, die ihn davon abhielten, abends zu Hause zu sein, ganz zu schweigen von dem Bedürfnis, auch an den Wochenenden häufig abwesend zu sein. Nach dem, was Mina mir erzählte, schien er sie zu meiden. Aber Mina selbst hatte die Probleme in ihrer Beziehung komplett geleugnet. Würde sie die Probleme, die sie miteinander hatten, zugeben, müsste sie auch zugeben, dass diese Probleme nichts mit Dominics schwindendem Interesse an ihr zu tun haben konnten. Das würde bedeuten, sich mit ihrer eigenen Rolle in ihrer Beziehungsproblematik auseinanderzusetzen, wozu sie nicht bereit war, sowie mit der Tatsache, dass sie keine Kontrolle darüber hatte, inwieweit Dominic sich für ihre Beziehung engagierte. Sie konnte sich nicht mit dem Gefühl der Hilflosigkeit abfinden, während sie zusah, wie ihre Beziehung allmählich in die Brüche ging.

Der Abschluss, den Mina zu benötigen glaubte, würde Dominics Aufstiegschancen für die Trennung verantwortlich machen und nicht den Anteil, den jede*r von ihnen an der Verschlechterung der Beziehung hatte. Damit konnte sie leben. So konnte sie weiterhin vor sich selbst verhehlen, aus welchem Grund ihre Beziehung dabei war zu zerbrechen und dass sie nicht imstande war, das Problem zu lösen. Der Abschluss, den Mina für sich wollte, war dergestalt, dass er ihre Angst vor der Hilflosigkeit in Schach hielt.

Haben Sie sich schon einmal so sehr davor gefürchtet, mit dem Gefühl absoluter Ohnmacht und Ihrer völligen Unfähigkeit konfrontiert zu sein, eine Situation zu ändern, dass Sie sich danach gesehnt haben, eine andere Person würde Ihnen ermöglichen, auf eine Weise damit abzuschließen, die Ihnen diese Gefühle der Ohnmacht erspart? Selbst wenn das bedeuten würde, eine bittere Wahrheit zu leugnen, von der Sie im Grunde Ihres Herzens wissen, dass Sie sich ihr eines Tages werden stellen müssen?

Wenn ja, besagt das nur, dass Sie ein Mensch sind. Und es liegt nun einmal in der menschlichen Natur, so ziemlich alles zu tun, um sich nicht hilflos zu fühlen.

Zähle ich etwa nicht?

Sich nicht gesehen zu fühlen, kann Gefühle der Ohnmacht wecken, denn der Mangel an Anerkennung raubt uns Kraft. Nehmen Sie sich einen Moment Zeit, um darüber nachzudenken, auf welche Weise Sie an einem durchschnittlichen Tag Anerkennung erfahren könnten. Ihr*e Partner*in wünscht Ihnen einen guten Morgen. Sie erhalten eine Textnachricht oder eine E-Mail mit einer Antwort auf eine Anfrage, die Sie gestellt haben. Jemand hält Ihnen die Tür auf, wenn Sie Ihren Arbeitsplatz betreten. Ein*e Freund*in oder ein Familienmitglied lädt Sie zu einer bevorstehenden Geburtstagsfeier ein. Ein*e Firmenmitarbeiter*in bedankt sich bei Ihnen für Ihren Auftrag. Beim Lesen dieser Beispiele fallen Ihnen vielleicht noch mehr davon ein.

Vielleicht denken Sie auch: *Hmm … Diese Dinge habe ich nie als Anerkennung empfunden.* Das liegt daran, dass wir dazu neigen, diese Art von Anerkennung im Alltag als selbstverständlich zu betrachten. Anerkennung geschieht oft auf einer unbewussten Ebene. Wir geben sie. Wir empfangen sie. Ob wir sie bemerken oder nicht, hängt von verschiedenen Faktoren ab, etwa davon, wie viel uns die Beziehung wert ist, in welcher Stimmung wir uns befinden und was uns sonst noch innerlich beschäftigt. Wir nehmen uns nicht unbedingt die Zeit, uns zu fragen, wie wir einem anderen Menschen unsere Anerkennung zeigen können oder ob wir selbst Anerkennung erfahren. Sie ist einfach ein normaler Teil unserer Alltagsroutine, wenn wir in der Welt mit

Menschen interagieren. Anerkannt zu werden, auch wenn wir uns dessen nicht bewusst sind, gibt uns ein Gefühl der Normalität und gilt uns als Beleg dafür, dass die Welt ein sicherer und freundlicher Ort ist.

So lange, bis wir das Gefühl haben, keine Anerkennung gefunden zu haben, obwohl wir sie verdient hätten. Das kann sich auf einer sehr subtilen Ebene abspielen. Anerkennung begegnet uns in Form von Worten, im Gesichtsausdruck, in der Körpersprache und generell in einem respektvollen und freundlichen Umgang. Folglich können wir uns übergangen fühlen, wenn unser Gegenüber – ob absichtlich oder unabsichtlich – eines oder mehrere dieser Elemente vermissen lässt. Vielleicht ist ein Kollege unaufmerksam, lässt es an Hilfsbereitschaft fehlen oder versäumt es, sich zu bedanken. Vielleicht verdrehen Sie einfach die Augen und gehen davon aus, dass er einen schlechten Tag hat. Oder Sie könnten versuchen, ihn darauf anzusprechen – oder ihm Ihre Meinung zu sagen. Sie könnten also versuchen, die Situation auf die eine oder andere Weise für sich zu klären.

Aber es sind nicht die alltäglichen, sondern die gravierenderen Formen des Mangels an Anerkennung, über die die Menschen in der Regel mit mir sprechen wollen. Ein solcher Fall liegt beispielsweise dann vor, wenn Ihr*e Partner*in Ihnen sagt, dass er oder sie keine Zeit und Energie hat, Ihnen zuzuhören, wenn Sie über etwas sprechen möchten, das auf der Arbeit vorgefallen ist. Oder wenn Sie von der Gästeliste der Geburtstagsfeier Ihres Freundes oder Ihrer Freundin gestrichen werden. Oder wenn ein Familienmitglied sich weigert, Sie wie einen erwachsenen Menschen zu behandeln, sondern auf eine herablassende oder gar demütigende Art und Weise mit Ihnen umgeht, nur um Sie daran zu erinnern, wo Ihr Platz ist.

Ich möchte Ihnen von Robert erzählen, einem Mann in

den Vierzigern, der zu seinen Geschwistern und den Mitgliedern der weitläufigen Familie ein sehr gutes Verhältnis hat. Er betrachtet sich selbst gerne als denjenigen, der dafür zu sorgen hat, dass der Zusammenhalt in der Familie gewahrt bleibt. Immer ist er es, der die Treffpunkte für die verschiedenen Zusammenkünfte rund um die Feiertage auswählt, und es macht ihm nichts aus, den Weg auf sich zu nehmen, wenn andere nicht gewillt oder in der Lage sind zu reisen.

Eines Jahres meinte seine Schwester, sie sollten ein Familientreffen im Juli planen. Robert war von der Idee begeistert. Nach einigen Erkundigungen beschloss er, dass sie sich in der Stadt treffen sollten, in der seine Großmutter lebte, da es für sie schwierig sein würde zu reisen. Er erinnerte sich daran, dass es in einem Park in der Nähe ihres Hauses einen großen überdachten Pavillon gab, und reservierte ihn für diesen Anlass. Doch bevor er Gelegenheit hatte, alle anderen von seiner Planung in Kenntnis zu setzen, erhielt er eine Postkarte von seiner Schwester, auf der sie das erste Jahrestreffen der Familie in ihrer eigenen Stadt ankündigte und alle aufforderte, das Datum vorzumerken.

Robert war fassungslos. Er war nicht einmal gefragt worden. Er fühlte sich von seiner Schwester und im weiteren Sinne auch von den anderen Mitgliedern der Familie übergangen. Waren ihnen all die Mühen, die er im Laufe der Jahre auf sich genommen hatte, um sie alle zusammenzuhalten, denn gar nichts wert?

Ich kenne keinen Menschen auf diesem Planeten, der sich nicht schon einmal von einer anderen Person – einem Familienmitglied, einem Freund, einer Freundin, vom eigenen Partner oder der eigenen Partnerin – missachtet gefühlt hat. Mich selbst nehme ich da nicht aus. Wie können wir in solchen Situationen damit zu einem Abschluss kommen? Und was ist mit einer Beziehung, in der wir uns im Laufe der

Zeit immer wieder übergangen gefühlt haben? Vermutlich werden Sie sich beim Lesen dieses Kapitels an Zeiten erinnern, in denen Sie sich selbst zurückgesetzt oder missachtet gefühlt haben, zusammen mit dem Gefühl der Ohnmacht, das oft damit einhergeht. *Bin ich unsichtbar? Habe ich mich unbeliebt gemacht? Verdiene ich keine Wertschätzung?* Und zu dem Wunsch, Antworten auf diese Fragen zu erhalten, gesellt sich das Bedürfnis, für sich einen Abschluss zu finden.

Übung: Was brauche ich von anderen?

Kennen Sie das nagende Gefühl, nicht wahrgenommen zu werden, keine Anerkennung und kein Gehör zu finden? Wenn dem so ist, werden Sie vieles von dem, was ich in diesem Kapitel beschrieben habe, nachvollziehen können. Wie wäre es also, Ihre diesbezüglichen Bedürfnisse konkret zu benennen?

Welche Art von Bestätigung wünschen Sie sich von anderen Menschen? Jemand, der Ihnen die Tür aufhält? Kolleg*innen, die Sie um Hilfe bei etwas bitten, das Sie gut können? Freundliche und anerkennende Worte von Ihrem Partner oder Ihrer Partnerin, einem Freund, einer Freundin oder einem Familienmitglied? Setzen Sie sich hin und überlegen Sie, was Ihnen das Gefühl der Bestätigung gibt. Fertigen Sie eine Liste an. Fragen Sie sich selbst: Erwarte ich Dinge, die die Menschen in meinem Leben tatsächlich erfüllen können? Erwarte ich manchmal zu viel? Oder erwarte ich manchmal nicht genug?

Überlegen Sie, was Sie von den Menschen legitimerweise in Ihrem Leben erwarten können und was nicht. Möglicherweise müssen Sie die Liste auf das eingrenzen, was vernünftig und sinnvoll erscheint. Und nehmen Sie sich dann in den kommenden Wochen Zeit, um anderen Menschen die gleiche Bestätigung zu geben, die Sie sich selbst wünschen. Diese Art der Wertschätzung hat ihre eigenen Vorzüge. Und schauen Sie, was zu Ihnen zurückkommt.

Wenn die Dinge unverständlich bleiben

Auch unser angeborenes Bedürfnis, *zu verstehen*, kann dazu führen, dass wir uns ohnmächtig fühlen. Wenn die Dinge nicht so laufen wie erwartet, wollen wir Antworten. Offene Kreise wollen geschlossen sein. Also suchen wir für uns nach einem Abschluss. Aber diesem vollkommen natürlichen Hang steht nur allzu oft die Unberechenbarkeit der Menschen entgegen. In der Arbeit mit meinen Klient*innen habe ich die Erfahrung gemacht, dass selbst die berechenbarsten Menschen uns überraschen können – auf positive und auf weniger positive Art und Weise.

Bei der Suche nach einem Abschluss kann der Versuch, die Handlungsweise eines anderen Menschen zu verstehen, doppelt verwirrend sein. Vielleicht suchen wir nach Antworten darauf, warum er uns so behandelt, warum er unsere Gefühle verletzt hat. Doch wenn wir versuchen, damit zu einem Abschluss zu kommen, finden wir nicht nur *keine* Antworten, sondern seine Reaktion verwirrt uns sogar noch mehr! Wer sich in dieser Lage befindet, kann nur zu leicht davon besessen werden, den Kreis zu schließen. Vielleicht stellen Sie dieser Person hartnäckig nach und sprechen sie immer wieder auf das Thema an, um sich einen Reim auf das Ganze machen zu können: »Warum hast du das getan?«, »Was hast du dir nur dabei gedacht?«, »Hast du mal daran gedacht, was das mit mir machen könnte?«

Leider endet das oft in noch mehr Verwirrung und Frustration. Außerdem bringt es Sie in eine Position der Ohnmacht, weil Sie darauf angewiesen sind, dass die andere Person Ihnen die Dinge erklärt. Im Grunde haben Sie damit Ihren Seelenfrieden von der Handlungsweise eines anderen Menschen abhängig gemacht. Ich will damit keineswegs sagen, dass die Suche nach einem Abschluss grundsätzlich etwas Entmachtendes hat. Ganz und gar nicht. Ich will nur sagen, dass der Versuch, die eigenen Gefühle der Ohnmacht zu überwinden, indem man dabei auf die Kooperation einer anderen Person baut, dazu führen kann, dass man sich am Ende noch hilfloser fühlt.

Auch dazu ein Beispiel. Maggie und Susanah waren praktisch unzertrennlich. Sie hatten nicht nur Tag und Nacht zusammen gearbeitet, um ihr gemeinsames Unternehmen aufzubauen, sondern waren auch beste Freundinnen. Gewiss gab es zwischen ihnen manchmal die eine oder andere Unstimmigkeit, aber sie haben immer wieder einen Weg zueinander gefunden – bis Susanah hinter Maggies Rücken ein Geschäft abschloss, um ein neues Unternehmen zu gründen, an dem Maggie nicht beteiligt sein würde. Für Maggie war dies ein Verrat, wie sie ihn sich nie hätte vorstellen können, und sie glaubte, keine Ruhe zu finden, bis sie verstanden hatte, warum Susanah sich so verhalten konnte.

Sie ging mehrfach auf Susanah zu, um mit ihr darüber zu sprechen. Immer wieder sagte Susanah ihr, dass sie diese Gelegenheit nicht ausschlagen konnte. Als Maggie fragte: »Aber was ist mit mir? Was ist mit uns?«, zuckte Susanah nur mit den Schultern. Maggie weiß selbst nicht zu sagen, welche Antwort Susanah hätte geben können, die ihr geholfen hätte, diesen Schritt nachzuvollziehen, der für sie aus heiterem Himmel kam. Anstatt zur Ruhe zu kommen, fühlte sich Maggie tatsächlich immer frustrierter, wütender und ohnmächtiger. Aber sie konnte sich einfach nicht damit abfinden.

Haben Sie jemals versucht, mit jemandem über etwas zu einem Abschluss zu kommen, der Ihnen keine vernünftige Erklärung dafür geben konnte, warum er sich so verhalten hat, wie er es tat? Und haben Sie sich daraufhin ohnmächtig gefühlt? Wie ich meinen Klient*innen immer wieder sage, werden wir nicht immer verstehen, warum jemand beschließt, uns zu betrügen oder zu belügen oder uns auf andere Weise zu hintergehen. Wir werden nicht immer verstehen, warum wir einen Job nicht bekommen, für den wir absolut qualifiziert wären, oder eine Auszeichnung, die wir verdient hätten. Wir werden nicht immer verstehen, warum ein Mensch, von dem wir glaubten, dass wir ihm vertrauen können, sich plötzlich gegen uns wendet und sich auf eine Weise verhält, die wir nie erwartet hätten. Wir werden nicht immer verstehen, warum uns ein Mensch nicht so liebt, wie wir es uns wünschen.

Und was am allerschmerzlichsten ist: Wir werden nicht immer verstehen, warum ein Mensch, den wir lieben, sein Leben verliert. Selbst wenn sein Tod auf der rationalen Ebene einsehbar ist, etwa weil er schon im hohen Alter stand, ist er dies doch oft nicht auf *emotionaler* Ebene. Und die unbeantworteten Fragen können uns mit dem Gefühl der Hilflosigkeit zurücklassen.

Wir sind Menschen. Wir können es nicht ertragen, nicht zu verstehen. Wir müssen den Dingen einen Sinn geben können. Aber die traurige und unerbittliche Wahrheit ist, dass wir uns nur selbst Leid schaffen und paradoxerweise unser Gefühl der Ohnmacht verstärken, wenn wir unbedingt einen Sinn erkennen wollen, wo er sich nicht zeigen will. Auf diese Weise kann das Verlangen, mit etwas abzuschließen, zur Falle werden. Wir können in den Zustand einer existenziellen Wut geraten, in dem wir uns, bildlich gesprochen, auf den Rücken werfen, treten und schreien und vom Leben verlangen, dass es einen Sinn hat, dass unsere Fragen beantwortet werden, damit wir beruhigt, zufrieden, wissend und vor allem frei von Leid unserer Wege gehen können.

Und nur zu oft geht es bei dem existenziellen Wutanfall

nicht darum, die Mysterien des Lebens zu verstehen, sondern sie *zu unseren Bedingungen* zu verstehen, wobei wir voraussetzen, dass die Fehler und Irrtümer bei den anderen liegen, nicht bei uns. Das soll nicht schroff oder abwertend klingen. Der existenzielle Wutanfall ist das Verlangen nach einem Sinn in einer Welt, in der oft der ganze Sinn darin besteht, dass die Menschen sich abmühen und versuchen, ihr Bestes zu geben, und dabei scheitern. Das gilt mehr oder weniger für uns alle und höchstwahrscheinlich auch für Sie. Mensch zu sein bedeutet, unvollkommen zu sein und folglich andere zu verletzen. Und manchmal spüren wir unsere Ohnmacht, in alldem einen Sinn zu erkennen.

Selbsteinschätzung: Ohnmachtsgefühle

Sich selbst Fragen zu stellen, ist eine sehr gute Möglichkeit, um zu Einsichten zu gelangen und sich selbst besser kennenzulernen. Im Folgenden finden Sie einige Fragen, die Sie sich stellen können, um Ihre Gefühle der Ohnmacht besser zu verstehen und um zu erkennen, wie sich diese Gefühle auf Ihren Wunsch auswirken können, mit etwas abzuschließen. Einige dieser Fragen mögen zu einem schmerzlichen Besinnungsprozess führen. Sie sind jedoch keinesfalls im Sinne einer Anklage gemeint und sollen nicht etwa besagen, dass es Ihnen an der Fähigkeit zum Umgang mit Ihren Emotionen mangelt. Aber ich bin fest vom positiven Effekt unbequemer Fragen überzeugt. Selbsterkenntnis ist Macht! Sie steht am Anfang, wenn es darum geht, im Leben Entscheidungen zu treffen, die Ihnen selbst und Ihrem Umfeld zugutekommen.

- Habe ich das Gefühl, in die Enge getrieben oder gefangen zu sein?
- Geht es mir jetzt allein darum, mich besser zu fühlen?
- Habe ich das Gefühl, in mir selbst nicht die Ressourcen zu finden, durch die es mir besser gehen könnte?

- Sage ich mir häufig: »Wenn nur XYZ passieren würde ...«?
- Denkt sich mein Geist ständig Szenarien als Alternativen zu dem aus, was wirklich vorgefallen ist?
- Habe ich das Gefühl, dass eine andere Person den Schlüssel dazu hat, um mich wieder Hoffnung schöpfen zu lassen?
- Sage ich mir selbst, dass mein Leben vielleicht nicht besser wird, wenn ich nicht den Abschluss finde, den ich für mich brauche?
- Grübele ich darüber nach, was jemand anders tun oder sagen könnte, damit ich mich besser fühle?
- Auf welche Weise kann es unserer Beziehung nützen, wenn ich mit dieser Person einen Abschluss suche, um über mein Gefühl der Hilflosigkeit hinwegzukommen? Inwiefern kann es der Beziehung schaden? Und bin ich bereit, dieses Risiko auf mich zu nehmen?
- Wie könnte die andere Person reagieren, wenn ich mich an sie wende, um sie auf meine Gefühle der Ohnmacht anzusprechen?
- Bin ich in der Lage, mit jedem möglichen Gesprächsergebnis emotional umzugehen? Habe ich die nötige Unterstützung, die ich möglicherweise benötige, um damit klarzukommen?
- Muss ich möglicherweise in mir selbst die Lösung suchen, um diese Gefühle der Hilflosigkeit zu überwinden, anstatt mich damit an die andere Person zu wenden?

Der Schlussstrich als Waffe

Ein Abschluss, der durch den Wunsch motiviert ist, Gefühle der Ohnmacht zu verleugnen, kann zu einem Programm werden, zu einem sorgfältig ausgefeilten Plan, um eine Situation in die Richtung zu lenken, die uns selbst am meisten nützt, oder um eine andere Person dazu zu bringen, in unserem Sinne zu handeln. Der Versuch, andere Menschen für die eigenen Ziele einzuspannen, kann destruktiv sein.

Er kann zu Resultaten führen, die nicht in unserer Absicht lagen, etwa zum Verlust einer Beziehung oder dazu, dass wir uns noch ohnmächtiger fühlen als zuvor. Und er kann geradezu als Waffe dienen.

Ich hatte schon Klient*innen auf beiden Seiten dieser Dynamik: solche, die das Bemühen um einen Abschluss als feindseligen Akt einsetzten, und andere, gegen die er gerichtet war: Klient*innen, die zu einem Gespräch über das Vergangene eingeladen wurden, wobei die einladende Person dieses Gespräch als Gelegenheit nutzte, noch mehr Leid zuzufügen. Oder Klient*innen, die immer wieder hingehalten wurden, indem sich die Gegenseite zu einem Gespräch bereit erklärte, dann aber doch ablehnte – Zuckerbrot und Peitsche. Wenn der angestrebte Schlussstrich als gegen uns selbst oder eine andere Person gerichtete Waffe dient, dann steuern wir erneut auf eine Situation zu, in der wir uns ohnmächtig fühlen.

Mein Klient Thanh zum Beispiel wurde in der Highschool von der »In-Group« gemobbt. Einer der Hauptakteure nahm etliche Jahre später Kontakt zu ihm auf, benannte selbst Gelegenheiten, bei denen er Thanh übel mitgespielt hatte, und bat ihn um Verzeihung – die Thanh ihm gewährte. Im Nachhinein war sich Thanh jedoch nicht sicher, ob er sich damit insgesamt besser fühlte. Einerseits hatte er die Entschuldigung, die er seiner Ansicht nach immer verdient hatte. Andererseits brachte die Begegnung eine Menge unangenehmer Erinnerungen in ihm wieder hoch und mit ihnen eine ganze Kaskade unguter Gefühle.

Auch wenn der einstige Schultyrann beteuerte, sein damaliges Handeln zu bereuen, war Thanh doch mit der Erinnerung an die Wut und die Angst konfrontiert, die er in der Highschool erlebt hatte, daran, wie ohnmächtig und wehrlos er sich damals gefühlt hatte und wie ihn dieses

Trauma bis ins Erwachsenenalter hinein begleitet hatte. Er fragte sich, ob dies nicht letztlich eine neue Gelegenheit für seinen früheren Peiniger war, ihm gegenüber seine Macht zu demonstrieren, indem er Thanh »großzügig« anbot, einen Schlussstrich unter die Sache zu ziehen. War dies also nur ein weiteres Machtspiel? Welche wahren Absichten aber auch immer dahintersteckten, für Thanh fühlte sich der angebotene Schlussstrich eher wie ein Messer an, das man in einer alten Wunde umdreht.

Der ehemalige Tyrann aus der Highschool lud Thanh daraufhin ein, einer Facebook-Gruppe der alten Schulkamerad*innen beizutreten, da er sicher war, dass auch andere aus der Klasse gerne wieder mit ihm in Kontakt treten würden. Thanh schloss sich der Gruppe an und fühlte sich sofort wieder in die Highschool-Zeit zurückversetzt, in dieselbe Gruppe von Mitschüler*innen, die jetzt im mittleren Alter waren. Dabei überkamen ihn wieder die Erinnerungen an ihre boshaften Bemerkungen von damals und ihre ausgrenzende Cliquenwirtschaft, während sie schöne Erinnerungen an Ereignisse posteten, die für ihn selbst schmerzlich waren.

Während also der Schultyrann von einst, der zu ihm Kontakt aufgenommen hatte, für sich einen Schlussstrich ziehen konnte, gelang Thanh das nicht. Er musste sich fragen, welche Absichten eigentlich hinter der Entschuldigung standen, wenn dabei keine Berücksichtigung fand, wie sich das Aufrühren der alten Erinnerungen und die Einladung in die Facebook-Gruppe auf ihn auswirken könnten. Die Vergangenheit holte ihn auf diese Weise ein, und der vermeintliche Schlussstrich fühlte sich an wie eine Waffe, die gegen ihn eingesetzt wurde, um ihm noch mehr Schmerz zuzufügen.

Abschließende Überlegung:
Sich ohnmächtig zu fühlen, ist menschlich

»Der Mensch denkt, und Gott lenkt.« Sicher kennen Sie diesen Ausspruch. Er bringt die *conditio humana* gut auf den Punkt. Und er steht für die Art von Schlussstrich, wie er durch das Gefühl der Ohnmacht und Hilflosigkeit motiviert ist. Wir wollen die Geschehnisse in unserem Leben kontrollieren. Wir wollen schmerzlichen und quälenden Gefühlen entgehen. Wir wollen wissen, was Sache ist! Die Alternative ist, sich ohnmächtig zu fühlen.

Aber fast alles im Leben entzieht sich unserer Kontrolle. So bedauerlich das sein mag, es ist nun einmal so. Ein Schlüssel zur Zufriedenheit ist daher, einzusehen, dass wir nur über Weniges die Kontrolle haben, und diese Realität zu akzeptieren. Wenn wir einsehen, in welchen Bereichen wir keine Kontrolle haben, sind wir besser in der Lage, die Bereiche zu erkennen, wo wir die Kontrolle *haben*, und das Beste aus dem Maß an Kontrolle zu machen, über das wir verfügen.

Der Ohnmacht ausgesetzt zu sein bedeutet, unangenehmen Gefühle ausgesetzt zu sein. Es bedeutet zu akzeptieren, dass wir auf vieles im Leben keinen Einfluss haben, sosehr wir uns das auch wünschen würden. Aber es bedeutet auch, dass wir aufhören können, gegen Windmühlen zu kämpfen. Und indem wir das tun, befähigen wir uns selbst, dort unseren Einfluss geltend zu machen, wo wir es vermögen, um im Leben voranzukommen.

Was bedeutet das nun für unser Bedürfnis, einen Abschluss zu finden? Es bedeutet zu akzeptieren, wo wir ihn bekommen können und wo nicht. Es bedeutet, unsere Vernunft zu gebrauchen, um – auf der Grundlage einer realistischen Einschätzung dessen, was möglich ist und was nicht – mit etwas zu einem Abschluss zu kommen, der der Situation angemessen ist. Es bedeutet, mit etwas auf eine Art und Weise abzuschließen, die uns stärkt – anstatt uns zu schwächen, indem wir versuchen, einen anderen Menschen zu kontrollieren, oder ihm umgekehrt Macht über unser seelisches Wohlbefinden geben. Das ist eine gesunde Form von Abschluss.

KAPITEL 6

WIR WÜNSCHEN UNS VERGEBUNG

Schmerz, Wut und Ohnmacht sind häufige Motive für die Suche nach einem Abschluss. Bestürzend oft ist es aber auch der Wunsch nach Vergebung oder danach, vergeben zu können. Vielleicht wünschen wir uns Vergebung für Handlungen, mit denen wir unserer Meinung nach Schaden angerichtet haben, oder wir wünschen uns umgekehrt, dass jemand zur Einsicht in sein Fehlverhalten gelangt und uns um Vergebung bittet. Beide Bestrebungen können uns in die Lage versetzen, einen dringend notwendigen und heilsamen Schlussstrich zu ziehen – oder aber wir bleiben damit in einem Teufelskreis gefangen, in dem wir nach einem Abschluss suchen, der unerreichbar bleibt.

»Es tut mir leid.«

»Bitte entschuldige.«

»Verzeih mir bitte.«

Vielleicht werden Sie mir zustimmen, dass dies einige der bedeutsamsten Worte sind, über die wir in unserer Sprache verfügen. Es kann schwer sein, diese Worte auszusprechen. Ebenso schwer kann es sein, diese Worte zu hören. Sind Ihnen beim Lesen dieser Worte Erinnerungen in den Sinn gekommen – Erinnerungen an Momente, in denen Sie selbst in der Situation waren, um Vergebung zu bitten oder um Vergebung gebeten zu werden? Was für Gefühle stellen sich bei Ihnen ein, wenn Sie an diese Momente zurückdenken? Ich vermute, sehr gemischte Gefühle – solche der Trauer, der Wut, bitter und süß zugleich. Vergebung kann ganz einfach sein, aber sie kann auch kompliziert sein, und zwar auf emotionaler wie auf mentaler Ebene.

»Es tut mir leid« zu sagen, ist nicht leicht

Um dem Wunsch nach Vergebung als Motiv für die Suche nach einem Abschluss noch etwas mehr auf den Grund zu gehen, möchte ich zunächst darüber sprechen, warum es so schwer ist, um Vergebung zu bitten.

Es ist ein grundlegendes menschliches Bedürfnis, sich nichts vorwerfen zu müssen. Wir geben nicht gerne zu, dass wir einen Fehler gemacht haben. Wir wollen nicht von uns glauben müssen, dass wir boshaft, inkompetent, nachlässig oder mit einer ganzen Reihe anderer tatsächlicher oder vermeintlicher Fehler behaftet sind, die uns in die Lage bringen könnten, einen anderen Menschen um Vergebung bitten zu müssen. Und wir geben einfach nicht gerne zu, dass wir uns jemandem gegenüber etwas haben zuschulden kommen lassen. Zuzugeben, dass wir im Unrecht waren, kann auch bedeuten, zuzugeben, dass die andere Person im Recht war. All das kann dazu führen, dass wir uns der Tatsache stellen müssen, nicht perfekt zu sein.

Aber aus genau diesem Grund kann es, so schwer es uns auch fallen mag, befreiend sein, um Vergebung zu bitten. Es erlaubt uns, uns mit unserer eigenen Unvollkommenheit und Fehlbarkeit als Mensch abzufinden. Und um Vergebung zu bitten, kann schließlich dazu beitragen, den Bruch in einer Beziehung zu reparieren, der möglicherweise durch unser Fehlverhalten entstanden ist. Und damit nicht genug: Wenn wir für unsere Fehler um Vergebung bitten, kann dies für unser Gegenüber der Anstoß sein, seinerseits für seine Fehler um Vergebung zu bitten. Die Heilung, die dadurch einsetzen kann, kommt der Person zugute, die um Vergebung bittet, der Person, die sie gewährt, und der Beziehung zwischen ihnen.

Was also hindert uns daran?

Bei alldem ist die Rolle, die unser Ego in diesen Dingen spielt, nicht zu unterschätzen. Um Vergebung zu bitten, hat etwas Demütigendes. Vielleicht empfinden wir es als Schlag gegen unsere Selbstachtung, oder wir haben das Gefühl, dass wir uns selbst herabsetzen, um eine andere Person aufzubauen, sodass sie auf unsere Kosten die Oberhand gewinnt. Wenn wir ohnehin schon leiden, ist unser Ego vielleicht besonders empfindlich, und das Eingeständnis, im Unrecht zu sein, kann uns dann schwer zu schaffen machen. Vielleicht haben wir den Eindruck, alles tun zu müssen, um unser Selbstwertgefühl zu schützen, sodass der Gedanke daran, um Verzeihung zu bitten, überhaupt nicht infrage zu kommen scheint.

»Ich kann nicht damit leben, was ich dir angetan habe!«

So unangenehm es sich auch anfühlen mag, sich durch eine Entschuldigung eine Blöße zu geben, so unangenehm ist es auch, mit den Schuldgefühlen und der Scham zu leben, wenn wir wissen, dass wir uns entschuldigen müssen, es aber nicht tun. Schuld und Scham sind zwei Gefühlszustände, mit denen wir Menschen nur sehr schwer umgehen können.

Häufig werden die beiden Wörter synonym verwendet, doch gibt es einen nicht unwesentlichen Unterschied zwischen Schuld und Scham. Schuldgefühle stellen sich vor allem dann ein, wenn wir wissen, dass wir etwas Falsches getan haben, oder es zumindest annehmen oder für wahrscheinlich halten. Scham ist der Schmerz, den wir empfinden, wenn wir glauben, etwas Falsches getan zu haben oder dass etwas mit unserer Persönlichkeit oder Identität nicht stimmt, unabhängig davon, ob wir uns ein tatsächliches Fehlverhalten nachsagen müssen oder nicht. Ich betrachte Scham als die emotionale Reaktion auf das Schuldbewusstsein, aber häufig geht beides Hand in Hand. Wir sind uns eines Fehlverhaltens bewusst und schämen uns für das, was unser Verhalten über uns aussagt. »Ich fühle mich so schrecklich, dass ich das getan habe.«

Schuldbewusstsein geht jedoch nicht immer mit Scham einher. Wir wissen vielleicht, dass wir etwas Falsches getan haben, aber halten uns deshalb nicht unbedingt für schlechte Menschen – entweder weil die Verfehlung relativ geringfügig war (»Ich habe vergessen, auf die SMS meiner Freundin zu reagieren, werde mich aber bald zurückmelden«) oder weil uns der Verstoß nichts ausmacht (»Ja, ich habe bei der Steuererklärung geschummelt, aber ich schäme mich deswegen nicht«).

Dafür sind Schuld und Scham oft mit einer unserer größten Ängste verknüpft: der Angst, als schlechte Menschen dazustehen oder wegen unseres Vergehens erwischt zu werden. Wir fühlen uns entlarvt, und dieses Gefühl ist für uns verbunden mit der Angst vor Kritik, Spott und davor, Außenseiter*in zu sein. Und tiefe Scham geht einher mit der Angst davor, was andere Menschen über uns denken oder sagen oder auf welche Weise sie uns für unser Fehlverhalten bestrafen könnten.

Natürlich können Schuld- und Schamgefühle starke Beweggründe für den Wunsch sein, einen Schlussstrich zu ziehen. Es sind Gefühle, die uns seelisch auffressen, Tag und Nacht verfolgen und uns den Schlaf rauben können.

Um auch das an einem Beispiel zu veranschaulichen, hier die Geschichte von Isabella. Schon bevor sie es tat, wusste Isabella, dass es keine gute Idee war, ihren Kollegen Ben in einer E-Mail an ihre Chefin anzuschwärzen. Nach dem Abschluss eines Projekts hob sie in ihrer Mail ihren eigenen Beitrag hervor und fügte dann hinzu, sie sei »froh darüber, Ben aus der Klemme geholfen zu haben, als ihm die Sache über den Kopf wuchs«. In Wahrheit hatte Isabella immer gerne mit Ben zusammengearbeitet, aber jetzt stand eine Beförderung an, und sie wollte bei ihrer Chefin unbedingt punkten. Also griff sie zu diesem fragwürdigen Mittel. Im Grunde ihres Herzens weiß Isabella, dass sie ein übles Spiel getrieben hat und dass ihre Vorgehensweise gegenüber Ben inakzeptabel ist. Sie schämt sich sehr für ihr Verhalten und bereut ihre E-Mail an ihre Chefin. Sie möchte, dass Ben versteht, warum sie das getan hat, und dass er ihr verzeiht. Also hat sie sich an ihn mit der Bitte um ein Treffen gewandt, aber bislang hat er all ihre Nachrichten ignoriert.

Isabella muss irgendwie mit ihren Schuld- und Schamgefühlen fertigwerden und hofft, dass ihr das mithilfe von Bens Vergebung gelingen wird. Sie möchte mit Ben auch künftig ein gutes Arbeitsverhältnis haben und weiß, dass sie den emotionalen Schaden, den sie bei ihm angerichtet hat, wiedergutmachen muss, damit sie weiterhin produktiv zusammenarbeiten können. Mit anderen Worten: Schuldgefühle und Scham sind es, die Isabella dazu bewegen, mit Ben in dieser Sache einen Abschluss finden zu wollen.

Selbsteinschätzung: Die eigenen Erwartungen formulieren, wenn wir um Entschuldigung bitten

Bei jedem Wunsch nach einem Abschluss besteht der erste Schritt darin, über die eigene Haltung Klarheit zu gewinnen. Wenn Sie das Gefühl haben, einen anderen Menschen verletzt zu haben, fragen Sie sich:

- Was genau ist es, das ich dieser Person angetan habe?
- Wie hat sich das meiner Meinung nach oder meines Wissens auf sie ausgewirkt?
- Fühle ich mich schuldig? Empfinde ich Scham? Oder beides?
- Muss ich mich persönlich entschuldigen? Oder muss ich den Schaden auf andere Weise wiedergutmachen?
- Wie könnte diese Person auf meine Entschuldigung reagieren? Und bin ich darauf vorbereitet, mit jeder dieser möglichen Reaktionen umzugehen?

»Tut es dir nicht leid, was du mir angetan hast?«

Wir mögen Schuld und Scham empfinden, wenn wir wissen, dass wir jemandem unrecht getan haben, aber wir verspüren eine ganz andere Art von Unbehagen, wenn wir wissen, dass jemand uns unrecht getan hat.

Ist der erlittene Schaden gering, ist unser Bedürfnis nach einer Entschuldigung wahrscheinlich ebenfalls nur schwach ausgeprägt. Haben Sie zum Beispiel eine Online-Bestellung aufgegeben und das falsche Produkt erhalten, sodass Sie nun den zeitlichen Aufwand für die Rücksendung in Kauf nehmen müssen, erwarten Sie vielleicht eine Entschuldigung seitens der fraglichen Firma. Die Firma entschuldigt sich, und Sie können unter die Sache einen Schlussstrich ziehen. Und selbst wenn die Entschuldigung ausbleibt, ist das für Sie wahrscheinlich nicht weiter der Rede wert, solange Sie Ihr Geld zurückbekommen. Menschen machen Fehler, Firmen machen Fehler. Für jede kleine Verfehlung, die uns im Alltag begegnet, eine Entschuldigung zu verlangen, wäre sehr anstrengend und würde uns nur wertvolle Zeit und Energie kosten.

Aber wie sieht es mit emotionalen Schäden aus, über die wir nicht einfach hinwegsehen können? Ich spreche hier nicht von alltäglichen Ärgernissen wie einer falschen Lieferung. Ich meine schlimmere Vorkommnisse, die (hoffentlich) nicht jeden Tag passieren, zum Beispiel zum Opfer von Manipulationen zu werden, wie es Ben durch Isabella widerfahren ist. Oder die Entdeckung, dass Ihr Partner oder Ihre Partnerin Sie betrogen hat, obwohl Sie dachten, sich in dieser Hinsicht auf ihn oder sie verlassen zu können. Oder wenn Sie von einer Freundin erfahren, dass ein gemeinsamer Freund hinter Ihrem Rücken über Sie herzieht. In solchen Fällen käme einer Entschuldigung eine viel größere Bedeutung zu. Sie würden sich wünschen und vielleicht sogar erwarten, dass die andere Person Sie um Verzeihung bittet.

Hat jemand Ihre Grenzen überschritten, wenn auch nur in Ihrer Wahrnehmung, kommen dabei eine Menge Gefühle hoch. Sie fühlen sich wahrscheinlich traurig und verletzt. Vielleicht sind Sie auch enttäuscht, weil Sie dieses Verhalten niemals von dieser Person erwartet hätten. Wie konnte sie das nur tun? Und nicht zu vergessen die Wut: Wie konnte sie es nur wagen! (Wie schon in Kapitel 4 erläutert, ist dabei zu bedenken, dass Wut zwar eine primäre Emotion sein, aber auch dazu dienen kann, Traurigkeit, Enttäuschung oder andere unangenehme Emotionen zu überdecken, denen wir uns hilflos ausgeliefert fühlen).

Wissen noch andere Menschen darum, dass Ihnen unrecht getan wurde, könnten Sie zusätzlich unter Druck geraten, weil Sie sich bloßgestellt oder bewertet fühlen. Sie könnten befürchten, als Schwächling dazustehen, wenn Sie sich nicht zur Wehr setzen und eine Entschuldigung verlangen. Um das auf das Beispiel von Isabella und Ben anzuwenden: Falls ihre Kolleg*innen wissen, was zwischen ihnen vorgefallen ist, werden sie Ben vielleicht Ratschläge erteilen, was er zu ihr sagen soll, und ihn ermahnen, nicht »klein beizugeben« und sie im Glauben zu lassen, dass ihre Handlungsweise in Ordnung sei.

Auch Ihre Selbstachtung kann dabei auf dem Spiel stehen. Vielleicht fragen Sie sich, ob Sie etwas getan haben, um diese Art von Behandlung zu verdienen, oder Sie kommen sich dumm vor, weil Sie der Person, die Sie verletzt hat, vertraut haben. Vielleicht haben Sie in einer ähnlichen Situation schon einmal zu hören bekommen: »Lassen Sie ihm/ihr das nicht durchgehen«, und fühlen sich jetzt genötigt, eine Entschuldigung zu verlangen, obwohl Ihnen bewusst ist, wie wenig Kontrolle Sie über das Verhalten eines anderen Menschen haben. Vielleicht haben Sie aber auch das Gefühl, dass Ihnen eine Entschuldigung zusteht und dass Sie ohne Entschuldigung keine Heilung für Ihre verletzten Gefühle finden.

Wenn ich mit Klient*innen über ihren Wunsch spreche, eine Entschuldigung zu hören, ist dabei häufig von einer großen menschlichen Enttäuschung die Rede. Sie erzählen mir von wichtigen Menschen in ihrem Leben, die sie im Stich gelassen oder etwas getan haben, das ihr Vertrauen erschüttert hat. Sie sprechen von der fehlenden Unterstützung seitens eines Menschen, der hätte für sie da sein und sie emotional auffangen sollen, sie aber stattdessen sich selbst überlassen hat, sodass sie alleine klarkommen mussten. Sie sprechen von Übergriffen, meist in verbaler, manchmal aber auch in körperlicher Form. Klient*innen, die sich in dieser Situation befinden, beschreiben ihre erste Reaktion zumeist als Schock. *Was hat das zu bedeuten? Wie konnte es dazu kommen?* Oft ist Enttäuschung die nächste Reaktion, gefolgt von anderen Gefühlen wie Traurigkeit, Wut oder sogar Angst. *Wenn jemand, dem ich vertraut habe, so mit mir umgeht, was habe ich dann in Zukunft zu erwarten? Kann ich jemals wieder einem Menschen vertrauen?*

Therapeut*innen geben ihren Klient*innen oft den Rat, keine Erwartungen an andere Menschen zu hegen. Ich bin normalerweise der Erste, der bereit ist, einen Vortrag darüber zu halten, dass man andere Menschen nicht kontrollieren kann. Aber seien wir ehrlich. Sobald wir andere Menschen emotional an uns heranlassen, sei es im Freundes- oder Familienkreis, in der Partnerschaft oder im Kreis der Kolleg*innen, entwickeln wir an sie Erwartungen. Warum sollten wir auch nicht? Bis zu einem gewissen Grad ist das sogar gesund. Wenn wir uns Menschen gegenüber öffnen, entwickeln wir Vertrauen, und mit dem Vertrauen stellen sich gewisse Erwartungen ein. Wenn ich dies sage oder jenes tue, erwarte ich und vertraue darauf, dass mein Gegenüber nicht auf verletzende Weise darauf reagiert. Je nach der Art der Beziehung geben wir unsere Selbstschutzhaltung mehr oder weniger auf.

In mehr als einer Hinsicht ist die Erfahrung, dass sich jemand von uns abwendet oder gar gegen uns wendet, ein Verlust. Wir verlieren das Bild von der Beziehung, die wir zu haben glaubten. Und wenn wir einen Verlust erleiden, dann trauern wir. Überdies kann eine tiefe Enttäuschung oder ein Verrat die Erinnerung an frühere Enttäuschungen oder einen früheren Verrat wachrufen, was die Erfahrung umso schmerzlicher macht. Möglicherweise stürmen all die negativen Gefühle, die ähnliche Verletzungen in der Vergangenheit in uns hinterlassen haben, jetzt in geballter Form auf uns ein. Somit kann sich das Bedürfnis, damit für uns zu einem Abschluss zu kommen, noch viel dringlicher geltend machen.

Auch dafür ein Beispiel. Diana war an Multipler Sklerose erkrankt und begann, Symptome zu entwickeln. Sie hatte Probleme beim Gehen – nicht sehr viel, aber doch genug, dass ihr Mann Jimmy sie manchmal am Arm halten musste. Eines Nachmittags kamen sie nach dem Lebensmitteleinkauf nach Hause. Sie war erschöpft, und als sie aus dem Auto stieg, schwankte sie. Jimmy wechselte schnell auf die andere Seite des Wagens und fing sie auf, indem er ihren Arm ergriff.

Ihre Nachbarin Joyce war zufällig im Vorgarten und wurde so zur Zeugin des Geschehens. Sie und Diana waren befreundet, aber Diana war ein sehr in sich gekehrter Mensch und hatte Joyce noch nichts von ihrer Diagnose erzählt. Joyce lief sofort zu ihnen hinüber und sagte: »Diana, ich habe gerade gesehen, was passiert ist. Du bist schon seit Längerem nicht mehr die Alte. Bitte lass mich wissen, wie ich dir helfen kann.« Diana erklärte, dass sie MS habe und bat Joyce, es für sich zu behalten, da sie nicht von der gesamten Nachbarschaft ausgefragt werden wollte.

Joyce war von dieser Nachricht zutiefst betrübt. So betrübt, dass sie sich einem anderen Nachbarn, Brent, anvertraute, der Diana nicht näherstand. Joyce beschwor ihn, über die Sache Stillschweigen zu bewahren, aber ein paar Wochen später tauchte Brent bei Diana auf und bot ihr seine Unterstützung an. Er hatte es gut gemeint, Diana war jedoch entsetzt, dass es sich herumgesprochen hatte. Sie fühlte sich schwerstens verraten.

»Ich weiß nicht, ob ich Joyce jemals wieder vertrauen kann«, sagte Diana an diesem Abend zu Jimmy. »Ich fühle mich verraten und bin von ihr enttäuscht, dass sie hinter meinem Rücken über mich redet. Sie hat mich zum Gegenstand von Klatsch gemacht. Ich habe etwas Besseres von meiner Freundin verdient.«

»Und was wäre, wenn Joyce dich um Verzeihung bitten würde?«, fragte Jimmy. »Dann würdest du dich vielleicht besser fühlen.«

»Hat sie das denn versucht?«, antwortete Diana. »Wenn sie irgendeine Ahnung davon hat, wie Brent sich verhalten hat, muss sie doch wissen, wie verletzt ich bin.«

Tatsächlich wusste Joyce es. Brent hatte ihr gegenüber damit geprahlt, was für ein hilfsbereiter Mensch er sei und wie er Diana seine Unterstützung angeboten hatte, auch wenn sie sich nicht nahestanden. Joyce wurde das Herz schwer, als sie Brent das sagen hörte. Sie wusste, was sie angerichtet hatte, und kannte Diana gut genug, um zu verstehen, wie verletzt sie sich gefühlt haben musste. Kann die Bitte um Vergebung in diesem Fall dazu beitragen, einen Schlussstrich zu ziehen?

Selbsteinschätzung: Die eigenen Erwartungen formulieren, wenn wir eine Entschuldigung annehmen

Auch in dem Fall, dass sich jemand bei Ihnen entschuldigt oder vorhat, sich bei Ihnen zu entschuldigen, ist es wichtig, sich über die eigene Haltung klar zu sein. Fragen Sie sich:

- Was hat diese Person mir getan?
- Bin ich mir vollständig über ihren Anteil dabei im Klaren und darüber, inwiefern auch andere Personen oder Faktoren eine Rolle gespielt haben könnten?

- Was muss ich für mich wissen, bevor ich mich bereitfinden kann, die Entschuldigung anzunehmen?
- Was muss mir dazu mein Gegenüber signalisieren? Ein Schuldeingeständnis? Den Ausdruck von Scham? Die Übernahme von Verantwortung?
- Möchte ich dieser Person wirklich verzeihen, oder reizt es mich, ihre Entschuldigung als Gelegenheit zu nutzen, sie so leiden zu lassen, wie sie es meiner Meinung nach verdient?
- Was ist für mich das Beste, wenn ich in Erwägung ziehe, die Entschuldigung anzunehmen?
- Wer ist noch involviert? Welche Auswirkungen hat es auf eventuell noch andere Beteiligte, wenn ich die Entschuldigung annehme oder zurückweise?

Die Machtdynamik

Im Laufe der Jahre haben Sie vielleicht wohl oder übel die Erfahrung gemacht, dass die Interaktionen zwischen Menschen oft mit Machtkämpfen verbunden sind. Eine solche Machtdynamik zeigt sich oft auch bei Versuchen, einen Schlussstrich zu ziehen, und ganz besonders dann, wenn es darum geht, zu vergeben oder um Vergebung zu bitten. Die eine Person trägt eine Entschuldigung vor oder bittet die andere Person um Verzeihung; die andere Person erwartet (oder verlangt) eine Entschuldigung und entscheidet für sich, ob sie die Entschuldigung annimmt oder nicht. Die eine Person hat die Macht, etwas anzubieten, und die andere hat die Macht, etwas zu gewähren.

Das alles hat letztlich mit unserem Ego zu tun. Wir kennen es nur zu gut. Es drängt sich in unzählige unserer Interaktionen. Und wir wollen unser Ego schützen. Manchmal ist uns das so wichtig, dass wir dafür den Verlust einer Beziehung in Kauf nehmen. Aber auch wenn wir glauben, ein Ego aus Stahl zu besitzen, führt uns das Leben in Situationen, in denen wir uns entweder eingestehen müssen, dass wir wie alle Menschen unsere Schwachstellen haben, oder eine unüberwindbare Mauer um uns errichten und uns selbst einreden, dass es uns nichts ausmacht.

Einerseits kann das Bedürfnis, unser Ego zu schützen, uns die Einsicht ersparen, dass wir einen anderen Menschen verletzt haben. »Ich bin mir keiner Schuld bewusst. Was gibt es da zu verzeihen?« *Meine Selbstachtung ist in Gefahr. Mein Ego darf keinen Schaden nehmen!* Andererseits kann unser Ego uns einreden, dass das Verhalten eines anderen Menschen, so harmlos es auch sein mag, einen Affront darstellt, einen bewusst gegen uns gerichteten feindlichen Akt. »Das verlangt nach einer Entschuldigung! Aber ist das überhaupt verzeihlich?« *Meine Selbstachtung ist in Gefahr. Mein Ego darf keinen Schaden nehmen!*

Wie schon zuvor in diesem Kapitel besprochen, setzt eine Entschuldigung voraus, dass wir uns eingestehen, einen anderen Menschen – ob absichtlich oder unabsichtlich, direkt oder indirekt – gekränkt oder zumindest nicht ausreichend Rücksicht auf seine Gefühle genommen zu haben. Sich zu entschuldigen, bedeutet im Prinzip, dass wir einräumen müssen, uns in irgendeiner Weise falsch verhalten zu haben. Das kann bedeuten, uns selbst und damit auch unsere Motive und Verhaltensweisen zu hinterfragen. Wenn unser Selbstwertgefühl darauf beruht, die Forderungen unseres Egos zu befriedigen, einschließlich des Bedürfnisses, immer im Recht zu sein, kann sich das bedrohlich anfühlen. Eine Entschuldigung kann eine Gelegenheit sein, die Basis unseres Selbstwertgefühls zu überprüfen und uns zu fragen, ob es möglicherweise darauf beruht, uns anderen überlegen zu fühlen, anstatt auf Anteilnahme und darauf, neben unseren eigenen Bedürfnissen auch die der anderen zu berücksichtigen. Die Möglichkeit, mit etwas abzuschließen, die wir mit unserer Entschuldigung einem anderen Menschen bieten, kann uns auch in unserem eigenen Leben zu einer Art Abschluss verhelfen, indem wir Entscheidungen darüber treffen, wer wir in Zukunft sein wollen. Aber dazu müssen wir vielleicht zunächst die Entscheidung treffen, uns über die Forderungen unseres Egos hinwegzusetzen.

Es mag überraschen, dass auch die Entgegennahme einer Entschuldigung eine Bedrohung für das Ego darstellen kann, denn das bringt uns in gewisser Weise der Person gegenüber, die uns verletzt hat, erneut in eine verletzliche Position. Wir räumen damit nicht nur ein, dass diese Person die Macht hatte, uns zu kränken, sondern müssen auch darauf gefasst sein, dass sie sich dennoch weigert, ihr Fehlverhalten oder die Notwendigkeit einer Entschuldigung zuzugeben. Wenn das passiert, könnten wir uns von dieser Person doppelt verletzt fühlen. Und das ist sicher nur schwer vorstellbar.

Wo ein persönlicher Schaden entstanden ist, kann es uns zu dem nötigen Abschluss verhelfen, wenn wir Vergebung erlangen oder gewähren. Das kann jedoch bedeuten, sich verletzlich zu zeigen, indem wir das Risiko eingehen, um das zu bitten, was wir uns wünschen, oder zuzugeben, dass wir im Unrecht waren. Es bedeutet, ein Stück Macht abzugeben. Und das kann für uns Menschen eine harte Nuss sein.

Was wir von der Bitte um Vergebung erwarten können

Wie bei jedem Klientengespräch, das zum Ziel hat, mit etwas zu einem Abschluss zu kommen, würde ich der Person, die beabsichtigt, um Vergebung zu bitten oder sie zu gewähren, dazu raten, sich über die möglichen Ergebnisse dieses Gesprächs klar zu werden und sich zu fragen, ob sie jedes mögliche Resultat akzeptieren kann. Das Ergebnis muss ihr nicht unbedingt *gefallen*, aber sie muss in der Lage sein, es zu akzeptieren. Das Wissen um mögliche Resultate bewahrt uns zwar nicht immer vor weiterem emotionalen Leiden, aber es hilft uns dabei, darauf vorbereitet zu sein.

Wenn wir um Verzeihung bitten, sieht der ideale Abschluss etwa so aus: Die andere Person nimmt unsere Entschuldigung an. Man spricht darüber, was der Grund für das verletzende Verhalten war, wie es zustande kam, was dabei die Absicht war und was nicht. Man einigt sich, wie es in der Beziehung weitergehen soll. Das trägt nicht nur dazu bei, Schuldgefühle und Scham abzubauen, sondern bietet auch die Möglichkeit, etwas über sich selbst und die Beziehung zu lernen.

Hier folgen einige weitere Punkte, die es zu berücksichtigen gilt, wenn Sie etwas zu einem Abschluss bringen möchten, indem Sie um Vergebung bitten:

- Eine Form von Wiedergutmachung kann dem Abschluss mehr Kraft verleihen. Sie können anbieten, den Schaden zu beheben, indem Sie sich zum Beispiel mit den Personen in Verbindung setzen, bei denen Sie ein Gerücht über die Person verbreitet haben, bei der Sie sich entschuldigen. Je nach Situation kann auch eine finanzielle Wiedergutmachung erforderlich sein. Eine

Wiedergutmachung zeigt der anderen Person, dass es Ihnen ernst damit ist, unter die Sache einen Schlusspunkt zu setzen.

- Mit einer Entschuldigung, in der zwar ein Schuldeingeständnis, nicht jedoch die Übernahme von Verantwortung zum Ausdruck kommt (oder umgekehrt), werden wir die erhoffte Vergebung unter Umständen nicht erreichen. Wenn es den Anschein hat, als wollten Sie Ihr eigenes Unbehagen beschwichtigen, ohne eine Wiedergutmachung anzubieten, oder wenn die Person, bei der Sie sich entschuldigen, den Eindruck gewinnt, dass Sie zwar einsehen, etwas Falsches getan zu haben, aber sich deswegen nicht schuldig fühlen, kann es sein, dass sie das als unzureichend empfindet und sogar noch mehr Anstoß daran nimmt. In diesem Fall hätten Sie die Wunde, anstatt sie zu heilen, noch weiter vertieft.
- Falls die Person, bei der Sie sich entschuldigen müssen, sich weigert, Sie anzuhören, müssen Sie möglicherweise mehr als einen Versuch unternehmen, mit ihr ein Gespräch zu führen. Dies kann notwendig sein, um zu signalisieren, dass es Ihnen ernst damit ist, mit dieser Person ins Reine zu kommen. Dabei ist jedoch Vorsicht geboten: Gehen Sie hier mit Fingerspitzengefühl vor, und seien Sie sich bewusst, wann wiederholte Entschuldigungsversuche bei Ihrem Gegenüber eine Grenze überschreiten können. Wenn deutlich wird, dass diese Person kein Interesse an einer weiteren Kommunikation hat, nehmen Sie sich zurück. Sie haben es versucht und sind damit nicht auf offene Ohren gestoßen.
- Sollte kein Gespräch zustande kommen, kann eine Wiedergutmachung oder eine wohlwollende Geste dazu beitragen, dennoch einen Abschluss herbeizuführen oder zumindest dafür die Tür zu öffnen. Vielleicht ist

das nicht die Art von Abschluss, die Sie sich erhofft haben, aber es kann ein Schritt in die richtige Richtung sein.

Als Urheber*in des Schadens können Sie natürlich auch die ganze Situation einfach ignorieren und darauf hoffen, dass die Wunde, die Sie verursacht haben, von selbst heilt, dass die andere Person das Ganze mit der Zeit vergisst und Ihre Beziehung wieder zur Normalität zurückkehrt. Das liegt nicht außerhalb des Bereichs des Möglichen. Aber ist es auch das Beste für Ihre Beziehung? Aus meiner Erfahrung als Therapeut kann ich sagen, dass Menschen den Schaden, den ihnen andere zugefügt haben, oftmals nicht vergessen. Er wird ad acta gelegt, heruntergeschluckt, aber schwelt trotzdem weiter und führt zu Groll und einem Vertrauensverlust, der sich in Zukunft vermutlich irgendwo zeigen wird. Ist es Ihnen das wert, diese ungeklärte Angelegenheit zwischen sich stehen zu haben? Mir ist bewusst, dass es im wirklichen Leben nicht immer wie im Nachmittagsprogramm des Fernsehens zugeht; aber warum sollten Sie nicht tun, was in Ihrer Macht steht, um Beziehungen aufzubauen und zu pflegen, die Aufrichtigkeit und Anteilnahme zur Grundlage haben?

Vergebung nach dem Tod

Die erschütterndsten Gespräche, die ich mit meinen Klient*innen führe, sind zweifellos diejenigen, in denen es darum geht, dass sie sich Vergebung von verstorbenen Angehörigen wünschen. Und um ehrlich zu sein, stellen sich wohl jedes Mal, wenn ein nahestehender Mensch stirbt, Erinnerungen an Momente ein, von denen wir hoffen, dass die verstorbene Person uns die kleinen Kränkungen verziehen hat, die wir alle gegenüber anderen Menschen begehen, die Pannen in der Kommunikation und die bösen Worte, die mit verletzten Gefühlen einhergehen.

Wie oft höre ich von trauernden Klient*innen Sätze, die beginnen mit: »Ich frage mich, ob er/sie gewusst hat, dass …«, oder, schlimmer noch: »Ich hatte nie die Chance zu …« In der Trauer sind wir meist sehr viel weniger damit beschäftigt, auf welche Weise der Mensch, der von uns gegangen ist, uns Leid zugefügt hat, als damit, was wir im Laufe der Jahre ihm angetan haben. »Ob er/sie wohl wusste, wie leid mir das tat?«

Und dann die schwierigste Frage von allen: »Wie kann ich damit für mich abschließen und Frieden finden?«

In der schweren Zeit der Trauer ist unsere Sicht auf die gemeinsame Zeit mit einer oder einem Angehörigen alles andere als objektiv. Unsere Gedanken drehen sich allein um den Tod der oder des Verstorbenen, und ständig quälen wir uns mit Fragen, was gesagt und was nicht gesagt wurde. Wir suchen verzweifelt nach einem Weg, den Schmerz zu vertreiben. Zu wissen, dass wir alles richtig gemacht haben, würde helfen, ihn zu lindern. Und wenn wir nicht alles richtig gemacht haben, wollen wir wenigstens die Gewissheit haben, dass dieser Mensch uns verziehen hat. Vor allem dann, wenn wir es nie über uns gebracht haben, ihn um Vergebung zu bitten, oder wenn uns die Notwendigkeit dazu gar nicht in den Sinn gekommen ist, bis es zu spät war.

Es ist wieder dieses menschliche Grundbedürfnis nach Gewissheit. Und gerade nach dem Tod eines geliebten Menschen kann unser Verstand nur schwer mit der Ungewissheit umgehen. Wie lässt sich der Schmerz ertragen?

Ich hatte Klient*innen, die den Kontakt zu einem betagten Elternteil abgebrochen haben, um ihm »eine Lektion zu erteilen«, und ihn dann verloren haben, bevor sie Gelegenheit hatten, ihm ihre Beweggründe zu erklären oder ihn um Verzeihung zu bitten. Ich hatte Klient*innen, die sich mit einem Freund oder einer Freundin gestritten und dabei sehr unfreundliche Worte gesagt haben und ihn oder sie dann kurz darauf durch einen Unfall verloren. Ich hatte Klient*innen, die mit der Pflege eines Familienmitglied betraut waren, bis ihnen irgendwann der Geduldsfaden riss und sie aus emotionaler und körperlicher Erschöpfung in die Luft gegangen sind. Anschließend hatten sie das Gefühl, mit dem Gedanken an ihr Verhalten und die Reaktion (oder ausbleibende Reaktion) ihrer oder ihres Angehörigen nicht mehr leben zu können. Also haben sie sich an mich gewandt, damit ich ihnen helfe, mit ihren chaotischen Gefühlen klarzukommen. Unaufhörlich nagender Kummer. Ein Flehen um Vergebung, um Absolution, um irgendeine Art von Abschluss.

Von Verstorbenen können wir keine Vergebung mehr erlangen. Auf einen Brief zu stoßen, den sie für uns hinterlassen haben, um uns einen Abschluss zu ermöglichen, ist etwas, das eigentlich nur in Filmen vorkommt. Wir können sie nicht um Vergebung bitten, nicht mehr. Dafür ist es zu spät. Deshalb ermutige ich meine Klient*innen, das Gesamtbild ihrer Beziehung im Auge zu behalten, wenn sie denn dazu bereit sind. Das hilft ihnen, sich zuzugestehen, nur Menschen zu sein und zu akzeptieren, dass sie mit dem Wissen und Können, das ihnen damals zur Verfügung stand, ihr Bestes gegeben haben. Sich nicht auf das zu konzentrieren, was sie versäumt haben und was sie bereuen, sondern auf die Momente, in denen sie versucht haben, für den geliebten Menschen da zu sein, in denen sie sich bemüht haben, ihn nach Kräften zu unterstützen. In der Dynamik einer jeden Beziehung gibt es Streit und unfreundliche Worte, aber auch Momente des Glücks und der Verbundenheit.

Manchmal gelingt es mir, meinen Klient*innen zu einer ausgewogenen Betrachtung ihrer Zeit mit dem Menschen, den sie verloren haben, zu verhelfen; das Auf und Ab zwischenmenschlicher Beziehungen zu sehen, das große Ganze in den Blick zu nehmen, ihre eigenen menschlichen Stärken und Schwächen ebenso wahrzunehmen wie die der Person, die sie verloren haben. Manchmal gelingt mir das weniger gut, und sie sind nur in der Lage, ihre Versäumnisse und Verfehlungen gegenüber dieser Person zu sehen. Tatsächlich sind dies manchmal die Themen, um die es in der Beziehung hauptsächlich ging, und sie bleiben mit ihren Schuldgefühlen und ihrer Scham zurück, klagen Gott oder das Universum wegen der Ungerechtigkeit des Lebens an und flehen darum, eine zweite Chance zu bekommen, um für sich einen Abschluss zu finden.

Bei der Suche nach einem Abschluss geht es aber nicht allein darum, tiefgehende Gespräche zu führen, was besonders nach dem Tod eines geliebten Menschen von Wichtigkeit ist. Einen Abschluss zu finden, kann auch bedeuten, dass wir uns entscheiden, es besser zu machen. Unser Leben so zu führen, wie die Person, die gestorben ist, es sich für uns gewünscht hätte. Die Werte zu vertreten, von denen sie gewollt hätte, dass wir sie vertreten. In ihrem Namen Gutes zu tun.

Manchmal müssen wir kreativ werden, um für uns einen Abschluss zu finden. Und in unserem eigenen Herzen nach Wegen zu suchen, ihn zu finden, kann ein wichtiger Schritt zur Heilung sein.

Übung: Vergeben und Vergebung finden

Vergebung erfolgt oft in schriftlicher Form: durch einen Brief, eine Textnachricht, eine E-Mail. Werfen Sie einen Blick in Ihre Vergangenheit. Denken Sie an eine Person, die Sie in irgendeiner Weise verletzt hat, sei es als Kind oder als Erwachsener, und schreiben Sie den Brief, den Sie gerne von dieser Person erhalten würden: einen Brief, in dem sie Sie um Vergebung bittet. Denken Sie dann an eine Person, der Sie in den vergangenen Jahren in irgendeiner Weise geschadet haben, und schreiben Sie ihr einen Entschuldigungsbrief. Diese Briefe sind allein für Sie selbst, auch der zweite ist nicht dazu bestimmt, abgeschickt zu werden. Genießen Sie das Gefühl der Genugtuung, das sich mit dem Wissen einstellt, Vergebung zu gewähren und zu finden. Ihre Gedanken zu Papier (oder auf den Bildschirm) zu bringen, kann zutiefst befriedigend sein. Und denken Sie daran: Dies kann ein wichtiger Schritt auf dem Weg zu dem Abschluss sein, den Sie wirklich für sich brauchen, auch ohne die Beteiligung der anderen Person.

Abschließende Überlegung: Es ist immer eine Erwägung wert

Wir Menschen sind schon seltsame Wesen. Wir prallen da draußen aufeinander wie stählerne Kugeln, die durch einen Flipperautomaten geschossen werden. Manchmal handeln wir instinktiv aus unserem besseren Wissen heraus und schaffen eine Basis aus Verbundenheit, Wohlwollen, Gegenseitigkeit und liebevoller Anteilnahme. Manchmal gelingt uns das nicht, und wir fügen den Menschen, die gerade um uns sind, Leid zu – oftmals denjenigen, die wir am meisten lieben. Wir können wirklich gemein zueinander sein. Dann sitzen wir da mit unserem aufgewühlten Herzen, mit dem Schaden, den wir angerichtet, mit dem Schaden, den wir erlitten haben. Wir müssten um Vergebung bitten, aber unser Stolz kommt uns in die Quere. Wir müssten vergeben, aber unser Stolz kommt uns in die Quere.

Manchmal kommt unser menschliches Potenzial, zu vergeben und uns vergeben zu lassen, zum Zug. Wir finden einen Abschluss. Das kann sich wie ein Wunder anfühlen. Und in einem gewissen Sinne ist es das auch. Aber aus vielerlei Gründen ist es nicht immer möglich, durch Vergebung zu einem Abschluss zu kommen. Dennoch bleibt es eine Erwägung wert. Vielleicht sogar einen Versuch.

KAPITEL 7

WIR SIND IN EINEM MUSTER GEFANGEN

Wenn wir an etwas denken, mit dem wir abschließen wollen, kommt uns häufig als Erstes ein einzelnes Ereignis in den Sinn. Irgendetwas, das uns widerfahren ist und in uns den Wunsch nach einem Abschluss oder Schlussstrich hinterlässt, sei es eine Bagatelle wie das Geschnittenwerden im Straßenverkehr oder etwas so Gravierendes wie der Verlust eines geliebten Menschen. Es ist diese Art von Ereignissen, auf die wir uns in den vorangegangenen vier Kapiteln hauptsächlich konzentriert haben und die in uns den Wunsch nach einem Abschluss wecken, weil wir verletzt sind, weil wir Wut verspüren, weil wir uns hilflos und ohnmächtig fühlen oder uns Vergebung wünschen. Aber der vielleicht häufigste Grund für das Verlangen nach einem Abschluss ist ein Teufelskreis, in dem wir feststecken und der sich durch unser tägliches Leben zieht.

Menschen neigen dazu, in Verhaltensmuster zu verfallen. Wir scheinen einfach so gestrickt zu sein. Wir tun das mit uns selbst und ebenso gegenüber anderen. Solche Muster können uns ein Gefühl der Sicherheit und Verlässlichkeit vermitteln, weil wir dank ihnen wissen, was wir voneinander erwarten können. Aber sie können auch zerstörerisch sein, denn bei vielen derartiger Muster geht es darum, sich gegenseitig zu verletzen, um dann in irgendeiner Form einen Schlussstrich zu ziehen, den Scherbenhaufen zu beseitigen und den Schmerz zu heilen ... nur um dann wieder in denselben Teufelskreis zu geraten.

Kommt Ihnen das bekannt vor? Wenn ja, kann ich Sie beruhigen: Sie sind damit ganz gewiss nicht allein.

Paradoxerweise kann das Beharren auf einem Abschluss dazu führen, dass wir *keinen* Abschluss finden. Was ich damit sagen will, ist Folgendes. Wenn wir nicht den Abschluss bekommen, den wir uns gewünscht haben oder von dem wir dachten, dass wir ihn brauchen, könnten wir versucht sein, einen erneuten Versuch dazu zu unternehmen. Und auch dann, wenn wir das Gefühl haben, dass die andere Person für sich einen Abschluss gefunden hat, wir aber nicht, könnten wir versucht sein, es ein weiteres Mal damit zu versuchen. Das erscheint sinnvoll, ist aber auch eine potenzielle Falle. Es bedeutet nicht nur, dass eine bestimmte Situation möglicherweise nie eine Auflösung findet, sondern auch, dass die Beteiligten das Fehlen eines Abschlusses vielleicht niemals für sich akzeptieren werden, um ihren Weg fortzusetzen. Eine*r oder beide der Beteiligten werden weiterhin versuchen, für sich einen Abschluss zu finden, mit wechselndem Erfolg. Die Beziehung pendelt dann zwischen relativ glücklichen und stabilen und relativ unglücklichen und instabilen Phasen hin und her, je nachdem, wo sie sich gerade in diesem Zyklus befindet. »And the beat goes on«, wie es in dem Songklassiker von Sonny und Cher heißt.

Dieser Zyklus ergibt sich häufig in co-abhängigen Beziehungen, in denen die eine Person die fürsorgliche Rolle einnimmt und die andere die bedürftige. Die fürsorgliche Person sucht für sich vielleicht nach einem Abschluss und hofft, dass die andere Person endlich erkennt, wie viel sie für sie getan hat, wie viel Veranlassung sie hat, die ewig gebende fürsorgliche Person zu lieben und wertzuschätzen. *Wann wirst du endlich einsehen, wie sehr du mich brauchst? Oder mich endlich freilassen, damit ich mein eigenes Leben führen kann?* Aber das Missverhältnis setzt sich fort, und die Person mit der Versorgerrolle wartet weiterhin darauf, einen Schlussstrich ziehen zu können.

Dieses Muster kann sich auch in einer toxischen Beziehung zeigen, die einfach nur ungesund ist. Nehmen wir als Beispiel zwei Menschen, die miserabel miteinander umgehen und beide tief in ihrem Herzen wissen, dass sie in einer gesünderen Beziehung oder auch alleine besser dran wären, aber einfach nicht loslassen und weitergehen können. Und so kommt es zwischen ihnen zu einer weiteren Aussprache. Sie beschließen weiterzumachen – bis sie ein paar Tage später einen neuen Anlass haben, um sich zusammenzusetzen. Das erinnert an einen anderen Song-Klassiker: »Break Up to Make Up« von den Stylistics. Kommt es in einer toxischen Beziehung zu verbalen oder körperlichen Übergriffen, ist es besonders tragisch zu sehen, wie zwei Menschen in einem Teufelskreis des Leidens gefangen sind, von dem im Grunde beide wissen, dass er ein Ende haben muss.

Aber ungesunde Dynamiken wie Co-Abhängigkeit, toxische Beziehungen und verbale oder physische Gewalt sind nicht die einzigen Ursachen für diesen Teufelskreis. Die meisten von uns geraten früher oder später in dieses Wiederholungsmuster. Wie wir in diesem Kapitel untersuchen werden, kann das in Liebesbeziehungen, am Arbeitsplatz, innerhalb der Familie und anderswo der Fall sein.

In einer Hassliebe gefangen

Unkomplizierte Liebesbeziehungen gibt es nur in unseren Träumen. Im wirklichen Leben sind sie ein Chaos. Manchmal sind sie tatsächlich so aufreibend, dass wir uns fragen müssen, was uns eigentlich darin festhält – das heißt, falls wir uns selbst gegenüber ehrlich genug sind, uns diese Frage auch zu beantworten. Haben Sie sich jemals in einer Beziehung befunden, die großes Potenzial zu haben schien, ohne jemals in der Lage zu sein, dieses Potenzial ganz auszuschöpfen? Stattdessen wechselten sich Zeiten der Verbundenheit mit Zeiten ab, in denen Sie auf verschiedenen Planeten zu leben schienen und in denen es keine echte Kommunikation gab (wenn nicht anstelle dessen sogar regelrechten gegenseitigen Missbrauch).

Aber Sie sind dabeigeblieben. Sie haben die Dinge besprochen, sich gegenseitig Versprechungen gemacht, einen Schlussstrich gezogen und waren bereit, weiterzumachen. Aber dann sind Sie wieder in die alten Muster zurückgefallen. Oder Sie haben festgestellt, dass der einzige Ausweg darin besteht, das Ganze zu beenden. Und das taten Sie auch. Aber dann haben Sie wieder zueinander gefunden.

Beziehungen können süchtig machen. Wir werden süchtig nach dem Endorphinschub, den wir erleben, wenn wir in der Nähe des Partners oder der Partnerin sind, vor allem in der Anfangsphase einer Beziehung. Aber wir werden auch süchtig nach dem Adrenalinschub des gerechten Zorns, der uns bei Streitigkeiten erfasst. Wir werden süchtig danach, traurig zu sein und Mitgefühl für das Leid zu erregen, das wir zu ertragen haben. Und auch nach dem Schlussstrich, den wir immer wieder ziehen, können wir süchtig werden.

Es ist ein Beziehungsmuster, das mir aus der Arbeit mit meinen Klient*innen bestens vertraut ist. Wie ich feststellen konnte, tritt diese Dynamik oft zu Beginn einer Beziehung auf, wenn man noch dabei ist herauszufinden, was man von einer Partnerschaft erwartet und in ihr hinzunehmen bereit ist und was nicht. Aber ich hatte auch schon Klient*innen, die viele Jahre in einer Beziehung nach der anderen verbracht haben und dabei das immer gleiche Muster wiederholten. Sie benutzten den Wunsch nach einem Schlussstrich gerade als Vorwand, um eine Beziehung nicht zu beenden, und hielten sich so gegenseitig in einem endlosen Kreislauf des Leidens fest. Und besonders tragisch war es mit anzusehen, wie Paare dieses Muster über Jahre hinweg fortsetzten.

So war es auch bei Nick und Emma. Nick und Emma sind schon seit Jahren zusammen. Von Zeit zu Zeit haben sie über eine Heirat gesprochen, den Plan aber niemals weiterverfolgt. Weshalb? Weil »zusammen zu sein« für sie nur sehr vage definiert ist. Dabei hat ihre Verbindung alle Merkmale einer soliden Beziehung. Ihre Eltern kennen sich, ihre Freund*innen kennen sich, sogar ihre Arbeitskolleg*innen kennen sich. Sie haben eine tolle Wohnung und laden gerne Freund*innen zum Essen ein. Was also stimmt nicht mit diesem Bild? Nun, eine ganze Menge.

Im Laufe der Jahre hatten Nick und Emma viele Höhen und Tiefen – Phasen, in denen sie nicht miteinander sprachen, gefolgt von Phasen, in denen sie wieder die Nähe des anderen suchten. Warum ist das so, werden Sie sich vielleicht fragen? Sie scheinen einfach nicht in der Lage zu sein, lange miteinander auszukommen. Sie können sich über die einfachsten Dinge nicht einigen, etwa wer von ihnen welche Arbeiten im Haushalt übernimmt. Selbst nach Jahren des Zusammenlebens haben sie noch immer keinen gemeinsamen Modus gefunden, um ihren Haushalt am Laufen zu halten. Sie streiten über das Geldausgeben, zuletzt in aller Öffentlichkeit beim Einkaufen – kein seltenes Vorkommnis. Sie sind sich uneins über Urlaube, über Politik … was auch immer das Thema ist, sie sind wahrscheinlich verschiedener Ansicht. Im engeren Freundeskreis machen die beiden in Abwesenheit des oder der anderen gerne Witze darüber, dass sie weder miteinander noch ohne einander leben können.

Was ist es also, das sie zusammenhält? Sie ahnen es bereits. Es ist der Teufelskreis der Suche nach einem Abschluss. Sie setzen sich zusammen und packen alles auf den Tisch, manchmal mit bösen Worten und Anschuldigungen. Sie versprechen einander, es in Zukunft besser zu machen. Sie bekräftigen ihren Wunsch, zusammenzubleiben, und besiegeln ihr Abkommen vielleicht mit tollem Versöhnungssex. Oder aber sie kommen darin überein, dass es an der Zeit ist, Schluss zu machen. Sie ziehen sich in getrennte Bereiche der Wohnung zurück und suchen beide nach einer Möglichkeit, um anderweitig unterzukommen. Aber sie finden nie ganz den Weg, einen endgültigen Schlussstrich zu ziehen. Es dauert nicht lange, bis sie sich wieder in den Armen liegen, um sich zu versöhnen – und sich erneut gegenseitig unglücklich zu machen.

Ein paar Wochen lang scheint alles in Ordnung zu sein. Dabei ist es nicht ganz eindeutig, ob die neue Beziehungsrunde mit einem Schlussstrich beginnt oder endet, aber mit Sicherheit lässt sich sagen, dass alles, worüber sie sich einigen oder nicht einigen konnten, schon bald zum Grund für einen weiteren Streit werden wird.

Wenn Sie schon einmal in einer ähnlichen Beziehung waren, ist Ihnen diese Dynamik wahrscheinlich nicht fremd. Vielleicht sind Sie sogar ein paarmal zusammengezuckt, als Sie ihre Geschichte gelesen haben. Die Wahrheit ist, dass Nick und Emma, sosehr sie hier vielleicht widersprechen würden, keine kompatible Beziehung führen. Vielmehr ist ihre Beziehung wohl eher das, was man als toxisch bezeichnet. Sie scheinen dafür zu leben, sich gegenseitig unglücklich zu machen. Sie finden vorübergehend zueinander, um einen Schlussstrich zu ziehen, aber das dient nur dazu, eine weitere unglückliche Runde miteinander zu drehen. Wären sie in der Lage, auf konstruktive Weise für sich einen Abschluss zu finden, könnte das ein Weg sein, sich gegenseitig zu befreien, damit beide ihr Leben weiterführen können, oder die Grundlage dafür zu schaffen, mit der Vergangenheit abzuschließen und die Tür zu einem neuen, besser funktionierenden Abschnitt ihrer Beziehung zu öffnen. Aber für Nick und Emma sind die Schlusspunkte, die sie setzen, nur ein Mittel, um Ausreden zu finden, in einer unglücklichen Beziehung zu verharren.

Übung: Eine Beziehungs-Chronologie erstellen

Denken Sie an die Beziehung, in der Sie derzeit leben, oder an eine Beziehung aus Ihrer jüngeren Vergangenheit. Nehmen Sie ein Blatt Papier und erstellen Sie eine chronologische Übersicht der Höhen und Tiefen in Ihrer Beziehung. Welche waren die wichtigsten Ereignisse in dieser Zeit? Was für Gefühle hat das in Ihnen jeweils ausgelöst? Zeigen sich dabei Aufwärtstrends? Abwärtstrends? Welche Gründe gab es für die Höhen und Tiefen? An welchen Punkten in Ihrer Beziehung haben Sie für sich nach einem Abschluss gesucht? Aus welchem Grund? Und was war das Ergebnis? Haben Sie eine Lösung gefunden? Was folgte darauf?

Dieser Prozess der Rückbesinnung kann schmerzlich sein. Vielleicht haben Sie das Gefühl, dass er für Sie etwas Entlarvendes hat. Aber er stellt eine sehr gute Möglichkeit dar, für sich selbst herauszufinden, was in Ihrer Beziehung funktioniert und was Ihnen Schmerz bereitet hat. Vielleicht lernen Sie dabei auch etwas über sich selbst, zum Beispiel, woran Sie arbeiten oder was Sie in Ihrer nächsten Beziehung vermeiden wollen.

Gefangen in einem ungeliebten Job

Hatten Sie schon einmal einen Job, bei dem Sie sich im Grunde genommen nicht sicher waren, was Sie eigentlich dort hielt? Wo Sie zwar allen Grund hatten zu bleiben, aber offenbar auch allen Grund zu gehen? Vielleicht haben Sie mit Ihrem Chef oder Ihrer Chefin gesprochen und Ihrer Frustration Ausdruck verliehen. Vielleicht hat man Ihnen Versprechungen gemacht. Also sind Sie geblieben und haben auf das Beste gehofft. Aber die Versprechungen wurden nicht eingehalten. Vielleicht haben Sie sogar ein Kündigungsgespräch geführt, nachdem Sie ein anderes Angebot erhalten hatten. Dabei haben Sie Ihrer Chefin oder Ihrem Chef gesagt, dass Sie »mit dem ganzen Laden fertig« sind. Aber man hat Sie zum Bleiben überredet, indem man Ihnen etwas mehr Geld bot und versprach, dass die Dinge besser würden. Sie sind geblieben, weil Sie sich *sicher* waren, dass es besser werden würde – nun, da sie wussten, dass Sie jederzeit gehen *könnten*, wenn die Versprechungen nicht eingehalten werden. Das wurden sie dennoch nicht.

Stewart hatte drei Jahre lang in einer Werbeagentur gearbeitet, die auf ein besonderes Aufgabenfeld spezialisiert war. Die Agentur gehörte Lori, die Stewart im ersten Jahr eingestellt hatte. Im Freundeskreis bezeichnete Stewart seinen Job oft als »emotionales Bootcamp«. Angesichts der schwierigen und manchmal ausfallend werdenden Kund*innen, des Gehalts, das niedriger war als bei jeder anderen Werbeagentur, und der langen Arbeitszeiten gab es Tage und Wochen, in denen er sich nicht sicher war, wie lange er das noch mitmachen würde. Aber er hielt weiter durch. Er machte Witze darüber, dass er zwar gerne in einer derart angesagten Agentur arbeitete, aber dass er sich wünschte, bei all der Angesagtheit auch seine Miete bezahlen zu können.

Was hielt ihn dort? Lori versprach ihm einen fetten Bonus am Ende des Jahres. Und eine Gehaltserhöhung. Aber als das Jahr zu Ende ging, erklärte sie ihm, dass der Bonus doch nicht möglich sein würde. Sie gab ihm eine Gehaltserhöhung, aber die fiel geringer aus, als er erwartet hatte. Stewart sagte ihr, dass er sich ausgenutzt fühle und auf Jobsuche begeben würde. Lori brachte ihm gegenüber zum Ausdruck, wie wertvoll er für das Unternehmen sei und wie traurig es wäre, ihn gehen zu sehen, aber sie versuchte nicht, ihn zum Bleiben zu überreden.

Nach diesem Gespräch hatte Stewart das Gefühl, für sich einen gewissen Abschluss gefunden zu haben. Immerhin hatte er seiner Frustration Luft gemacht, was schon lange fällig gewesen war, und er hatte die Genugtuung zu hören, wie wertvoll er für die Agentur gewesen war. Er fühlte sich bereit für einen neuen Job. Endlich. Ein großer Seufzer der Erleichterung.

Ein paar Tage später jedoch bat Lori Stewart um ein weiteres Gespräch. Sie versuchte, ihn davon abzubringen, das Unternehmen zu verlassen. Sie versprach ihm, dass er bis zum Ende des folgenden Jahres, wie sie sich ausdrückte, »voll auf seine Kosten kommen« würde – mit der versprochenen Entschädigung, nämlich einem doppelten Bonus, und einer größeren Gehaltserhöhung, um das auszugleichen, was er in diesem Jahr nicht erhalten hatte.

Auch das Ende des Folgejahres war gekommen. Lori gab Stewart den Bonus, den sie ihm im Vorjahr versprochen hatte, aber nicht den zusätzlichen Bonus für dieses Jahr. Er bekam zudem eine Teuerungszulage, aber mehr nicht. Lori sagte ihm, dass dies aufgrund einiger verlorener Kund*innen das Maximum dessen sei, was sie tun könne. Aber wieder versprach sie ihm, dass er noch den Bonus für dieses Jahr und einen weiteren am Ende des kommenden Jahres erhalten würde. Und erneut betonte Lori, dass sie die Absicht habe, Stewart »voll auf seine Kosten kommen« zu lassen. Er müsse sich nur noch ein weiteres Jahr gedulden. Wieder brachte Stewart seine Frustration zum Ausdruck und war drauf und dran, sie eine Lügnerin zu nennen.

Vielleicht ist dies der Schlussstrich, den ich wirklich brauchte, sagte er sich später. *Diesmal bin ich wirklich bereit zu gehen.* Aber er konnte sich wieder nicht dazu durchringen zu kündigen. Er wollte sich selbst und Lori beweisen, dass er eine echte Bereicherung für dieses aufstrebende Unternehmen sein konnte. Er malte sich aus, wie hoch der doppelte Bonus ausfallen würde, dachte an die Verpflichtung der Firma, die Versprechungen ihm gegenüber einzuhalten und ihn mit dem Respekt zu behandeln, den er als engagierter Mitarbeiter verdiente. Er entschied, dass dies der Abschluss war, den er wirklich für sich brauchte: nicht mehr Worte, sondern ein fetter Scheck. Und so blieb er.

Was spielt sich hier eigentlich ab? Lori und Stewart sind in einem Teufelskreis gefangen. Stewart droht zu gehen, und Lori sagt, dass sie versteht, warum. Lori verspricht ihm, ihn für seine harte Arbeit zu belohnen, und Stewart möchte ihr glauben und das Happy End erleben, das er meint, verdient zu haben. Stewart kann die Tür nicht endgültig hinter sich zuziehen, und Lori müht sich ab, um einen Weg zu finden, sie offen zu halten. Sie brauchen einander, um dieses Drama immer wieder durchzuspielen.

Im Arbeitsleben setzen wir Geld oft mit Wertschätzung oder auch Zuwendung gleich. Wenn unser Job zu wenig einbringt, löst das Gefühle aus, die sich weniger um das Geld selbst als um unseren Wert als Mensch drehen. Abgesehen von der Notwendigkeit, unsere Rechnungen zu bezahlen, ist es das, was uns in Kreisläufen der Frustration, der Ausnutzung oder sogar der Ausbeutung gefangen hält, so, wie es bei Stewart der Fall war (und vermutlich gibt es bei Stewart auch eine entsprechende Geschichte aus der Kindheit). Und das ist der Grund, warum ein echter Abschluss so notwendig sein kann.

Ich führe häufig Gespräche mit Klient*innen, die aus ähnlichen Gründen wie Stewart mit ihrer Geduld am Ende sind. Aber wenn eine Chefin wie Lori ihnen mehr Geld in Aussicht stellt, schlucken sie den Köder. Sie bleiben in ihrem Job in Erwartung dessen, was sie für die eigentliche Lösung halten: das Geld, die Beförderung, die Anerkennung, die ihnen zusteht. Die Bestätigung. Die Wiedergutmachung. Und so gehen sie in die zweite Runde der Suche nach einem Schlussstrich. Oder in die dritte oder vierte. Es ist schwer, den Hut zu nehmen, wenn man sich mit Angelegenheiten herumschlägt, die für immer offen zu bleiben scheinen. Wir lassen uns hinhalten und warten auf den ultimativen Abschluss, der uns endlich, wie es Lori auf so überredende Weise formulierte, »auf unsere Kosten kommen« lässt.

Ich denke, es ist wichtig, sich vor Augen zu halten, dass Arbeitsbeziehungen sozusagen unseren Liebesknopf drücken können. Wir gehen an diese Beziehungen vielleicht nicht auf dieselbe Weise oder aus denselben Gründen heran wie an Beziehungen zu Freunen und Freundinnen, Liebespartnern und -partnerinnen oder Angehörigen, aber auf menschlicher Ebene behandeln wir sie in der Regel auch nicht als »rein geschäftlich«. Selbst wenn die Arbeitsbeziehungen an sich nicht besonders eng sind, können sie uns doch stark an andere, persönlichere Beziehungen erinnern. Wenn wir zum Beispiel immer um die Anerkennung unserer Eltern gekämpft haben, kämpfen wir vielleicht unbewusst auch um die Anerkennung unserer Chefin oder unseres Chefs. Dadurch wird unser Bedürfnis nach einer Auflösung verstärkt, und wir sind eher geneigt, in einer unbefriedigenden oder ungesunden Arbeitssituation auszuhalten, in der Hoffnung, für uns endlich den Abschluss zu finden, den wir glauben verdient zu haben.

Der ewige Familientanz

Ich kann nicht über einen Schlussstrich sprechen, der im Grunde eine Entschuldigung dafür ist, nicht loszulassen, ohne über Familiensysteme zu sprechen. Vielleicht zucken Sie hier schon zusammen, bevor ich überhaupt angefangen habe. In jeder Familie gibt es Dysfunktionalität, zumindest in jeder Familie, mit der ich in Kontakt gekommen bin. Lassen Sie mich Ihnen also noch einmal versichern, dass Sie nicht allein damit sind, wenn es in Ihrer Familie dysfunktionale Verhaltensweisen gibt – vielmehr sind Sie völlig normal.

Wenn ich mit meinen Klient*innen über familiäre Dysfunktion spreche, verwende ich den Begriff *Familientanz*. Jemand dreht die metaphorische Musik auf, und alle erheben sich und vollführen den Familientanz zu ihrer Lieblingsmelodie. Beispiele für Familientänze sind ständige Spannungen zwischen Eltern und Kindern, Konkurrenzen zwischen Geschwistern oder ein Elternteil, der einerseits bedürftig und andererseits übergriffig ist. Besonders gut zu beobachten sind Familientänze bei Zusammenkünften anlässlich von Feiertagen, aber höchstwahrscheinlich finden sie das ganze Jahr über statt. Und wie geht das Ganze aus? Das kann auf viele Arten geschehen. Ein großer Familienkrach. Ein Gespräch, in dem viele Beschwerden vorgebracht werden, gefolgt von Versprechungen, die vielleicht eingehalten werden, vielleicht aber auch nicht. Phasen, in denen man nicht mehr miteinander spricht, ein Grollmarathon, gefolgt von einer allmählichen Wiederannäherung.

Ein Abschluss in diesem Sinne ist Teil des Familientanzes. Er ist Teil des Dramas, eine Tür, die geschlossen und bald darauf wieder geöffnet wird. Die Musik spielt weiter. Der Tanz geht weiter.

Eva hatte schon immer ein sehr schwieriges Verhältnis zu ihrer Mutter Marta, ein Spannungsverhältnis, das es zwischen ihrer Mutter und Evas Bruder José so nie gegeben hat. Oft witzelt Eva gegenüber José, dass sie niemals hätte geboren werden sollen, zumindest nicht als Frau. Auch Marta meint scherzhaft gegenüber José, dass Jungen viel einfacher zu erziehen seien als Mädchen. Marta scheint nie mit dem zufrieden zu sein, was Eva tut. Sie kritisiert sie wegen ihrer Frisur, ihrer Kleidung, der Art, wie sie ihren Lebensunterhalt verdient, und wegen der Männer, mit denen sie ausgeht. Das geht schon so lange, wie Eva zurückdenken kann – und Eva ist jetzt Anfang dreißig. Evas und Josés Vater scheint zu wissen, wie er sich aus dem Spannungsfeld zwischen seiner Frau und seiner Tochter heraushalten kann, aber José hat für sich noch keinen Weg gefunden, das zu tun.

Die Spannungen zwischen Eva und Marta können monatelang vor sich hin schwelen, bis sie irgendwann überkochen. Es braucht nicht viel, damit das passiert. Eine weitere bissige Bemerkung von Marta, eine vermeintliche Kränkung von Eva, und schon haben sie sich in den Haaren. Ein heftiger Streit, gefolgt von eisigem Schweigen. Dies ist der Moment, in dem José ins Spiel gebracht wird und der Machtkampf über drei Ecken von neuem auflebt. Marta ruft ihren Sohn an, um sich bei ihm darüber zu beschweren, auf welche Weise Eva ihre Gefühle verletzt hat oder was für eine Entscheidung Eva getroffen hat, mit der sie nicht einverstanden ist. Kurz darauf ruft Eva bei ihm an, um sich darüber zu beschweren, was ihre Mutter wieder getan hat, damit sie sich schlecht fühlt.

Und wie reagiert José darauf? Er spielt den Vermittler. Zuerst besänftigt er die Gefühle seiner Mutter, dann die Gefühle seiner Schwester. Er schildert Eva, was aus seiner Sicht ihre Mutter verärgert hat, und spricht dann im selben Sinne mit Marta. Er bestärkt sie darin, miteinander zu reden, wobei er ihnen meistens dazu rät, so zu tun, als wäre nichts passiert. Vielleicht lädt er sie sogar zu sich nach Hause ein, um persönlich als Schlichter zu fungieren.

Dann lachen Marta und Eva zusammen und beschließen, künftig besser miteinander auszukommen. Schließlich sind sie doch Mutter und Tochter, nicht wahr? Sie sind sich beide einig, die jeweils andere Perspektive wahrnehmen zu können. Schwamm drüber. José ist emotional erschöpft, aber froh, dass sie einen Burgfrieden geschlossen haben. Bis zum nächsten Mal.

Kommt Ihnen das bekannt vor? Noch jede Familie, die ich kennengelernt habe, hatte einen Familientanz. Oberflächlich betrachtet mag das gesund erscheinen, und nicht alle Familientänze haben mit Dysfunktionalität zu tun. Eine Art von Familientanz kann zum Beispiel darin bestehen, dass man sich zusammentut, um einem der Geschwister, das unter geringem Selbstwertgefühl leidet, Mut zuzusprechen; eine andere darin, dass es eine Art von Familienhumor gibt, der fast eine Geheimsprache ist, die von allen Familienmitgliedern verstanden wird; eine dritte in einer solidarischen Konkurrenz unter Geschwistern, bei der es darum geht, alle zu besseren Leistungen anzuspornen.

Andererseits können Familientänze auch dazu dienen, die Dysfunktionalität aufrechtzuerhalten. Haben Sie das in Ihrer eigenen Familie erfahren? Und wenn ja, haben Sie dabei auch beobachten können, dass es bei diesem Familientanz wiederholte Ansätze gibt, einen Schlusspunkt zu setzen, der vorübergehend Entspannung bringt, aber zugleich auch die nächste Runde einläutet?

Einige der besten und damit zugleich schlimmsten Beispiele für diesen Teufelskreis, die ich in meiner therapeutischen Arbeit erlebt habe, sind Familientänze, die ein Familienmitglied mit einer Suchtproblematik oder einer psychischen Erkrankung davon abhalten, die notwendige professionelle Hilfe zu erhalten. Der Hintergrund dabei ist häufig, dass die anderen Familienmitglieder unbewusst die süchtige oder psychisch kranke Person als Projektionsfläche für ihre Frustrationen, als Alibi für die Probleme der Familie und als Ausrede dafür brauchen, sich nicht mit ihren eigenen Problemen auseinanderzusetzen. Vielleicht lassen sich die anderen Familienmitglieder hinter dem Rücken dieser Person darüber aus, wie schwierig sie ist, nennen sie schwach und beklagen sich über die Kraft und Aufmerksamkeit, die sie sie kostet. Die Auflösung der Situation geschieht dann in Form von Reha-Maßnahmen oder Versprechungen, die Medikation und Therapiesitzungen einzuhalten, gefolgt von einer Runde Umarmungen und Tränen. Aber das ist nur eine vorübergehende Auflösung. Anschließend lassen die anderen Familienmitglieder zu, dass das suchtkranke oder psychisch kranke Mitglied der Familie in seinen alten Zustand zurückfällt, weil sie es in seiner Versagerrolle brauchen.

And the beat goes on, der Familientanz geht weiter. Das heißt, bis sich jemand weigert, ihn weiter mitzutanzen.

Der Teufel, den wir kennen

Im Englischen gibt es den Ausdruck *Better the devil you know than the one you don't.* (»Lieber den Teufel, den man kennt, als den, den man nicht kennt.«) Der Mensch ist auf Beständigkeit angelegt. Wir mögen keine Veränderungen, nicht einmal positive, für die wir uns aktiv entschieden haben, wie einen Jobwechsel oder einen Umzug. Wir verabscheuen Veränderungen so sehr, dass wir es häufig vorziehen, in der vertrauten Umgebung auszuharren, selbst wenn diese vertraute Umgebung unerfreulich ist oder geradezu etwas Destruktives hat. Sich an den Teufel zu halten, den man kennt, ist ein Weg, um die Unsicherheit zu vermeiden, die mit Veränderungen einhergeht. Selbst wenn wir uns in einer miserablen Situation befinden, die uns zutiefst unglücklich macht, können wir uns einreden, dass wir durchhalten müssen, weil wir hier zumindest wissen, was uns erwartet. Es gibt keine Unsicherheit, wenn wir wissen, dass jeder neue Tag genauso schlimm sein wird wie der Tag zuvor: Die ungesunde Arbeitssituation, die zumindest vorhersehbar ist. Die unglückliche Beziehung, in der zu bleiben sich weniger beängstigend anfühlt, als sich wieder auf Partnersuche zu begeben. Die Familientänze, die wir ertragen, weil sie nun einmal das sind, was sich in Familien abspielt.

Der gesuchte Abschluss kann in die Freiheit führen. Aber er kann auch dazu dienen, uns vorzumachen, dass die Situation ein glückliches Ende nehmen wird, dass wir endlich die notwendigen Schritte unternehmen, um eine untragbare Situation zu verbessern, oder dass wir der anderen Person Versprechungen entlocken können, die alles besser machen werden. In diesen Fällen erfüllt der Abschluss nicht seinen Zweck, weil wir das tief in unserem Inneren gar nicht wollen. Wir sind nicht dazu bereit. Wir fürchten die

Ungewissheit – oder die Leere –, die zurückbleiben könnte, wenn der Schmerz geht.

Und sich zu versöhnen, macht so viel Spaß und ist so befriedigend. Jedenfalls eine Zeit lang.

Insbesondere in einer Liebesbeziehung zwischen zwei Menschen, die sich gegenseitig unglücklich machen, aber nicht in der Lage zu sein scheinen, ihre Beziehung entweder zu heilen oder zu beenden, kann die Suche nach einem Schlussstrich verschiedene Formen annehmen, die aber alle auf das Gleiche hinauslaufen: die nächste Diskussionsrunde, in der es darum geht, einen Schlussstrich zu ziehen. Diese Debatten verlaufen oft sehr emotional, mit viel Geschrei oder Weinen. All diese Emotionen sind Teil des Beziehungskitts, der das Paar zusammenhält. Eine Menge Emotionen, eine Menge Versprechungen. Aber höchstwahrscheinlich nicht viele Taten oder Veränderungen.

Und warum? Weil im Grunde ihres Herzens beide nicht wirklich eine Veränderung wollen. Wenn Sie jemals in einer solchen Beziehung waren, werden Sie wissen, was ich meine. Die Art und Weise, wie man miteinander umgeht, ist so tief verwurzelt, so vertraut, dass beide bald wieder in das alte, wohlbekannte Muster zurückfallen. Sicher, mit der Zeit werden sie die Nase voll haben und einen Schlussstrich ziehen wollen. Und sie werden einen Schlussstrich ziehen – einen Schlussstrich, der genauso Teil ihrer Beziehungsstruktur ist wie das Unglück, das unweigerlich folgt.

Der Mythos der perfekten Ausgewogenheit in Beziehungen

»Setzen wir uns zusammen und reden wir darüber, wie viel ich gebe und wie viel du gibst, was ich von dir bekommen sollte und was du von mir bekommen solltest. Wenn wir da endlich einen Ausgleich schaffen, werde ich viel ruhiger schlafen können. Ich kann dieses Thema dann endlich ad acta legen.« Nur zu oft kann diese Einstellung der Beginn einer ganzen Reihe von Debatten sein. Warum eine ganze Reihe? Wenn der Fokus Ihrer Beziehung darauf liegt, dafür zu sorgen, dass Sie und Ihr*e Partner*in zu jeder Zeit genau den gleichen Beitrag zur Beziehung leisten, werden Sie viele dieser Debatten führen müssen. Immer und immer wieder.

Solche Gefühle der Ungleichheit setzen schon früh ein. Wenn Sie mit Geschwistern aufgewachsen sind, werden Sie sich wahrscheinlich noch erinnern, wie es war, sich die Aufgaben im Haushalt zu teilen, das letzte Stück Kuchen oder das Recht, auf dem Weg zum Supermarkt vorne im Auto zu sitzen. Vielleicht mussten Sie sich auch die Aufmerksamkeit Ihrer Eltern oder anderer Bezugspersonen teilen und hatten manchmal – oder oft – das Gefühl, nicht so viel davon zu bekommen wie Ihre Geschwister. (»Mama mochte dich immer lieber.«) Wenn Kinder das Gefühl ungleicher Behandlung haben – sei es das Eingehen auf ihre körperlichen oder emotionalen Bedürfnisse auf der einen Seite oder übermäßige Kritik oder Bestrafung auf der anderen –, kann das zu einem grundlegenden Gefühl der Benachteiligung führen. Am anderen Ende des Spektrums haben Kinder, die ohne Geschwister aufwachsen, vielleicht unrealistische Erwartungen an das, was ihnen zusteht, oder sie wissen nicht, was es bedeutet zu teilen, weil sie das normalerweise niemals müssen.

In der Schule wird das Gefühl der Ungleichheit und Ungerechtigkeit eher noch verstärkt, unabhängig von den Erfahrungen, die man als Kind zu Hause macht. Vielleicht scheint eine Lehrkraft einige Kinder zu bevorzugen. Nicht jedes Kind wird für das Sportteam oder die Schulaufführrung ausgewählt, auch wenn diejenigen, die dabei leer ausgehen, das Gefühl haben, genauso talentiert zu sein oder sich genauso anzustrengen. Während wir das Bildungssystem durchlaufen, geraten wir von einer ungerechten Situation in die nächste. Manchmal stehen wir auf der Gewinner-, manchmal auf der Verliererseite. Vielleicht verlieren wir sogar sehr oft. »Das ist nicht fair.«, »Die bekommen immer mehr als ich.« Dieses schmerzliche Gefühl der Benachteiligung kann sich sehr negativ auf das Selbstwertgefühl und das Selbstvertrauen auswirken.

Und schließlich kann es in den Liebesbeziehungen, die wir als Erwachsene eingehen, wiederauftauchen. Wenn ich mit Paaren spreche, kommt dabei das Thema Gleichberechtigung immer wieder zur Sprache. Wer bringt das meiste Geld nach Hause, und warum glaubt er/sie, auf dieses oder jenes Anspruch zu haben? Wer tut mehr im Haushalt, und wie kam es überhaupt zu dieser Aufgabenverteilung? Wer übernimmt mehr Verantwortung für die Kinder? Dies sind nur einige der Bereiche, in denen Paare häufig das Gefühl haben, dass ihre Beziehung in irgendeiner Weise unausgeglichen ist. »Wann begreifst du endlich, dass ich die ganze Arbeit mache, und fängst an, deinen Teil dazu beizutragen? Ständig investiere ich in die Beziehung, und was bekomme ich dafür zurück?«

Unglücklicherweise können derartige Gefühle der Unausgewogenheit zum Scheitern der Beziehung führen, wenn sie nicht angegangen werden. Gelingt es, in einer solchen Situation zu einer Einigung zu kommen, sorgt das im Idealfall für eine emotionale Genugtuung – nicht unbedingt für eine vollständige emotionale Genugtuung, aber doch zumindest für eine gewisse. Liegt eine ungerechte Situation vor, kann diese Genugtuung in der bloßen Anerkennung dieser Tatsache bestehen, aber auch darin, dass ein

Ausgleich mit einem entsprechenden Konzept für die Zukunft geschaffen wird. Dieser Einigungsprozess kann schwierig sein, denn er setzt voraus, dass beide Beteiligten nicht nur ihre Abwehrhaltung aufgeben und einander zuhören, sondern auch bereit sind, ihren Teil der Verantwortung zu übernehmen und ihr Verhalten zu ändern. Ohne dieses Maß an beiderseitiger Offenheit bleibt der Friedensschluss vorübergehend und lässt Raum für weitere Konflikte um das Thema Ungerechtigkeit und für weitere Anläufe, zu einer abschließenden Einigung zu kommen, die wahrscheinlich ebenfalls vorübergehend bleibt.

Umgekehrt kann es für eine Liebesbeziehung genauso tödlich sein, wenn man in ihr auf der vollständigen Ausgewogenheit der jeweiligen Beiträge besteht. Warum? Weil es nun einmal in der menschlichen Natur liegt, Groll zu entwickeln, wenn man das Gefühl hat, mehr zu geben, als zu bekommen. Groll kann dazu führen, dass sich eine*r der Partner*innen herauszieht, sich in passiv-aggressiver Weise der Mithilfe im Haushalt verweigert und darauf wartet, dass es so schlimm wird, bis die Gegenseite endlich begreift, woran sie es vermissen lässt, und sich aktiv einbringt. Es kann auch bedeuten, sich zu weigern, noch gemeinsame Unternehmungen zu planen, weil man das Gefühl hat, dass die eine Seite sich dabei völlig heraushält und der anderen die Rolle des Unterhaltungsdirektors überlässt. Ebenso kann dieser Rückzug zur Verweigerung von Intimität führen.

Was passiert hier? Eine*r der Partner*innen hat beschlossen, die Punkte zu zählen, und ist dabei zu dem Resultat gekommen, selbst einen sehr viel größeren Beitrag zur Beziehung zu leisten und somit »Gewinner*in nach Punkten« zu sein. Und sollte das nicht in irgendeiner Form belohnt werden? Worin besteht der Preis? Und wenn es keinen Preis gibt, sollte die Gegenseite dafür nicht auf irgendeine Weise bestraft werden? Auch diese Dynamik liefert den Stoff für weiteres Verweigerungsverhalten.

Ich möchte an dieser Stelle betonen, dass ich keineswegs verkenne, was für ein schwieriger Prozess es sein kann, herauszufinden, was in einer Beziehung als gerecht empfunden wird – ob es sich um eine Beziehung zwischen Liebespartner*innen, Freund*innen, Familienmitgliedern oder den Mitgliedern eines Unternehmens oder einer anderen Gemeinschaft handelt. Es kann ein sehr komplizierter Prozess sein, der natürlich viel mehr erfordert als eine therapeutische Begleitung (obwohl ich sagen muss, dass wir Psychotherapeut*innen in solchen Situationen durchaus eine nützliche Rolle spielen können). Ist eine Beziehung durchweg und auf unfaire Weise unausgewogen, können die emotionalen Auswirkungen dieser Ungleichheit äußerst belastend sein.

Aber auch in den stabilsten Beziehungen gibt es Höhen und Tiefen. Manchmal braucht unser*e Partner*in mehr Unterstützung, ein anderes Mal brauchen wir selbst mehr davon. Außerdem tragen wir auf unterschiedliche Weise zur Beziehung bei. Vielleicht ist unser*e Partner*in besser in Planungsdingen, während wir selbst vielleicht besser in der Umsetzung sind. Punkte zu zählen, funktioniert hier also nicht, da sich unmöglich quantifizieren lässt, was jede*r von beiden in die Beziehung einbringt. Ich führe diese Diskussion häufig mit Paaren, bei denen einer von beiden an einer chronischen Erkrankung leidet, die viel häusliche, finanzielle und emotionale Unterstützung erfordert. In dieser Situation können die Tiefen sehr viel mehr Zeit in Anspruch nehmen als die Höhen. Manchmal bedeutet eine Beziehung, dass man alles stehen und liegen lassen muss, um für den Partner oder die Partnerin da zu sein; und mit zunehmendem Alter des Paares steigt dafür die Wahrscheinlichkeit.

Was aber hat das alles mit einem Schlussstrich zu tun? Vielleicht glauben wir, unter etwas einen Schlussstrich ziehen zu wollen, während wir in Wirklichkeit eine Verweigerungshaltung einnehmen oder uns passiv-aggressiv verhalten: »Wenn ich uns dazu zwinge, uns zu gleichen Teilen einzubringen, muss ich mich nicht die ganze Zeit ärgern«, »Ich werde mich da ganz rausziehen, bis du deinen Anteil geleistet hast«, »Irgendwann wirst du sehen, was du an mir hast, und dir überlegen, wie du mehr zu unserer Beziehung und meinem Glück beitragen kannst.«

Ich kann mit Sicherheit sagen, dass dieses Vorgehen nicht der Weg zur Lösung ist, wenn wir das Gefühl haben, dass unser*e Partner*in sich nicht in dem Maß in die Beziehung einbringt wie wir selbst. Vielmehr wird es der Beziehung wahrscheinlich eher schaden, weil unser*e Partner*in nach eigenen Mitteln und Wegen suchen wird, um in diesem Wettstreit der Verweigerung die Oberhand zu gewinnen.

Ein ernst gemeinter Rat

Es ist keine Schande, in einer Beziehung festzustecken, in der ein Schlussstrich nicht wirklich ein Schlussstrich ist, sondern ein Weg zu mehr Unglück. Das ist nur menschlich. Wenn Sie bei mir in der Praxis säßen, würden Sie meinerseits nur Anteilnahme spüren, keine Verurteilung. Aber wie ich meinen Klient*innen oft sage, haben wir letztlich immer die Wahl, ob wir in einem potenziell destruktiven Trott steckenbleiben oder mit unserem Leben weiterkommen wollen.

Oder um die unbequeme Frage zu stellen: Passiert Ihnen das immer wieder? Sich einmal in einer Partnerschaft zu befinden, die Sie unglücklich macht und aus der Sie sich einfach nicht befreien können, ist eine Sache. Eine ganz andere ist es, immer wieder in solchen Beziehungen gefangen zu sein. Das ist ein emotional zerstörerisches Muster, das dazu führt, dass Sie sich ständig geschwächt, entmutigt und ausgelaugt fühlen. Es kann auch ein Anzeichen für eine Co-Abhängigkeit, eine psychische Erkrankung oder eine Persönlichkeitsstörung sein – Dinge, die behandelbar sind, aber nicht allein durch ein Buch. Ein Therapeut oder eine Therapeutin kann mit Ihnen über emotional destruktive Beziehungsmuster sprechen und Ihnen dabei helfen, herauszufinden, was Sie immer wieder zu einer bestimmten Art von Menschen oder Situationen hinzieht, um dann gemeinsam an Veränderungen zu arbeiten. Wenn Sie also in dem Muster feststecken, vergeblich in einer Beziehung nach der anderen für sich eine abschließende Lösung zu suchen, ist es vielleicht an der Zeit, sich Hilfe zu holen. Versuchen Sie nicht, allein damit klarzukommen.

Und ich muss hier noch ein weiteres Bedenken vorbringen. Die Beziehungen des »Nicht-loslassen-Könnens«, die wir in diesem Kapitel besprochen haben, können auch häusliche Gewalt oder, wie es auch heißt, Gewalt in der Partnerschaft einschließen. Häusliche Gewalt umfasst nicht nur körperliche Misshandlung, sondern auch psychische Misshandlung, rechtlichen Missbrauch, Missbrauch in den sozialen Medien, finanziellen Missbrauch und andere Formen des Missbrauchs. Einer der schmerzlichsten Aspekte meiner Arbeit als Psychotherapeut ist die Arbeit mit Klient*innen, die häusliche Gewalt erfahren. Allzu oft verläuft Gewalt in der Partnerschaft nach einem bestimmten Muster, bei dem auf Phasen des Missbrauchs der Versuch folgt, einen Schlussstrich zu ziehen, was mit vielen Tränen und dem Versprechen einhergeht, sich zu bessern, oder auch mit Tatsachenverdrehungen (»Gaslighting«) und Täter-Opfer-Umkehr, gefolgt von weiterem Missbrauch. Der Missbrauch kann mit der Zeit immer ausgeprägtere und bedrohlichere Züge annehmen, wobei jede weitere Runde eines trügerischen Schlussstrichs den Missbrauch tendenziell noch verstärkt. Wenn Sie das Gefühl haben, in Ihrer Beziehung häusliche Gewalt zu erleben, bei der jeder Versuch, einen Schlussstrich zu ziehen, in noch mehr Missbrauch mündet, ist es höchste Zeit, professionelle Hilfe in Anspruch zu nehmen.

Selbsteinschätzung: Abschluss als Beziehungsmuster

In diesem Kapitel habe ich über Beziehungen gesprochen, in denen die Suche nach einem Abschluss einen Kreislauf der Dysfunktion aufrechterhält. Wenn Sie in einer solchen Beziehung feststecken und einen Schlussstrich ziehen wollen, sollten Sie sich selbst einige Fragen stellen. Es mögen unbequeme Fragen sein, aber die Antworten sind die Mühe wert.

- Wann haben wir in unserer Beziehung das letzte Mal versucht, unter etwas einen Schlussstrich zu ziehen? Um welches Thema ging es dabei?
- War es rückblickend ein realistisches Ziel, mit diesem Thema abzuschließen? War es erreichbar?
- Inwiefern ist es uns gelungen, dieses Ziel zu erreichen? War der Abschluss, den wir gefunden haben, vollständig? Unvollständig?
- Wie habe ich mich im Anschluss daran gefühlt? Wütend? Traurig? Froh? Ängstlich?
- Was geschah in unserer Beziehung, nachdem wir versucht hatten, mit etwas abzuschließen?
- Wie lange hat es gedauert, bis wir wieder in das alltägliche Muster zurückgefallen sind?
- Und die schwierigste Frage von allen: Was hält uns zusammen? Was verspreche ich mir davon?

Abschließende Überlegung: Nicht jede Beziehung ist dazu bestimmt zu funktionieren

Mir geht es darum, im Dunkel nach dem Lichtblick zu suchen, herauszufinden, was möglich ist, und daran zu arbeiten, dass Beziehungen funktionieren. Das vorausgeschickt, habe ich mit vielen, vielen Klient*innen gearbeitet, die in destruktiven Beziehungen feststeckten – in Liebesbeziehungen, Arbeitsbeziehungen, Familienbeziehungen und Freundschaftsbeziehungen. Ich habe mit ihnen gearbeitet, damit sie für sich einen Abschluss finden, der zu einer positiven Veränderung führen kann, denn ich bin überzeugt davon, dass Menschen zu Veränderungen fähig sind.

Diejenigen meiner Klient*innen, die sich in Situationen befinden, wie ich sie in diesem Kapitel beschrieben habe, leben jedoch oft in Beziehungen mit Menschen, die dabei ganz bestimmte Ziele verfolgen – das heißt, sie versuchen, ihre Partner*innen dahin zu bringen, so zu denken oder sich zu verhalten, dass sie ihre eigenen Ziele erreichen. Und ich hatte Klient*innen, die so niedergeschlagen, entmutigt oder in dem Muster gefangen waren, sich selbst ihren Wert beweisen zu müssen, dass sie nicht erkannten, wie hoffnungslos ihre wiederholten Versuche, für sich einen Abschluss, Liebe oder Anerkennung zu finden, im Grunde waren.

Welche Rolle spielt also die Suche nach einem Abschluss in einer Beziehung, die auf einem destruktiven Verhaltensmuster beruht? Manchmal besteht der beste Abschluss darin, zu akzeptieren, dass es keinen Abschluss gibt. Das ist die Akzeptanz, von der schon in Kapitel 2 und 3 die Rede war und auf die ich in Teil IV noch näher eingehen werde. Manchmal müssen wir uns damit abfinden, dass wir nie bekommen werden, was wir uns von einem anderen Menschen wünschen, und nie den Grund dafür erfahren werden. Und dann, je nachdem, welcher Art die Beziehung ist, machen wir uns aus dem Staub oder bleiben.

Die traurige Wahrheit ist, dass nicht alle Beziehungen funktionieren. Manchmal verkommt eine Beziehung zu einer Mixtur aus Manipulation, Rückzug, Verweigerung und anderem destruktiven Verhalten. Darunter einen Schlussstrich zu ziehen, kann die Beziehung heilen oder zumindest den Raum für die Einsicht schaffen, dass man nicht miteinander auskommt, um den Teufelskreis zu beenden. Ein Schlussstrich kann aber auch falsche Hoffnungen wecken und den Weg für weitere Dysfunktion oder weiteren Missbrauch ebnen. Als geistig gesunder Mensch muss man manchmal bereit sein, sich unbequeme Fragen zu stellen, sich selbst kritisch zu hinterfragen und die Risiken auf sich zu nehmen, die nötig sind, um das eigene Glück zu finden.

TEIL III

WIE WIR EINEN ABSCHLUSS FINDEN

KAPITEL 8

SICH EIN ZIEL SETZEN

In Teil I haben wir definiert, was ein Abschluss ist und was nicht. In Teil II haben wir uns eingehend mit den Gründen für den Wunsch nach einem Abschluss befasst – wovon manche gesund sind, manche weniger gesund, aber alle sehr menschlich. In Teil III werden wir unser neu gewonnenes Verständnis in die Praxis umsetzen und die konkreten Schritte besprechen, die wir unternehmen können, um auf konstruktive und sinnvolle Weise einen Abschluss zu finden. Und das beginnt mit einer klaren Zielsetzung.

Ihnen wird aufgefallen sein, dass Teil II in jedem Kapitel Übungen und Fragen zur Selbsteinschätzung enthielt. Diese Aktivitäten sollen Ihnen helfen, sich die Gedanken und Gefühle, die hinter Ihrem Wunsch nach einem Abschluss stehen, bewusster zu machen. In diesem Kapitel werden Sie das anhand weiterer Fragen und Übungen noch vertiefen, um sich über Ihre Absichten klar zu werden und den besten Ansatz für die Suche nach einem Abschluss zu finden (vorausgesetzt, Sie entscheiden sich überhaupt für diesen Weg).

Das Ziel dabei ist, Ihnen bei der Suche nach einem Abschluss zu einer Position der Stärke und Kompetenz zu verhelfen, sodass Sie nicht aus Verzweiflung oder Wut heraus agieren und damit letztlich sich selbst oder anderen noch mehr schaden. Wenn Sie mit einer klaren Zielsetzung vorgehen, haben Sie die besten Chancen, für sich einen Abschluss zu finden, der Sie wirklich weiterbringt – oder zu erkennen, wann ein Abschluss unerreichbar ist, um sich dafür zu entscheiden, die Angelegenheit auf sich beruhen zu lassen. Legen wir also los, um mehr darüber zu erfahren, was es bedeutet, sich Ziele zu setzen.

Die Bedeutung von Zielsetzungen

Wenn es Ihnen darum geht, einen Schlussstrich zu ziehen, wollen Sie zunächst einmal nichts als das. Und zwar so bald wie möglich. Am besten sofort. Der Ärger, die Traurigkeit, die Angst, die Frustration … all das hat sich in Ihnen angestaut, ist unangenehm und will losgelassen werden. Sie wollen sich einfach nur besser fühlen und glauben, dass allein ein Schlussstrich all diese unguten Gefühle zum Verschwinden bringen wird.

Also denken Sie nicht nach. Sie handeln einfach.

Und wenn Sie dann nicht die gewünschten Resultate erzielen, stellen Sie fest, dass Sie sich im Grunde genommen nicht ganz im Klaren darüber waren, *warum* Sie für sich einen Abschluss brauchen. Sie hatten sich nicht überlegt, wie Sie Ihr Anliegen am besten vorbringen können. Sie hatten nicht bedacht, wie Ihr Gegenüber auf Ihre Bitte (oder Forderung) reagieren könnte. Sie haben den Abschluss aus einer Verfassung der Impulsivität und Panik heraus gesucht, nicht aus einer Position der Klarheit und Stärke.

Es fehlte Ihnen, kurz gesagt, an einer klaren Zielsetzung.

Im Bereich der Psychotherapie ist heute viel von Intentionalität die Rede. Wir vermitteln unseren Klient*innen, warum es so wichtig ist, sich in alltäglichen Situationen über ihre Intentionen im Klaren zu sein. Wir helfen ihnen dabei, ihre eigenen Intentionen im Hinblick auf die Interaktion mit einer anderen Person zu verstehen, und formulieren dann diese Intentionen auf eine Weise, die diese Person aufnehmen und verstehen kann. Und wir leiten sie an, zu erkennen, wann es angesichts gewisser Intentionen nicht in ihrem Sinne ist, ein bestimmtes Vorgehen zu verfolgen, auch wenn sie damit für sich einen Abschluss erreichen könnten.

Kurz gesagt, bedeutet Intentionalität:

- zu erkennen, welche Motive hinter Ihrem Bedürfnis zu kommunizieren stehen;
- sich bewusst zu sein, was Sie auf dem Weg der Kommunikation erreichen wollen;
- zu wissen, was Sie dabei sagen wollen und wie Sie es sagen wollen;
- realistische Erwartungen an die Reaktion Ihres Gegenübers zu haben.

Im Hinblick auf einen Abschluss bedeutet dies, sich zu fragen:

- Warum brauche ich in dieser Situation für mich einen Abschluss?
- Was hoffe ich durch das Gespräch mit dieser Person zu erreichen?
- Wie gehe ich am besten an dieses Gespräch heran?
- Welche Ergebnisse sind angesichts dessen, was ich über diese Person weiß und mit ihr erlebt habe, realistischerweise zu erwarten?

Sich die eigenen Absichten wirklich bewusst zu machen, ist manchmal nicht angenehm. Es setzt voraus, sich selbst unbequeme Fragen zu stellen, tief in sich hineinzuhören und die Erfahrung, die man mit jemandem gemacht hat, einer Analyse zu unterziehen. Sie werden zwar darüber nachdenken, inwiefern die andere Person zu der Situation, in der Sie sich befinden, beigetragen hat, aber Sie werden auch Ihre eigene Rolle dabei bedenken. Sich den eigenen Anteil an der Situation klarzumachen, ist nicht einfach; es kann sogar ausgesprochen schwierig sein. Aber wenn Sie die Arbeit auf sich nehmen, die es Ihnen ermöglicht, mit einer klaren Zielsetzung vorzugehen, können die Ergebnisse umso überzeugender sein.

Warum? Weil diese innere Arbeit Sie an einen Punkt bringt, an dem Sie sich ganz auf Ihren rationalen Verstand verlassen, anstatt sich von augenblicklichen Emotionen mitreißen zu lassen. Wenn wir das Gefühl haben, ungerecht behandelt zu werden, löst das eine emotionale Reaktion aus. Ebenso wird eine emotionale Reaktion ausgelöst, wenn wir das Gefühl haben, einem anderen Menschen unrecht getan zu haben. Aber seien wir ehrlich – so gut wie jede Interaktion mit einem anderen Menschen kann eine emotionale Reaktion auslösen. Und wenn wir uns in irgendeiner Weise schlecht fühlen, wollen wir etwas tun, damit es uns besser geht.

Dieses Bedürfnis, sich besser zu fühlen, ist ein Hauptgrund für die Suche nach einem Abschluss. Aber ein gelungener Abschluss verlangt, die unmittelbare emotionale Reaktion hinter sich zu lassen, damit Sie in der Lage sind, in einer Weise zu handeln, mit der die Situation eine gezielte Antwort findet. Damit Erwachsene wie Erwachsene miteinander reden können. Ich bin der Erste, wenn es darum geht, zu sagen, wie wichtig es ist, die eigenen Gefühle zu akzeptieren, sie zu fühlen und zu respektieren. Aber ebenso wichtig ist die Art und Weise, wie wir auf diese Gefühle *reagieren*. Und wenn wir neben unseren Gefühlen nicht auch unseren rationalen Verstand zu Wort kommen lassen, kann es passieren, dass wir auf eine Art und Weise handeln, die unproduktiv oder schädlich für uns selbst und andere ist.

Natürlich können bei der Suche nach einem Abschluss Emotionen aufkommen, sehr starke Emotionen sogar. Aber eine klare Zielsetzung kann dafür sorgen, dass die Emotionen nicht so übermächtig werden, dass Sie darüber aus den Augen verlieren, was Sie eigentlich erreichen wollen, und dadurch eine Beziehung noch mehr beschädigen und sich noch ohnmächtiger fühlen. Wie wir alle wissen, haben Handlungen Konsequenzen. Der rationale Verstand bewahrt uns vor unerwarteten und unerwünschten Konsequenzen.

Die eigenen Emotionen überprüfen

Hätten Sie nicht eine Menge Emotionen in Bezug auf das, was zwischen Ihnen und der Person, mit der Sie zu einem Abschluss kommen wollen, vorgefallen ist, würden Sie gar nicht erst nach einem Abschluss für sich suchen. Sich die Zeit zu geben, diese Emotionen genau unter die Lupe zu nehmen, ist ein wichtiger Aspekt der Intentionalität. Damit gewinnen Sie nicht nur mehr Klarheit für sich selbst, sondern können sich auch besser auf das abschließende Gespräch vorbereiten.

Sie sollten zum Beispiel nicht überstürzt handeln, wenn Sie sehr traurig sind. Viel besser ist es, sich dieser Gefühle bewusst zu sein, den Grund für Ihre Traurigkeit zu erkennen, mit einer neutralen Person darüber zu sprechen und Ihre Traurigkeit für sich richtig einzuordnen. Vielleicht kommen auch andere Gefühle in Ihnen hoch, wie Ärger, Frustration oder Angst. Ich möchte Sie ermutigen, all diesen Gefühlen auf den Grund zu gehen, sie ans Licht zu bringen, sie zu verstehen und die Verantwortung für sie zu übernehmen.

In einem schwierigen Gespräch können viele emotionale Knöpfe gedrückt werden. Haben Sie sich zuvor nicht wirklich die Zeit genommen, sich über Ihre Gefühle klar zu werden, können Sie auf einmal von Emotionen überwältigt werden, die Ihnen vorher nicht bewusst waren und mit denen Sie sich nicht auseinandergesetzt haben. Dann kann es dazu kommen, dass das Gespräch nirgendwo hinführt, weil Sie so im Bann Ihrer Emotionen stehen, dass Sie nicht in der Lage sind, das anstehende Thema sinnvoll zu erörtern. Schlimmer noch: Wenn Sie von Emotionen überwältigt sind, setzt Sie das der Gefahr aus, dass die Person, mit der Sie zu einer Klärung kommen wollen, Sie manipuliert oder Ihnen etwas vormacht, sodass Sie sich in genau derselben Dynamik wiederfinden, die überhaupt erst das Bedürfnis nach einem klärenden Gespräch hervorgerufen hat. Umgekehrt kann sich dies auch auf Ihr eigenes Vorgehen auswirken und zu Worten oder Verhaltensweisen führen, die Ihr Gegenüber vor den Kopf stoßen und/oder Ihrer Beziehung weiteren Schaden zufügen.

Bei dem Versuch, sich über Ihre Gefühle klar zu werden, kann Achtsamkeit eine große Hilfe sein. Ziehen Sie sich für eine Weile an einen ruhigen Ort zurück, an dem Sie möglichst ungestört sind. Setzen Sie sich hin und nehmen Sie ein paar tiefe Atemzüge, um zur Ruhe zu kommen. Vergegenwärtigen Sie sich die Begegnungen, die Sie in der Vergangenheit mit der fraglichen Person hatten und die zu der aktuellen Situation geführt haben. Machen Sie sich während dieser Visualisierungsübung auch einige Notizen. Schreiben Sie die Gedanken auf, die Ihnen dabei über sich selbst, Ihre Beziehung zu der Person und die damit verbundenen Gefühle in den Sinn kommen. Das wird Ihnen dabei helfen, die Art der Emotionen, die in Ihnen aufsteigen, zu erkennen. Einige davon könnten besonders stark sein. Dies sind die Emotionen, die Sie sich genauer ansehen sollten, um zu verstehen, woher sie kommen, und über die Sie sich mit jemandem austauschen sollten, bevor Sie in ein klärendes Abschlussgespräch gehen. Wenn Sie das Gefühl haben, dass Sie unter diesen Voraussetzungen nicht in der Lage sind, zu einer Einigung zu kommen, wird jetzt ein Gespräch vermutlich weder Ihnen noch der Person, mit der Sie eine Klärung anstreben, etwas bringen.

Für eine klare Kommunikation sorgen

Mit einer klaren Zielsetzung vorzugehen, ist ein Prozess, der sich in zwei Schritten vollzieht. Zunächst leisten Sie die harte Arbeit, sich über Ihre Intentionen klar zu werden, anstatt sofort emotional zu reagieren und das vielleicht später zu bereuen. Und nachdem Sie diese Klarheit für sich gewonnen haben, nutzen Sie sie, um der Person, mit der Sie über etwas zum Abschluss kommen wollen, Ihre Gefühle und Gedanken auf effiziente Weise mitzuteilen. Nehmen Sie sich jedoch nicht die Zeit, tief in sich hineinzuhören und sich bei Ihrer Suche nach einem Abschluss über Ihre Absichten klar zu werden, dann werden Sie auch nicht in der Lage sein, sie Ihrem Gegenüber überzeugend zu vermitteln – wie sollten Sie auch? –, und dann kann das Gespräch leicht entgleisen. Sind Sie sich dagegen über Ihre Intentionen im Klaren, können Sie auch besser vermitteln, warum Sie so denken und fühlen, wie Sie es tun, die Art von Abschluss beschreiben, die Sie sich vorstellen, und das, was Sie dabei beabsichtigen und was nicht, so darstellen, dass mehr Aussicht auf eine Verständigung besteht.

Wie gesagt, haben wir keine Kontrolle darüber, was andere Menschen denken und fühlen oder wie sie sich verhalten. Sprechen wir jedoch aus einer klaren Absicht heraus, ist die Wahrscheinlichkeit größer, dass unser Gegenüber uns zuhört, ohne in die Defensive zu geraten, weil wir dabei bei uns selbst bleiben und die Verantwortung für unsere Gefühle übernehmen, anstatt in Du-Sätze zu verfallen, die schnell nach einer Anklage klingen. Intentionalität oder eine klare Zielsetzung bedeutet, mit Aufrichtigkeit, Respekt und Anteilnahme aus dem Herzen zu sprechen. Sie bewahrt uns davor, eine Beziehung zu beschädigen, indem wir der anderen Person das Gefühl geben, zu Unrecht angegriffen oder beschuldigt zu werden. Sie bewahrt uns ebenfalls davor, unser eigenes Leid zu vergrößern, weil uns klar ist, dass wir von der anderen Person nichts erwarten können, das zu geben sie nicht in der Lage oder nicht bereit ist. Damit haben wir eine gute Grundlage für ein klärendes Gespräch.

Hier ein praktisches Beispiel für Intentionalität.

Beth und Fernanda führen seit ein paar Jahren eine Beziehung miteinander. Fernanda ist in gesicherten Familienverhältnissen aufgewachsen, Beth jedoch nicht. Beth fühlt sich ihrer Familie gegenüber weiterhin sehr verpflichtet und unterstützt ihre Eltern monatlich finanziell, was sich auch auf die finanzielle Situation des Paares auswirkt. Fernanda hat sich zwar bemüht, verständnisvoll zu sein, aber Beths Familie beansprucht einen großen Teil von Beths Einkommen und Zeit, einschließlich häufiger Wochenendbesuche bei ihren Eltern in einem anderen Bundesstaat. Fernanda hat das Gefühl, dass Beth ihre Familie über ihre Beziehung stellt und so sehr damit beschäftigt ist, die Probleme ihrer Eltern zu lösen, dass sie für ihre Beziehung keine Energie mehr übrig hat.

Fernanda hat mit Beth über ihre Gefühle gesprochen. Sie hatten sogar ein paar gemeinsame Sitzungen bei der Paarberatung. Aber sie sieht keine Veränderung. Fernanda ist traurig, aber auch wütend. Wenn sie ehrlich zu sich selbst ist, muss sie sich sagen, dass sie vor allem wütend ist. Sie sieht keine Fortschritte. Tatsächlich verbringt Beth immer mehr Zeit mit ihren Eltern und kümmert sich zusätzlich um eines ihrer Geschwister mit einem Drogenproblem, was sie noch mehr in die Familienangelegenheiten einbindet. Fernanda hat versucht, ihr zu helfen und sie emotional zu unterstützen, aber Beth hat eine Mauer zwischen ihnen errichtet und sagt nur Dinge wie »Ich schaffe das schon allein« oder »Ich komme schon klar«.

Im Grunde ihres Herzens weiß Fernanda, dass sich die Situation nicht ändern wird und ihr nichts übrig bleibt, als mit Beth ernsthaft über eine Trennung zu sprechen. Aber sooft sie darüber nachdenkt, wie sie Beth sagen soll, was sie ihrer Meinung nach hören und begreifen muss, kommt wieder die Wut in ihr hoch. Dann denkt sie, dass sie allen Grund hat, Beth gehörig die Meinung zu sagen, ihrer ganzen aufgestauten Wut Luft zu machen, ihre verletzten Gefühle, ihre Enttäuschung und ihre Angst vor einem Leben ohne Beth zum Ausdruck zu bringen. Das würde sich für den Moment vielleicht gut anfühlen, aber es würde weder Beth noch Fernanda zu dem Schlussstrich verhelfen, von dem Fernanda glaubt, dass sie beide ihn brauchen, um voneinander loszukommen. Fernanda weiß, dass dies nicht produktiv wäre, dass es nur zu mehr Schmerz führen würde und nicht zu einem echten Abschluss.

Fernanda nimmt sich die Zeit, um sich über die Absichten klar zu werden, die sie bei dem Wunsch leiten, in ihrer Beziehung zu Beth einen Schlusspunkt zu setzen, sodass sie mit ihr über die Gründe für ihre Enttäuschung und ihre Wut sprechen kann, anstatt diese Wut einfach an ihr auszulassen. Dabei wird Fernanda auch klar, dass sie Beth wissen lassen möchte, wie viel sie ihr bedeutet, warum die Beziehung aber nicht mehr funktioniert, und dass sie daran interessiert ist, einen Weg zu finden, ihre Beziehung auf Augenhöhe und im gegenseitigen Einvernehmen zu beenden. Fernanda kennt Beth gut genug, um zu wissen, dass sie sich vernünftige Argumente anhören wird, wenn sie die Möglichkeit hat, darauf zu antworten und ihre Seite darzulegen, aber dichtmachen wird, wenn Fernanda anfängt, ihrer Wut freien Lauf zu lassen. (Wie gesagt, würde das ohnehin zu nichts führen.) Dabei ist sich Fernanda auch darüber im Klaren, dass sie bereit ist, sich Beths Seite anzuhören, um auch ihren Standpunkt zu verstehen.

Auch dafür, ihre Gefühle zu verarbeiten, nimmt sich Fernanda die Zeit, indem sie sich zugesteht, sie einschließlich ihrer Wut wirklich zu fühlen. Dann geht sie innerlich auf Distanz zu ihren Gefühlen und setzt ihren rationalen Verstand ein, um sich den Verlauf ihrer Beziehung vor Augen zu führen – was sie zusammengeführt hat, die schönen Momente, die sie miteinander geteilt haben – sowie ihre eigenen Bedürfnisse und Erwartungen. Dabei erklärt sie als ihr oberstes Ziel, auf Beth mit Liebe und Anteilnahme zuzugehen.

Als es schließlich zur Aussprache mit Beth kommt, sagt sie: »Ich liebe dich so sehr, aber ich glaube, wir stehen in unserer Beziehung an verschiedenen Punkten. Ich respektiere, was du für deine Familie tust, aber ich habe das Gefühl, dass dir unsere Beziehung nicht mehr wirklich wichtig ist. Ich kann so einfach nicht mehr weitermachen.«

»Du hast recht«, sagt Beth. »Wir befinden uns einfach an unterschiedlichen Punkten. Im Moment ist mein Platz an der Seite meiner Familie. Ich erwarte nicht, dass du das nachvollziehen kannst. Aber ich hoffe, du kannst akzeptieren, dass es das ist, was für mich jetzt Priorität hat.«

Beth und Fernanda wünschen sich gegenseitig alles Gute und danken einander für die gute Zeit, die sie miteinander verbracht haben. Sie sind beide traurig darüber, dass sich ihre Wege trennen, finden aber Trost in der Gewissheit, dass der Schlussstrich, den sie gezogen haben, auf liebevollem Wohlwollen beruht, was dadurch möglich wurde, dass sich Fernanda dabei von einer klaren Zielsetzung hat leiten lassen.

Nicht nur in Liebesbeziehungen ist es wichtig, sich über die eigenen Gefühle und Absichten klar zu werden. In jeder Situation, in der wir eine abschließende Klärung herbeiführen wollen, ist dies von entscheidender Bedeutung. Es schafft die Bereitschaft zu gegenseitigem Verständnis und zum Blick nach vorne, anstatt unser Gegenüber mit einem Sturm der Gefühle zu überziehen. Eine klare Zielsetzung zu formulieren – zunächst für uns selbst und dann gegenüber anderen –, eröffnet den Weg zu einem echten Abschluss.

Eine klare Absicht und die Entscheidung, etwas auf sich beruhen zu lassen

Mit einem Ziel vor Augen sind wir in der Lage, aus einer Position der Stärke heraus zu agieren, weil wir so für uns selbst Klarheit schaffen und damit auch für andere. Manchmal kann eine klare Zielsetzung jedoch eine unerwartete Konsequenz haben: Sie kann dazu führen, dass wir davon absehen, überhaupt noch nach einem Abschluss zu suchen.

Warum ist das so? Im Zuge der Selbstprüfung werden Sie vielleicht feststellen, dass dies nicht der optimale Weg für Sie ist. Vielleicht erkennen Sie auch, dass Ihre Absichten dabei nicht so eindeutig sind, wie Sie dachten. Vielleicht wollen Sie gar keinen echten Schlussstrich, sondern nur, dass Ihr Gegenüber weiß, wie Sie sich fühlen. Oder Sie wollen es ihm einfach nur heimzahlen, was bei ihm (und vielleicht auch bei Ihnen) nur zu weiterem Fehlverhalten führen würde.

Vielleicht sehen Sie ein, dass die Klärung, die Sie anstreben, mit dieser Person höchstwahrscheinlich nicht möglich sein wird und dass Sie nur noch mehr durch sie leiden werden, indem sie ihren Anteil an dem, was Sie quält, leugnet, die Wahrheit verdreht oder Ihnen auf andere Weise noch mehr zusetzen wird. Warum sollten Sie sich das antun?

Vielleicht erkennen Sie auch, dass es mit dieser Person immer nur eine vorübergehende Klärung geben wird und dass Sie keine Zeit und Energie mehr auf dieses sich wiederholende Muster verschwenden wollen. Genug ist genug. Sie haben diesen Weg bereits beschritten und wissen, wohin er führt.

Vielleicht kommen Sie aber auch zu dem Ergebnis, dass Sie sich selbst noch nicht im Klaren darüber sind, warum Sie mit etwas oder jemandem abschließen wollen. Vielleicht werden Sie die Sache in Zukunft noch einmal überdenken, aber im Moment sind Sie mit Ihren Gefühlen noch nicht so weit im Reinen, dass Sie einen Schlussstrich ziehen könnten. Es ist nicht der richtige Zeitpunkt.

Jede dieser Schlussfolgerungen ist möglich, wenn Sie sich die Zeit nehmen, Ihre Absichten klar zu benennen. Manchmal liegt die Position der Stärke darin, keinen Abschluss zu suchen. Manchmal äußert sich Stärke darin, eine Sache auf sich beruhen zu lassen.

Leitfaden zur Klärung Ihrer Absichten

Nachdem Ihnen nun deutlicher geworden ist, welche Kraft in der Zielsetzung liegt, lassen Sie uns einen genaueren Blick auf den Prozess werfen, bei dem Sie Ihre Intentionen für sich selbst klären. Diese Anleitung führt Sie Schritt für Schritt durch den Prozess der Klärung Ihrer Absichten in einer Situation, in der Sie für sich einen Abschluss suchen.

Schritt eins: Die Vergangenheit berücksichtigen

Schauen Sie sich die Geschichte der fraglichen Beziehung oder Situation an und stellen Sie fest, was Sie an den Punkt gebracht hat, an dem Sie jetzt stehen. Dazu können Sie sich in diesem Schritt Fragen wie diese stellen:

- Wie haben wir uns kennengelernt? Was war mein erster Eindruck von dieser Person? Wie habe ich innerlich auf sie reagiert?
- Was habe ich in dieser Beziehung/Situation erlebt? Welche Aspekte daran waren mir angenehm oder unangenehm und warum?
- Was habe ich zu dieser Beziehung beigetragen – emotional und in anderer Hinsicht?
- Was hat die andere Person beigetragen?

Schritt zwei: Die Gegenwart analysieren

Benennen Sie, was Sie an der gegenwärtigen Situation emotional belastet oder stört. Fragen, die Sie sich hier stellen können, sind unter anderem:

- Was fühlt sich zwischen uns ungeklärt an? Womit möchte ich zu einer Klärung kommen?
- Kann ich das auf eine Weise benennen, die sich für mich intuitiv richtig anfühlt?
- Kann ich es so benennen, dass es für die andere Person verständlich ist?
- Geht es bei dem ungeklärten Thema um etwas, das ich zunächst für mich selbst bearbeiten muss, bevor ich mich um einen Schlussstrich bemühe?

Schritt drei: Ihre Hoffnungen für die Zukunft benennen

Benennen Sie, was Sie sich von einer abschließenden Klärung für sich oder die Beziehung erhoffen. Gute Fragen, die Sie sich bei diesem Schritt stellen können, sind zum Beispiel:

- Was erwarte ich mir davon, in dieser Sache einen Schlussstrich zu ziehen?
- In welcher Hinsicht möchte ich, dass die andere Person mich versteht?
- Wird dies unsere Beziehung festigen oder sie beenden?
- Wie fühle ich mich dabei? Ist es wirklich das, was ich will?

Schritt vier: Die möglichen Resultate abschätzen

Da Sie nun wissen, welche Art von Schlussstrich Sie sich wünschen und warum, ist es an der Zeit, darüber nachzudenken, wie realistisch die Aussicht ist, ihn auch zu erreichen. Zu den Fragen, die Sie sich in dieser Phase stellen können, zählen:

- Auf welche Art und Weise wird diese Person angesichts dessen, was ich über sie weiß, höchstwahrscheinlich reagieren, wenn ich sie um ein klärendes Gespräch bitte?
- Menschen können uns immer wieder überraschen. Welche Arten zu reagieren sind bei dieser Person zwar unwahrscheinlich, aber dennoch denkbar?
- Kann ich mit jeder möglichen Reaktion umgehen, oder könnte es mir mit der einen oder anderen noch schlechter gehen oder mir erst recht das Gefühl geben, dass etwas ungeklärt bleibt?
- Glaube ich, dass ich unabhängig davon, wie die Person reagiert, weiterhin in der Lage sein werde, meine Zielsetzung im Auge zu behalten? Welche Situationen sind es, in denen ich mich am ehesten von meinen Emotionen mitreißen lasse und auf eine Weise agiere, die ich später bereue?

Schritt fünf: Über Ihren nächsten Schritt entscheiden

Nachdem Sie Ihre Intentionen überprüft und sich über sich selbst und die Situation Klarheit verschafft haben, ist es an der Zeit, zu entscheiden, wie Sie weiter vorgehen wollen. In diesem Schritt können Sie sich Fragen wie diese stellen:

- Möchte ich weiterhin in dieser Sache für mich zu einem Abschluss kommen?
- Möchte ich der Situation mehr Zeit geben?
- Möchte ich auf einen Abschluss verzichten und die Angelegenheit auf sich beruhen lassen?

Sie können diesen Klärungsprozess als Ihre »Hausaufgaben« betrachten. Durch ihn kommen Sie einerseits besser mit Ihren Gefühlen in Kontakt und schalten andererseits Ihren rationalen Verstand ein, sodass Sie in der Lage sind, aus einer Position der Stärke und Kompetenz heraus den weiteren Weg für sich zu bestimmen.

Übung: Intentionalität

Denken Sie an eine vergangene Situation oder eine frühere Beziehung – sei es eine Arbeitsbeziehung, eine Partnerschaft, eine Freundschaft oder eine familiäre Beziehung –, in der Sie einen Schlussstrich ziehen wollten, was aber aus dem einen oder anderen Grund nicht gelungen ist. Setzen Sie sich an einem ruhigen Ort mit einem Stift und einem Blatt Papier (oder einem Computer) hin. Betrachten Sie diese Beziehung von der Warte einer klaren Zielsetzung aus. Gehen Sie dazu die fünf Schritte des Leitfadens zur Klärung Ihrer Absichten durch und notieren Sie sich Ihre Antworten auf die Fragen in jedem Schritt.

Wenn Sie damit fertig sind, fragen Sie sich, ob Sie in dieser vergangenen Situation wirklich darauf vorbereitet waren, unter dem Gesichtspunkt der Intentionalität einen Schlussstrich zu ziehen. Wo hätten Ihre Absichten klarer formuliert sein können, zunächst für sich selbst und sodann auch für die andere Person? Haben Sie das von Ihnen gewünschte Ergebnis ausreichend durchdacht, und war es realistisch? Haben Sie gründlich überlegt, wie die andere Person reagieren könnte, sodass Sie mit jeder wahrscheinlichen Reaktion umgehen konnten? Und stellen Sie sich abschließend die Frage, was Sie aus dieser Übung darüber gelernt haben, wo Sie am meisten einer klaren Zielsetzung bedürfen, wenn Sie künftig in Beziehungen für sich einen Abschluss suchen.

Seien Sie vorbereitet, aber proben Sie nicht

Ich rate immer dringend dazu, in ein schwieriges Gespräch mental und emotional gut vorbereitet zu gehen. Dabei geht es nicht darum, den Gesprächsverlauf und damit auch das Gegenüber zu manipulieren – ganz im Gegenteil. Wenn Sie sich darum bemühen, das Gespräch auf der Grundlage einer klaren Zielsetzung zu führen, ist die Wahrscheinlichkeit größer, dass Sie zu einer Klärung kommen, von der Sie und ihr*e Gesprächspartner*in gleichermaßen profitieren.

Fragen Sie sich zunächst, ob Sie selbst innerlich bereit sind. Wenn Sie Ihre Hausaufgaben (siehe oben: »Leitfaden«) gemacht und wirklich in sich hineingehört haben, sind Sie damit in einer sehr viel besseren Ausgangsposition, um diese Frage zu beantworten. Sind Sie emotional noch zu aufgewühlt und glauben Sie nicht, dass Sie zu einem Klärungsgespräch in der Lage sind, ohne dabei den Faden oder die Fassung zu verlieren oder beides, dann sind Sie möglicherweise noch nicht bereit.

Fragen Sie sich dann, ob die andere Person bereit ist. Ist sie – nach allem, was Sie über sie und darüber wissen, wo sie derzeit im Leben steht – Ihrer Meinung nach emotional und mental so weit, dieses Gespräch mit Ihnen zu führen? Befindet sie sich vielleicht inmitten von Umwälzungen in ihrem Leben, sodass sie weniger offen dafür ist, mit Ihnen ein klärendes Gespräch zu führen? Hegt sie in Bezug auf das, was zwischen Ihnen vorgefallen ist, immer noch zwiespältige Gefühle, sodass sie vielleicht nicht einmal mit Ihnen sprechen, geschweige denn ein möglicherweise schwieriges und emotional belastendes Gespräch führen will? Zugegeben, Sie können vielleicht nicht wirklich wissen, ob die andere Person dazu bereit ist oder nicht. Aber es ist eine Überlegung wert, und wenn Sie glauben, dass sie es nicht ist, kann es besser sein, für den Moment davon Abstand zu nehmen.

Bereit zu sein, ist keine Erfolgsgarantie, aber sich über diesen Punkt Gedanken zu machen, kann Sie in eine Position bringen, in der ein erfolgreicher Gesprächsverlauf wahrscheinlicher wird.

Wichtig dabei ist jedoch, sich klarzumachen, dass »bereit sein« nicht »proben« bedeutet. Wenn ich mit Klient*innen über ihre Absicht spreche, mit etwas zum Abschluss zu kommen, schildern sie mir oft den Hergang, der sie an diesen Punkt geführt hat, warum sie glauben, dass es wichtig ist, einen Schlussstrich zu ziehen, was sie sich von einem klärenden Gespräch erhoffen und ihrer Ansicht nach realistischerweise von diesem Gespräch erwarten können. So weit, so gut. Aber dann fangen sie manchmal an zu beschreiben, was die andere Person wahrscheinlich sagen wird und wie sie darauf reagieren werden, welche Worte als Nächstes fallen werden … und so weiter und so fort. Das nenne ich, ein Gespräch zu proben.

Wenn Sie ein Gespräch, das zu führen Sie beabsichtigen, auf diese Weise in Gedanken vorwegnehmen, programmieren Sie damit sein Scheitern. Warum? Sie errichten Barrieren um das Gespräch, indem Sie versuchen, es nach Ihren Vorstellungen zu lenken. In Wirklichkeit liegt es aber nicht in unserer Macht, irgendein äußeres Geschehen nach unseren Vorstellungen zu lenken, am wenigsten das Verhalten anderer Menschen. Anstatt unvoreingenommen in das Gespräch zu gehen, halten Sie sich an ein Skript. Im Verlauf des Gesprächs achten Sie auf Stichworte, die Sie zu Ihrer nächsten Antwort führen, anstatt zu hören, was die andere Person tatsächlich zu sagen hat. Ihr Gegenüber wiederum hat vielleicht das Gefühl, kein Gehör zu finden, und macht deshalb dicht, gerät in eine Abwehrhaltung oder stellt sich quer. Außerhalb des Kopfkinos tragen solche durchexerzierten Gespräche meist nicht weit, selbst wenn wir glauben, die andere Person gut genug zu kennen, um ihre Reaktionen vorherzusagen, oder der Meinung sind, so überzeugend zu sein, dass sie keine andere Wahl hat, als so zu reagieren, wie wir es von ihr erwarten.

Ein besserer Weg ist es, sich über die eigenen Intentionen im Klaren zu sein und sich zugleich um das zu bemühen, was man als Anfängergeist bezeichnet. Der Begriff *Anfängergeist* stammt ursprünglich aus dem japanischen Zen-Buddhismus. Dahinter steht die Vorstellung, dass wir umso weniger bereit sind, Neues zu lernen, je mehr wir wissen (oder zu wissen glauben). Betrachten wir uns jedoch als Anfänger*innen, selbst in Lebensbereichen, in denen wir über viel Erfahrung verfügen, sind wir offener für neues Wissen, das sich uns oftmals auf unerwartete Weise erschließt.

Beziehen wir das Konzept des Anfängergeistes auf das Bemühen um einen Abschluss, besagt das: Wenn wir ein Gespräch so vollständig in Gedanken vorwegnehmen oder es »proben«, dass wir bereits »wissen«, wie es ausgehen wird, verweigern wir unserem Gegenüber die Möglichkeit, uns zu überraschen. Sprechen wir jedoch von einer Position der Aufrichtigkeit und Intentionalität aus und bewahren uns dabei einen offenen Geist – den Anfängergeist –, können wir durchaus etwas Neues und Unerwartetes über uns selbst oder die andere Person erfahren.

Abschließende Überlegung:
Intentionalität ist Macht

Wenn wir uns die Zeit nehmen, uns über unsere Absichten klar zu werden, schaffen wir damit eine solide Grundlage für einen Abschluss. Sind wir uns über unsere Absichten im Klaren und können diese unserem Gegenüber auch klar vermitteln, machen wir den Weg frei für eine effektive Kommunikation. Sind wir uns dagegen über unsere Absichten nicht im Klaren, bereiten wir damit den Weg für Leugnung, Abwehr und Missverständnisse. Intentionalität ist der Schlüssel zu einem effizienten, konstruktiven und zufriedenstellenden Abschluss. Intentionalität ist Macht.

KAPITEL 9

DIE AUSSPRACHE SUCHEN (ODER UNTERLASSEN)

»Schön und gut, aber wie führe ich nun dieses abschließende Klärungsgespräch?« Das ist eine Frage, die mir meine Klient*innen oft stellen. Ein Gespräch, bei dem es darum geht, einen Schlussstrich zu ziehen, kann, gelinde gesagt, unangenehm sein. Häufig berichten mir Klient*innen, dass es ihnen die Sprache verschlägt, dass sie herumstottern und nicht wissen, wie sie sagen sollen, was sie sagen wollen. Unweigerlich kommen dabei starke Emotionen auf, was es noch schwieriger macht, ein klärendes Gespräch zu führen. Und wie ich immer wieder betone, können wir nicht vorhersehen, wie die andere Person reagieren wird.

Aber das bedeutet nicht, dass es ein unmögliches Unterfangen wäre. Menschen sind durchaus imstande zu klärenden Gesprächen, und diese können sich als sehr bedeutungsvoll erweisen. In Kapitel 8 ging es darum, wie Sie sich auf ein solches Gespräch vorbereiten können, indem Sie sich über Ihre Emotionen und Ihre Zielsetzung klar werden, um so die Basis für ein aufrichtiges, konstruktives Gespräch zu schaffen. In diesem Kapitel beschäftigen wir uns mit den besten Methoden für das eigentliche Gespräch – wie Sie sagen, was Sie zu sagen haben, und ihrem Gegenüber zuhören, um so zwischen sich zu einer abschließenden Klärung zu kommen. Dabei werfen wir auch einen Blick darauf, was zu tun ist, wenn ein abschließendes Gespräch, aus welchen Gründen auch immer, nicht infrage kommt.

Um ein Gespräch bitten

Denken Sie daran, dass der schlechteste Einstieg in eine potenziell schwierige und emotional aufgeladene Aussprache darin besteht, die andere Person damit zu »überfallen«, indem Sie Ihr Gegenüber ohne Vorwarnung in ein Gespräch verwickeln. Deshalb ist es wichtig – und ein Gebot der Rücksichtnahme –, die andere Person rechtzeitig darauf vorzubereiten, indem Sie sie zunächst um ein Gespräch bitten, ihr mitteilen, was Sie aus welchem Grund mit ihr besprechen möchten, und ihr dabei auch die Möglichkeit lassen, eine weitere Erörterung des Themas abzulehnen.

Wenn Sie jemanden um ein Treffen bitten, um mit einem schwierigen Thema zwischen Ihnen zum Abschluss zu kommen, weiß der oder die Betreffende in der Regel schon, worum es geht, noch bevor Sie Ihr Anliegen vortragen. Vielleicht wartet die andere Person sogar darauf, dass Sie sie darauf ansprechen, und wünscht sich selbst eine Aussprache. Oder sie fürchtet sich davor. Und schließlich besteht auch die Möglichkeit, dass sie keine Ahnung hat, worüber Sie mit ihr sprechen wollen.

Wenn Sie jemanden zu einem klärenden Gespräch einladen, sollte es wirklich eine *Einladung* sein. Fordern Sie das Gespräch ein, wird die andere Person mit Abwehr reagieren und sich wahrscheinlich eher weigern, und treten Sie dabei zu sehr als Bittsteller*in auf, hat das für Sie etwas Entmündigendes. Formulieren Sie also eine simple Bitte, etwa so: »Ich würde mich gerne mit Ihnen / mit dir zusammensetzen und ein Gespräch über unsere Beziehung führen. Wären Sie / Wärest du dazu bereit?«

Wie gesagt, wird die oder der andere Beteiligte von Ihrer Bitte höchstwahrscheinlich nicht überrascht sein. Normalerweise wissen Menschen, wenn es mit Ihnen noch etwas zu klären gibt – aber nicht immer! Wenn Sie also gefragt werden, worüber Sie sprechen möchten, können Sie etwas in der Art sagen wie: »Ich glaube, es wäre für uns beide gut, wenn wir uns einmal zusammensetzen und ein klärendes Gespräch führen würden. Es gibt ein paar Dinge, die ich Ihnen/dir gerne sagen würde, und ich möchte auch hören, was Sie/du dazu zu sagen haben/hast. Können wir uns einmal treffen? Ich denke, wir hätten beide etwas davon, wenn wir das gemeinsam aus der Welt schaffen könnten.«

Im Idealfall erhalten Sie ein Ja, auch wenn es vielleicht nur zögerlich kommt und mit einem Vorbehalt oder einer Einschränkung verbunden ist: »Ja, aber ich habe keine Lust, mich mit Ihnen/dir zu streiten« oder »Ja, aber ich hoffe, Sie erwarten/du erwartest keine Entschuldigung« oder »Ja, aber ich werde kein Schuldeingeständnis ablegen« oder »Ja, aber wir werden nicht wieder zusammenkommen«.

Wenn die Antwort ein »Vielleicht« ist, müssen Sie eventuell später noch einmal anfragen, nachdem Sie der anderen Person etwas Zeit gelassen haben, darüber nachzudenken, ob sie mit Ihnen sprechen möchte oder nicht.

Vielleicht ist die Antwort aber auch ein klares »Nein«. Wenn das der Fall sein sollte, respektieren Sie es und akzeptieren Sie, dass Sie vielleicht keinen Abschluss für sich finden, zumindest nicht so, wie Sie sich ihn erhofft hatten. (Wie Sie auch ohne diesen Abschluss auskommen können, erkläre ich in Teil IV).

Wenn die andere Person Ihre Einladung zu einem klärenden Gespräch annimmt, gilt es, Zeit und Ort für ein Treffen zu vereinbaren. (So ein Gespräch wird wohl fast immer am besten persönlich geführt, aber weiter unten in diesem Kapitel werde ich auch noch auf Alternativen zu sprechen kommen). Vielleicht schwebt Ihnen dabei bereits etwas Bestimmtes vor, bevor Sie die andere Person um ein

Treffen bitten, oder Sie finden gemeinsam einen für beide Seiten angenehmen Ort und Zeitpunkt.

Was den Zeitpunkt betrifft, so sollten Sie Ihrem Gegenüber nichts aufdrängen und keinen Termin vorschlagen, von dem Sie wissen, dass er nicht optimal liegt, wie zum Beispiel am Ende eines langen Arbeitstages oder an einem Feiertagswochenende. Vereinbaren Sie eine Zeit, die für beide Seiten günstig ist. Hat Ihr*e Gesprächspartner*in das Gefühl, bei der Wahl des Zeitpunkts mitreden zu können, wird er oder sie eher bereit sein, ein Gespräch mit Ihnen zu führen. Niemand lässt sich gerne auf Terminvorschläge ein, die Unannehmlichkeiten mit sich bringen, keinen Widerspruch zulassen oder sich wie ein Ultimatum anfühlen.

Auch der Ort will wohlüberlegt sein. Darüber können die Meinungen allerdings auseinandergehen. Am ehesten eignet sich wohl ein Ort, an dem Sie sich nicht scheuen, auch Ihre Gefühle zu benennen, und an dem Sie offen sprechen können, ohne dass jemand mithört. Daher ist ein überfülltes Café wahrscheinlich keine so gute Idee, ebenso wenig wie ein belebtes Restaurant, in dem es lautstark zugeht. Vielleicht ziehen Sie auch die häusliche Umgebung vor und vereinbaren ein Treffen in der eigenen oder der fremden Wohnung, wenn es möglich ist, sich dort ungestört zu unterhalten. Möglicherweise fühlt sich das aber auch nicht gut für Sie an, besonders wenn damit viele Erinnerungen verknüpft sind. Meine Empfehlung ist daher, einen neutralen Ort zu finden, der nicht mit Erinnerungen belastet ist und an dem Sie sich beide wohlfühlen können und weder in die Enge getrieben noch erdrückt oder wie auf der Anklagebank. Ich bin ein großer Fan davon, mich zu solchen Anlässen in einem öffentlichen Park zu treffen oder gemeinsam spazieren zu gehen, falls das Wetter es zulässt.

Das klärende Gespräch führen

Wenn Sie sich nach der Klärung Ihrer Emotionen und Intentionen zu einer Aussprache entschlossen haben, kommt der große Moment: das Gespräch selbst. Jetzt werden Sie sich vielleicht fragen: Wozu der ganze Aufwand? Ich hoffe, die Antwort auf diese Frage ist inzwischen klar geworden. Ich rate immer wieder dazu, schwierige Gespräche aus einer Position der Stärke, der Kompetenz, der inneren Klarheit und der Anteilnahme heraus zu führen. Das erfordert Vorbereitung. Im Folgenden finden Sie eine Anleitung, die Sie Schritt für Schritt durch das entscheidende Gespräch führen soll und von der ich hoffe, dass sie Ihnen bei dieser Vorbereitung helfen wird.

Hier zunächst eine Übersicht über die sechs Schritte des Klärungsgesprächs, die ich anschließend im Einzelnen durchgehen werde. Diese Schritte bieten keine Garantie dafür, dass das Gespräch auf eine bestimmte Art und Weise verlaufen wird – denken Sie daran, dass ein zuvor übermäßig durchexerziertes Gespräch in der Regel nicht erfolgreicher, sondern *weniger* erfolgreich ist. Aber sie sollen Ihnen einen Orientierungsrahmen bieten, der Ihnen konkret dabei hilft, darüber nachzudenken, was Sie sagen wollen, und es aus einer Position der Intentionalität und Authentizität heraus zu tun.

1. Benennen Sie Ihre Intentionen.
2. Bitten Sie die Gegenseite um Gehör.
3. Legen Sie Ihren Standpunkt mithilfe von Ich-Aussagen dar.
4. Fragen Sie nach, ob Sie verstanden wurden.
5. Hören Sie sich an, was Ihr Gegenüber zu sagen hat.
6. Suchen Sie nach einem Lösungsweg.

Schritt eins: Benennen Sie Ihre Intentionen

Ich habe schon viel über die Bedeutung von Intentionalität gesprochen, und wenn Sie die Schritte in Kapitel 8 durchlaufen haben, hat Ihnen das hoffentlich geholfen, sich über Ihre Absichten klar zu werden. Sie Ihrem Gesprächspartner oder Ihrer Gesprächspartnerin gegenüber zu verlautbaren, ist ein guter Weg, um das Gespräch in Gang zu bringen.

Ich empfehle, den Einstieg eher allgemein zu halten: »Ich würde gerne mit Ihnen/dir darüber sprechen, was zwischen uns vorgefallen ist. Ich möchte Ihnen/dir gerne sagen, was das mit mir gemacht hat, und das umgekehrt auch von Ihnen/dir hören.«

Anschließend benennen Sie kurz, welche Absichten Sie damit verfolgen. Dazu einige Beispiele:

- »Wir hatten einmal eine gute Beziehung zueinander. Ich verstehe nicht, was zwischen uns passiert ist, und würde gerne mit dir darüber reden. Ich bin darüber traurig, aber auch irgendwie wütend. Ich würde gerne mit dir darüber sprechen, was aus meiner Sicht geschehen ist, und das umgekehrt auch von dir erfahren.«
- »Ich habe gerne mit Ihnen zusammengearbeitet und Sie immer für vertrauenswürdig gehalten. Allerdings hat die E-Mail, die Sie verschickt haben, meinem Ruf geschadet. Ich möchte Ihnen sagen, wie es mir damit ergeht. Und ich würde gerne von Ihnen erfahren, was Sie dazu bewogen hat. Und ich möchte sehen, ob wir gemeinsam einen Weg finden können, um weiterhin gut miteinander auszukommen.«
- »Wir sind eine Familie. Ich weiß, dass dir nicht gefallen hat, was ich beim Weihnachtsessen gesagt habe. Ich würde das gerne mit dir klären. Ich möchte, dass du weißt, warum ich es gesagt habe und wie ich mich seitdem füh-

le. Ich würde gerne wissen, was ich tun kann, um das zwischen uns in Ordnung zu bringen.«

Beachten Sie in diesen Beispielen, dass die Person, die das klärende Gespräch sucht, bemüht ist, ihrem Gegenüber ihre Beweggründe zu verdeutlichen. Sie übernimmt die Verantwortung für ihre Gedanken und Gefühle. Sie formuliert ihre Erwartungen, indem sie zunächst ihre eigene Sichtweise darstellt und dann die der anderen Person zu erfahren sucht. Doch Vorsicht: Wenn es Ihre Absicht ist, sich Gehör zu verschaffen, ohne sich die andere Seite anzuhören, und wenn Sie dies auf direkte oder indirekte Weise zum Ausdruck bringen, kann das Gespräch beendet sein, noch bevor es begonnen hat.

Schritt zwei: Bitten Sie die Gegenseite um Gehör

Bitten Sie, nachdem Sie Ihre Absichten bekundet haben, Ihre*n Gesprächspartner*in um Gehör. Dies ist ein wichtiger weiterer Schritt in Ihrem Gespräch. Das entscheidende Wort ist hier *bitten* – Sie sollten das Zuhören also weder einfordern noch darum betteln. Betonen Sie einfach nochmals, dass Sie gerne ein Gespräch führen möchten, und bitten Sie Ihr Gegenüber, dem zuzuhören, was Sie zu sagen haben. Das kann zum Beispiel so klingen: »Ich möchte Sie/dich bitten, mir unvoreingenommen zuzuhören, und werde es umgekehrt genauso halten. Können wir auf dieser Grundlage zusammenkommen?« Vielleicht wird sich die andere Person dazu bereit erklären, vielleicht aber auch nicht. Oder sie schlägt vor, das Gespräch zu verschieben und es zu einem späteren Zeitpunkt zu führen. Dann ist also Geduld gefragt!

Schritt drei: Legen Sie Ihren Standpunkt mithilfe von Ich-Aussagen dar

Jetzt folgt der heikle Teil, in dem Sie in Ihren eigenen Worten schildern, was zwischen Ihnen beiden vorgefallen ist, inwiefern Sie davon betroffen sind und was Sie für sich brauchen, um einen Schlussstrich ziehen zu können. Ja, das bedeutet, aufrichtig die Gefühle zu benennen, die Sie erlebt haben und immer noch erleben. Und ja, Sie begeben sich damit in eine verwundbare Position – Sie gehen das Risiko ein, dass die andere Person nicht bereit ist, Ihnen zuzuhören, oder keinen Versuch unternimmt, Sie zu verstehen.

An dieser Stelle möchte ich nochmals betonen, wie wichtig es dabei ist, Ich-Aussagen zu verwenden. »Ich sehe es so …«, »Ich denke …«, »Ich habe mich dabei so und so gefühlt …«. Wenn Sie das Wort »ich« verwenden, übernehmen Sie die Verantwortung für Ihre Gefühle und laden Ihr Gegenüber ein, Ihnen zuzuhören, ohne in eine Abwehrhaltung zu geraten. Wenn Sie Ihre Aussagen hingegen mit »Sie« oder »Du« beginnen, bedeutet dies, dass Sie Kritik und Anschuldigungen vorbringen werden, was unweigerlich dazu führt, dass Ihr Gegenüber die Schotten dicht macht. Möglicherweise gerät die Person, mit der Sie zu einer Klärung kommen wollen, ohnehin in die Defensive, unabhängig davon, wie Sie Ihren Standpunkt darlegen, aber mit Ich-Aussagen steigt die Wahrscheinlichkeit, dass sie Ihnen unvoreingenommen zuhören wird.

Zudem kennen Sie diese Person wahrscheinlich recht gut, sodass Sie mit ein wenig emotionaler Intelligenz in diesem Gespräch viel erreichen können, indem Sie so mit ihr sprechen, dass sie wirklich bereit und in der Lage ist, Ihnen zuzuhören. Wählen Sie Ihre Worte mit Bedacht und achten Sie auf Ihren Gesichtsausdruck und Ihren Tonfall.

Vermeiden Sie es, auf eine Weise zu sprechen oder zu agieren, von der Sie wissen, dass sie eine negative Reaktion hervorrufen könnte.

Wenn Sie schildern, was in Ihrer Wahrnehmung zwischen Ihnen vorgefallen ist, sollten Sie sich rein an die Fakten halten. Beziehen Sie sich auf konkrete Beobachtungen und Beispiele von Handlungen oder Verhaltensweisen, die die andere Person im Zusammenhang mit Ihrem Thema an den Tag gelegt hat, und darauf, wie Sie sich dabei gefühlt haben. Konkrete Beispiele (also belegbare Dinge) sind immer besser nachvollziehbar als Pauschalaussagen, die leicht als Vorwurf aufgefasst werden können. Auch dazu ein paar kleine Beispiele aus der Praxis:

- »Ich dachte, dass wir wirklich gut miteinander auskommen und eine gute Zeit miteinander haben. Ich dachte, wir würden viel über uns lernen, vor allem, wie wir ein Paar sein können. Aber nachdem du bei mir eingezogen warst, hatte ich das Gefühl, dass wir uns immer mehr voneinander entfernen. Ich hatte das Gefühl, dass du einfach nicht mehr hören wolltest, was ich zu sagen hatte, oder dass du keine Zeit mehr mit mir verbringen wolltest. Du hast bis spät in den Abend hinein gearbeitet. Du hast Pläne mit deiner Familie gemacht, in denen ich nicht mehr vorkam. Ich fühlte mich ungeliebt. Das hat mich völlig fertiggemacht.«
- »Mit dem Projekt, an dem wir zusammen gearbeitet haben, schienen wir doch gut voranzukommen. Wir haben unsere monatlichen Ziele erreicht und sehr positives Feedback aus der Chefetage bekommen. Ich habe versucht, offen mit Ihnen in Bezug auf die Bereiche zu sein, in denen wir meiner Meinung nach zusätzliche Ressourcen benötigen, und ich dachte, Sie würden mir da zustimmen. Als Sie dann aber das Memo haben herum-

gehen lassen, in dem Sie mich für das Verfehlen eines Projektziels verantwortlich gemacht haben, war ich ehrlich gesagt schockiert. Ich habe dafür einen schweren Rüffel von der Chefin bekommen. Ich bin wirklich tief enttäuscht. Ich habe das Gefühl, da zum Sündenbock gemacht worden zu sein.«

- »Ich habe vor dem Weihnachtsessen ein bisschen zu viel getrunken, das gebe ich zu. Und ich habe keinen Hehl daraus gemacht, wie ich über das Scheitern eurer Ehe denke und dass ich gehofft hatte, ihr würdet euch mehr Mühe geben, damit es funktioniert. Natürlich weiß ich, dass es eure Beziehung ist und nicht meine und dass ihr eure eigenen Gründe habt, euch so zu entscheiden. Aber als ich die Bemerkung über den leeren Platz am Tisch gemacht habe und darüber, mit wem du ihn vielleicht im nächsten Jahr zu besetzen gedenkst, war ich nüchtern genug, um zu wissen, dass das völlig daneben war. Es war dir ja auch deutlich anzusehen.«

Beim Lesen dieser Beispiele ist Ihnen vielleicht aufgefallen, dass hier aus der Ich-Perspektive gesprochen wird und nicht aus der vorwurfsvoll-anklagenden Du-Perspektive. Wir können zwar nicht wissen, was in fremden Köpfen vorgeht, aber auf diese Weise ist unser Gegenüber hoffentlich in der Lage, dem Gesagten zumindest zu folgen und es zu erwägen. Um die eigene Position so klar darlegen zu können, bedarf es also der Vorbereitung. Hätte sich der Sprecher oder die Sprecherin in diesen Szenarien nicht die Zeit genommen, zuvor die eigenen Gedanken und Gefühle zu sortieren und mit konkreten Beispielen zu verknüpfen, hätten diese Ausführungen leicht in rein emotionale Ausbrüche ausarten können – unter Geschrei und Tränen, mit Anklagen und Rechtfertigungen, die zu nichts führen.

Übrigens: In dem Fall, dass die Gegenseite Sie unterbrechen will, um Ihnen in einem Punkt zu widersprechen oder um sich zu rechtfertigen, lautet mein Rat: Bitten Sie darum, ausreden zu dürfen, bis Sie Ihren Standpunkt dargelegt haben. Erinnern Sie bei der Gelegenheit daran, dass Sie ja auch hier sind, um Ihrerseits zuzuhören. Wird aber klar, dass Ihr Gegenüber wirklich nicht imstande ist zuzuhören, ersparen Sie sich weiteren Ärger und Frust und beenden Sie das Gespräch.

Schritt vier: Fragen Sie nach, ob Sie verstanden wurden

Nachdem Sie Ihre Position deutlich gemacht und Ihre damit verbundenen Gedanken und Gefühle zum Ausdruck gebracht haben, ist es sinnvoll, sich bei Ihrem Gegenüber zu erkundigen, ob es nachvollziehen kann, was Sie ihm zu vermitteln versuchen. Das kann anhand einer einfachen Frage geschehen wie: »Verstehen Sie / Verstehst du, was ich meine?« Oder: »Ergibt das für Sie/dich einen Sinn?« Seien Sie dabei aber auf eine gewisse – oder auch ausgeprägte – Abwehrhaltung gefasst. Niemand lässt sich gerne die eigene Unvollkommenheit vor Augen führen. Sollten Sie auf Widerstand stoßen, könnten Sie etwas hinzufügen wie: »Ich erwarte nicht, dass Sie mir zustimmen / du mir zustimmst. Ich bitte Sie/dich lediglich um Ihr/dein Verständnis.«

Wenn in dieser Welt immer alles optimal verliefe, hätten Sie wenigstens die Gewissheit, dass die Person, mit der Sie über etwas zu einer Klärung kommen wollen, Sie zumindest versteht, auch wenn sie anderer Meinung ist oder das Gefühl hat, sich verteidigen zu müssen. Möglicherweise müssen Sie auch feststellen, dass Ihr Gegenüber außerstande ist, das Gespräch fortzusetzen. Vielleicht erklärt es sich bereit, es später wieder aufzunehmen, vielleicht aber auch nicht.

Schritt fünf: Hören Sie sich an, was Ihr Gegenüber zu sagen hat

Die Bereitschaft, nicht nur zu reden, sondern auch zuzuhören, ist in jedem Gespräch von grundlegender Bedeutung. Man hat Ihnen zugehört, jetzt sind Sie an der Reihe zuzuhören. Signalisieren Sie also diese Bereitschaft: »Ich würde gerne hören, was Sie darüber denken / du darüber denkst und wie es Ihnen/dir mit dem geht, was ich gesagt habe.« Beachten Sie, dass hier nicht steht: »Ich würde gerne Ihre/deine Seite hören.« Von »Seiten« zu sprechen könnte den Eindruck erwecken, es handele sich um einen Kampf, bei dem nur eine von beiden Seiten recht behalten kann. Laden Sie hingegen die andere Person dazu ein, ihre Gedanken und Gefühle zu äußern, bringen Sie damit den Wunsch zu einer Zusammenarbeit zum Ausdruck.

Zeigt sich die andere Person bereit, ihre Sichtweise darzustellen, dann honorieren Sie diese Bereitschaft, indem Sie ihr wirklich zuhören. Vielleicht müssen Sie sich dazu ein wenig zwingen, vielleicht mit Ihrer Atmung Kontakt aufnehmen, um innerlich zur Ruhe zu kommen und unvoreingenommen zuzuhören, anstatt gleich mit Einwänden zu reagieren oder auf andere Weise in eine Abwehrhaltung zu geraten. Es ist zu hoffen, dass auch die andere Person das Gespräch von einer Position der Authentizität und Intentionalität aus führt. Verhält sie sich jedoch auf irrationale oder grenzüberschreitende Weise oder legt sie noch mehr von dem Verhalten an den Tag, das Sie ursprünglich dazu veranlasst hat, eine Aussprache mit ihr zu suchen, dann müssen Sie sich vielleicht dazu entschließen, das Gespräch zu beenden (und damit möglicherweise auch akzeptieren, dass Sie den Schlussstrich, den Sie sich erhofft haben, nicht für sich ziehen können).

Schritt sechs: Suchen Sie nach einem Lösungsweg

Der Schlussstrich, den Sie für sich brauchen, kann auch einfach darin bestehen, dass Sie Ihrem Gesprächspartner oder Ihrer Gesprächspartnerin mitteilen, wie Sie das, was zwischen Ihnen vorgefallen ist, wahrgenommen und wie Sie sich dabei gefühlt haben. Natürlich ist das selten so einfach, wie es klingt. Während Sie zur Sprache bringen, was die andere Person aus Ihrer Sicht wissen muss, schildert sie vielleicht ihre eigenen Reaktionen und benennt ihre eigenen Gedanken und Gefühle, bevor Sie das, was zwischen Ihnen steht, und alle offenen Fragen geklärt haben und einen Schlussstrich ziehen können. Eine Frage bleibt jedoch höchstwahrscheinlich im Raum stehen: »Wie geht es jetzt weiter?« Oder noch direkter: »Was erwarten Sie / erwartest du jetzt von mir?«

Einen Schlussstrich zu ziehen, kann bedeuten, eine Tür zu schließen und eine Beziehung zu beenden. Es kann aber auch bedeuten, eine Tür zu einem neuen Weg zu öffnen. Das Gespräch, das daran anknüpft, geht möglicherweise über die Entscheidung, getrennte Wege zu gehen, nicht hinaus. Oder es handelt – da die Sache nun aus der Welt geschafft ist – davon, gemeinsam einen Weg nach vorne zu finden, sowie von diesbezüglichen Vereinbarungen und Versprechungen.

Wie dem aber auch sei, in jedem Fall sollte der Ausgang des Gesprächs so klar benannt werden wie in diesen Beispielen:

- »Nach dem, was zwischen uns vorgefallen ist, glaube ich nicht, dass wir unsere Beziehung weiterführen können, zumindest nicht auf eine Weise, die für mich funktioniert. Deshalb muss ich unsere Beziehung beenden. Ich würde dir gerne meine Gründe dafür nennen und hoffe, dass du mich verstehst.«
- »Ich habe gehört, was Sie über die Gründe für Ihr Handeln gesagt haben. Aber irgendwie müssen wir bei der Arbeit weiter miteinander auskommen. Wollen wir darüber sprechen, wie wir das in Zukunft bewerkstelligen können?«
- »Wir sind eine Familie, und das wird sich niemals ändern. Aber ich weiß, dass ich dir wehgetan und dich gegen mich aufgebracht habe. Kannst du mir in deinem Herzen verzeihen?«

Wenn Sie für sich einen Schlussstrich ziehen wollen, lassen Sie sich dabei möglicherweise von der Absicht leiten, Ihre Beziehung fortzuführen, aber auf eine emotional gesündere oder konstruktivere Weise und auf der Grundlage einer Vereinbarung, welche Änderungen eine*r von Ihnen oder Sie beide vornehmen werden. In diesem Fall wird eine Übergangsphase, bis sich die neue Situation eingespielt hat, unvermeidlich sein. Miteinander reden, sich zuhören, einander verstehen. Haben Sie sich aufrichtig und in konkreter Form darüber ausgetauscht, warum Sie einen Schlussstrich ziehen wollen, und klar Ihre Wünsche geäußert, werden Sie mit größerer Wahrscheinlichkeit eine gemeinsame Basis finden. Auf diese Weise kann ein Schlussstrich den Weg dafür eröffnen, intensiver und gezielter an Ihrer Beziehung zu arbeiten.

Mir ist bewusst, dass dies nicht einfach ist, wenn Sie mit großem emotionalem Schmerz zu kämpfen haben. Wahrscheinlich ist es auch für Ihre*n Gesprächspartner*in nicht einfach. Möglicherweise braucht sie oder er etwas Zeit, um sacken zu lassen, was Sie gesagt haben, und darüber nachzudenken. Vielleicht ist er oder sie überrascht, wütend, verletzt oder auf andere Weise emotional aufgewühlt und braucht Zeit, um diese Gefühle zu verarbeiten. Sollte das der Fall sein, bieten Sie an, das Gespräch zu einem späteren Zeitpunkt fortzusetzen, wenn Ihr Gegenüber wieder eine größere Bereitschaft dazu zeigt. Andererseits sollten Sie aber nicht in die Falle tappen, immer wieder die klärende Aussprache zu suchen, um eine Beziehung künstlich am Leben zu erhalten, die eigentlich keine Chance mehr hat.

Aber wie gesagt: Möglicherweise brauchen Sie für sich nicht mehr, als die Ereignisse aus Ihrer Wahrnehmung heraus zu schildern und zu beschreiben, wie Sie sich dabei gefühlt haben, unabhängig davon, wie die andere Person reagiert. Manchmal müssen wir die Dinge einfach nur loswerden und stellen währenddessen fest, dass mehr gar nicht nötig war. Wenn das der Fall ist, haben Sie gesagt, was zu sagen war. Beenden Sie das Gespräch und leben Sie Ihr Leben weiter.

Missbrauchen Sie einen Schlussstrich nicht, um mit jemandem abzurechnen

Ich kann die Ausführungen zum klärenden Gespräch nicht beschließen, ohne Ihnen zu bedenken zu geben, inwieweit Sie einen Schlussstrich bewusst oder unbewusst als feindseligen Akt gegen jemanden einsetzen.

Auf einem klärenden Gespräch zu bestehen, kann Ihnen zu Beginn ein Gefühl der Macht und Überlegenheit verleihen. Sie verschaffen sich sozusagen mit vorgehaltener Waffe Gehör und verlangen, dass man Sie versteht, Ihnen recht gibt und sich bei Ihnen entschuldigt. Der Haken an der Sache ist nur, dass Ihr Gegenüber das vielleicht ganz anders sieht. Eine Aussprache erzwingen zu wollen, kann dazu führen, dass Sie auf eine Mauer der Abwehr, Leugnung und Sturheit stoßen. Vielleicht merken Sie bald, dass Sie sich im Kreise drehen, immer wieder auf denselben Dingen beharren und damit immer wieder ins Leere laufen. Das anfängliche Überlegenheitsgefühl schwindet allmählich dahin, während Ihnen klar wird, dass Sie auf taube Ohren stoßen und auf Ihre immer gleichen Argumente die immer gleichen Gegenargumente als konstantes Echo zu hören bekommen. Bedenken Sie auch, dass sich Ihr Gegenüber möglicherweise schikaniert oder sogar missbraucht fühlt. Vielleicht fasst es Ihr Beharren darauf, recht zu haben, auch als Kränkung und Entmündigung auf.

Wenn Sie eine Aussprache zu einem Plädoyer nutzen, um zu beweisen, dass Sie im Recht sind, oder um zu erreichen, dass Ihr Gegenüber sich schlecht fühlt, dann sollten Sie vielleicht noch einmal in sich gehen und sich zuallererst fragen, ob Ihre Intentionen auf fehlerhaften, irrationalen Annahmen beruhen. Vielleicht täten Sie dann besser daran, es gut sein zu lassen. Aber bedenken Sie auch, dass Sie, wenn Sie jemanden durch Ihr Verhalten verletzt haben, diese Person eventuell um Verzeihung bitten müssen, um Ihnen beiden Heilung zu ermöglichen.

Was aber, wenn umgekehrt jemand *Sie* um ein klärendes Gespräch bittet? Wow, dieses Gefühl der Macht! Endlich haben Sie das Heft in der Hand. Wie werden Sie diese Macht nutzen? Werden Sie die andere Person auf ihren Gefühlen sitzen lassen? Überlegen Sie sich gut, von welchen Beweggründen Sie sich dabei leiten lassen. Vielleicht ist dies eine Tür, die Sie nicht wieder öffnen wollen? Vielleicht kennen Sie diese Person auch gut genug, um Grund zu der Annahme zu haben, dass es sich um einen weiteren Versuch der Manipulation oder Einschüchterung handelt. Vielleicht wollen Sie auch einem Menschen, der Ihnen Ihrer Ansicht nach unrecht getan hat und der in Ihren Augen kein Entgegenkommen verdient, einen Denkzettel verpassen. Oder werden Sie diesen Menschen anhören, seine Sichtweise in Betracht ziehen und ihm den Abschluss gönnen, den nur Sie ihm geben können, um so vielleicht auch für sich selbst damit abzuschließen? Vielleicht kommen Sie auch zu dem Ergebnis, dass Sie das Thema, das die andere Person mit Ihnen geklärt sehen möchte, nicht wieder aufgreifen wollen, weil es für Sie zu schmerzhaft sein könnte. All das liegt bei Ihnen, Sie haben es in der Hand.

In jedem denkbaren Szenario ist Mitgefühl der Weg, um zu vermeiden, dass wir einen Schlussstrich als Waffe gegen einen anderen Menschen einsetzen. Hören Sie auf Ihr Bauchgefühl. Schützen Sie Ihre eigenen Gefühle. Wählen Sie den Weg, der für Ihre künftige Beziehung zu der anderen Person am vorteilhaftesten ist – oder aber einen Schlusspunkt setzt, der für beide Seiten zur Heilung beiträgt.

Nonverbale Kommunikation, stillschweigender Abschluss

Sowohl in meinem eigenen Leben als auch in der Arbeit mit meinen Klient*innen habe ich die Erfahrung gemacht, dass es viele Gründe dafür geben kann, sich nicht mit jemandem zusammenzusetzen, um einen Schlussstrich zu ziehen. Möglicherweise können auch Sie sich mit einigen dieser Gründe identifizieren. Vielleicht ist die andere Person üblicherweise auf Konfrontation aus, schaltet auf stur oder wird sogar ausfällig und Sie wollen sich dem nicht länger aussetzen. Vielleicht befürchten Sie umgekehrt aber auch, dass eine Aussprache für Ihr Gegenüber etwas Verletzendes haben könnte. Vielleicht fühlen Sie sich aber auch selbst so tief verletzt, dass Sie sich nicht einmal vorstellen können, Ihre Gefühle in Worte zu fassen, und befürchten, vor einem Menschen die Fassung zu verlieren, vor dem Sie nicht die Fassung verlieren wollen. Oder die andere Person weigert sich schlichtweg, mit Ihnen zu sprechen.

Aber nicht jede Kommunikation findet verbal statt, und nicht jeder Schlussstrich wird durch ein Gespräch gezogen. In der zweiten Hälfte dieses Kapitels befassen wir uns daher mit dem stillschweigenden Abschluss: derjenigen Art von Abschluss, die bleibt, wenn eine Aussprache – aus welchen Gründen auch immer – nicht möglich ist.

Wenn Menschen mit mir über solche nonverbalen Formen von Abschluss sprechen, sind dabei oft Wertungen im Spiel, wie »Was für ein Feigling!«, »Wie niederträchtig!«, »Das war so was von eiskalt!«. Manchmal sind diese Werturteile nicht unbegründet. Wie jeder Versuch, einen Schlussstrich zu ziehen, kann auch die nonverbale Form zu noch mehr Schmerz und Frustration führen.

Aber ich muss auch sagen: Wir alle sind nur Menschen. Wir alle haben unsere Grenzen. Wir alle geben unser Bestes, auch wenn das weit von dem entfernt ist, was andere darunter verstehen. Wir alle sind in diese Welt geworfen und versuchen, uns einen Reim auf die Dinge zu machen. Daher ist nonverbale Kommunikation manchmal alles, wozu wir imstande sind. Gewiss kann ein wortlos gezogener Schlussstrich unbefriedigend sein und den Schmerz und die Enttäuschung über all das Ungeklärte und Ungesagte in uns hinterlassen. Wenn wir das, was uns bewegt, jedoch auf eine tiefere Art und Weise zum Ausdruck bringen, die die Grenzen der Worte, die uns nicht zur Verfügung standen, übersteigt, kann auch das heilsam sein.

Ein stillschweigend gezogener Schlussstrich kann viele Formen annehmen. Wenn wir uns nun einige davon ansehen, werden Sie sich vermutlich an entsprechende Beispiele aus Ihrem eigenen Leben erinnert fühlen, bei denen ebenfalls keine Worte gefallen sind.

Ein Lächeln, ein Stirnrunzeln

Ein Blick kann sehr vielsagend sein. Manchmal ist das alles, was Sie brauchen, um das Gefühl zu haben, mit etwas abschließen zu können. Manchmal ist das aber auch alles, was Sie bekommen werden.

Vermutlich haben auch Sie schon einmal eine schwere Zeit mit einem Menschen durchgemacht. Vielleicht war der Schmerz so groß, dass Sie oder die andere Person einfach nicht darüber sprechen konnten. Und Sie wollten nicht alles wieder aufwärmen, die Erinnerungen und Gefühle noch einmal hochkommen lassen. Oder vielleicht haben Sie diesem Menschen zugehört, hatten ihm aber nichts zu erwidern. Vielleicht waren Sie es auch einfach leid, über ein bestimmtes Thema zu reden.

In einer solchen Situation kann sich ein Lächeln einstellen. Ein Lächeln verbindet uns mit einem anderen Menschen. Es besagt so viel wie »Schon gut«, »Ich verstehe dich«, »Ich vergebe dir«. Ein Lächeln vermag, wenn es aufrichtig gemeint ist, Wunden zu heilen. Andererseits kann ein Lächeln auch traurig sein. Es kann bedeuten, dass wir es miteinander versucht haben, aber getrennte Wege gehen müssen. Der Schlussstrich, den wir ziehen, bedeutet, dass wir keinen gemeinsamen Nenner mehr miteinander finden und beschlossen haben weiterzuziehen. Eine Zeit lang hatten wir eine gute Beziehung, und es gibt Erinnerungen an diese gemeinsame Zeit, die wir immer in Ehren halten werden. Ein trauriges Lächeln sagt all das auf eine Weise, wie Worte es nicht vermögen.

Andere Formen der Mimik können eine ganz andere Wirkung haben. Ein Stirnrunzeln oder ein zorniger Blick kann die Kommunikation beenden. Ein solcher Ausdruck kann das i-Tüpfelchen eines erfolglosen Versuchs sein, einen Schlussstrich zu ziehen. Er kann aber auch den Ausschlag dafür geben, einen Schlussstrich zu ziehen, der auf einer Seite oder beiden Seiten ein schlechtes Gefühl hinterlässt. Ein Stirnrunzeln kann besagen: »Ja, wir sind fertig miteinander, und ich bin dich endlich los.« Es kann diese Botschaft mit Nachdruck vermitteln und weiteren Versuchen zu einer Aussprache einen Riegel vorschieben. Auch ein ausdrucksloser Blick kann dasselbe Resultat haben.

Eine Umarmung, ein Schulterklopfen, ein Händedruck

Im Bereich der Psychotherapie sprechen wir oft über die Bedeutung von Berührungen. Eine Umarmung, ein Schulterklopfen oder ein Händedruck kann sehr vieles vermitteln.

Denken Sie an das letzte Mal, als Sie einen Menschen umarmt haben. Welche Bedeutung haben Sie mit dieser Umarmung verbunden? Etwa: »Du bist mir wichtig«, »Ich schätze dich«, »Ich verstehe dich«, »Ich bin nicht deiner Meinung, aber wir verstehen uns trotzdem gut«, »Ich vergebe dir«, »Ich hoffe, du vergibst mir.« Eine Umarmung kann eine Möglichkeit sein, einen Menschen nach einem Streit zu beschwichtigen und ihn wissen zu lassen, dass zwischen Ihnen alles in Ordnung ist. Eine Umarmung kann aber auch ein Weg sein, voneinander Abschied zu nehmen, vorübergehend oder für immer.

Eine leichte Berührung kann auf die gleiche Weise wirken. Einen Menschen bei der Hand zu nehmen oder ihm auf die Schulter zu klopfen, kann genauso besänftigend sein wie eine Umarmung. Das kann auch im Vorübergehen geschehen – eine kleine Geste, die beiden viel bedeuten kann. Oder Sie klopfen jemandem auf die Schulter, wenn eine Umarmung nicht angemessen oder unangebracht wäre, je nach der Art von Beziehung, die Sie zu dieser Person haben.

Haben Sie jemals mit einem Menschen eine Aussprache gehabt, bei der es irgendwann einfach nichts mehr zu sagen gab? Vielleicht sind Sie dabei an einen toten Punkt gelangt, konnten beide nicht den Schlussstrich für sich ziehen, den Sie sich erhofft hatten, haben aneinander vorbeigeredet oder konnten sich nicht einig werden. Andererseits wollten Sie aber auch nicht, dass dies das Ende der Beziehung bedeutet. Vielleicht haben Sie dabei die Erfahrung gemacht, dass eine Umarmung oder ein Schulterklopfen Ihnen beiden ermöglichte, mit etwas abzuschließen, als bloße Worte dazu nicht imstande waren.

Am anderen Ende der Skala der Übermittlung einer Botschaft durch körperliche Berührung steht ein Schlag ins Gesicht oder eine andere Form physischer Gewalt. Für den Versuch, durch eine Ohrfeige oder einen Fausthieb einen Schlussstrich zu ziehen, gibt es leider allzu viele Beispiele. Falls Sie dergleichen nicht schon am eigenen Leib erfahren haben – was ich hoffe –, dann haben Sie es wahrscheinlich in Filmen gesehen. In einer Kultur der Wut versuchen die Menschen nur zu häufig, einen Schlussstrich zu ziehen, indem sie einen anderen Menschen körperlich misshandeln und ihn damit zugleich der Demütigung aussetzen, die damit einhergeht. Das mag sich für den Moment gut anfühlen, aber es ist kein gesunder Weg, einen Schlussstrich zu ziehen, und auf lange Sicht kommt dabei für beide Beteiligten nur selten etwas Gutes heraus.

Der Schlussstrich in schriftlicher Form

Seitdem die Kunst des Briefeschreibens weitgehend in Vergessenheit geraten ist, scheinen wir sie durch E-Mails und Textnachrichten ersetzt zu haben. Im Laufe der Jahre hatte ich viele Klient*innen, die eine Beziehung per SMS beendet haben, einschließlich der Erörterung des Wie und Warum, die ich normalerweise mit einem persönlichen Abschlussgespräch verbinde. Entweder ging es ihnen darum, eine persönliche Begegnung zu vermeiden, oder sie hatten nicht das Gefühl, dass sie nötig wäre. Aus ihrer Sicht war eine SMS vollauf ausreichend. Den gleichen Zweck kann offenbar eine E-Mail erfüllen. Manchmal gehen dabei viele E-Mails hin und her, manchmal reicht eine einzige eindeutige (oder auch weniger eindeutige) Abschiedsmail.

Persönlich bin ich der Meinung, dass die Kommunikation auf elektronischem Wege ein schlechter Ersatz dafür ist, sich zu treffen und die Dinge von Angesicht zu Angesicht zu besprechen. Zunächst einmal gibt es eine zeitliche Verzögerung zwischen den einzelnen Antworten, vor allem bei E-Mails, obwohl manche Leute auch ein oder zwei Tage verstreichen lassen, bevor sie auf eine Textnachricht reagieren. Sodann können sich einige Menschen besser schriftlich ausdrücken als andere, ihre Gedanken und Gefühle besser in Worte fassen. Zudem fallen hier Mimik und Tonfall weg, was zu Fehldeutungen führen und den Dialog ungewollt in eine möglicherweise destruktive Richtung lenken kann.

Andererseits kann ich auch verstehen, dass ein persönliches Gespräch nicht immer möglich ist. Wenn Sie also vorhaben, per E-Mail einen Schlussstrich zu ziehen, empfehle ich Ihnen, in kurzer und klarer Form darzustellen, wie Sie die Dinge sehen, wie Sie sich damit fühlen und welche Ihre Absichten sind. Das geschriebene Wort kann große Macht haben. Und es kann den Vorzug haben, dass die andere Person durch das Lesen und erneute Lesen auf eine Art und Weise versteht, wie es ihr in einem persönlichen Gespräch vielleicht nicht möglich gewesen wäre. Menschen hören nicht immer richtig zu, wenn sie in einer Abwehrhaltung stecken und nur daran denken, was sie entgegnen wollen. Wenn sie dieselben Aussagen in schriftlicher Form vor sich haben, gibt ihnen das Zeit, sie zu verarbeiten und ihre Reaktion darauf zu überdenken. In dieser Hinsicht kann eine Textnachricht oder eine E-Mail also von Vorteil sein.

Seien Sie jedoch auf alles gefasst. Aus den bereits genannten Gründen kann es sein, dass Sie eine Antwort bekommen, mit der Sie überhaupt nicht gerechnet hatten, sodass Sie versuchen müssen, das Gespräch ganz neu aufzuziehen oder den entstandenen Schaden irgendwie zu reparieren. In diesem Fall ist es jedoch unwahrscheinlich, dass Sie einen Schlussstrich auf die Weise ziehen können, wie Sie es sich erhofft haben. Außerdem habe ich die Erfahrung gemacht, dass in einem Dialog per SMS oder E-Mail jede Seite das letzte Wort haben will, selbst wenn es sich um freundliche Worte handelt. Folglich kann Ihr Versuch, einen Schlussstrich zu ziehen, stattdessen zu einem endlosen Hin und Her führen, das nicht unbedingt immer freundlich verläuft. Unter Umständen handeln Sie sich so noch mehr Scherereien ein, während Sie eigentlich genau das Gegenteil erreichen wollten.

Außerdem ist es in der virtuellen Welt möglich, jemandes Nummer oder Account zu blockieren, was in der Offline-Welt so nicht möglich wäre. Wenn die andere Person beschließt, Sie zu blockieren, fühlen Sie sich möglicherweise noch mehr unverstanden, ausgenutzt, missachtet oder welcher Art auch immer Ihre Gefühle waren, ohne die Chance, das Gespräch wieder aufzunehmen. Mit alledem fühlen Sie sich also vielleicht noch schlechter als zuvor.

Und dabei gibt es noch ein weiteres Risiko. Textnachrichten und E-Mails sind dauerhafte Aufzeichnungen. Sie können an Dritte weitergegeben werden, sodass Ihr Anliegen möglicherweise in einer Weise publik wird und Ihre Worte auf Sie zurückfallen, wie Sie es sich bestimmt nicht wünschen.

Auch deshalb kann der altmodische Brief eine gute Wahl sein. Ihre Gedanken in einem Brief zu formulieren kann Ihnen – wie bei der elektronischen Variante der schriftlichen Kommunikation – helfen, Ihre Gefühle zu sortieren, zunächst für sich selbst und dann auch für die andere Person. Vielleicht erhalten Sie eine Antwort, vielleicht aber auch nicht. Meine persönliche Meinung dazu lautet, dass sich ein Brief am besten eignet, wenn es darum geht, die Kommunikation zu beenden und einen Schlussstrich zu ziehen, indem Sie in endgültiger Form zum Ausdruck bringen, wie Sie sich fühlen und was Sie wollen und was nicht. Höchstwahrscheinlich wird es zwischen Ihnen und der anderen Person kein langes Hin und Her von Briefen geben, aber falls Sie sich einen ausgedehnteren Briefwechsel wünschen, kann diese Form der Kontaktaufnahme natürlich der Anstoß dazu sein. Aber nicht anders als bei der elektronischen Form der Kommunikation können Briefe (oder Fotos davon) im Freundeskreis herumgezeigt werden. Seien Sie sich also sicher, dass Sie mit dieser Möglichkeit leben können.

Die Rückgabe von Erinnerungsstücken

Mit den Gegenständen, die uns umgeben, sind für uns Erinnerungen verknüpft. Auch bei mir ist das nicht anders. Wenn Sie sich in Ihren Räumen umsehen, wird Ihr Blick vielleicht auf etliche Dinge fallen, die Sie von Menschen bekommen haben, die Ihnen wichtig sind oder es einmal waren. Was aber, wenn es mit einem dieser Menschen zu einem Zerwürfnis käme oder gekommen wäre? Würden Sie dann durch das Geschenk, das er Ihnen gegeben hat, gerne weiterhin an ihn erinnert werden? Falls es Ihnen wertvoll ist, behalten Sie es vielleicht dennoch, auch wenn die Beziehung nicht mehr besteht. Oder es könnte eine traurige Erinnerung an jemanden sein, den Sie verloren haben, sei es durch einen Konflikt oder durch den Tod. Ist diese Person aber noch am Leben und sind Sie sehr wütend, verletzt oder enttäuscht und wollen ein Zeichen setzen, erwägen Sie vielleicht auch, ihr den Gegenstand zurückzugeben.

Lassen Sie mich an dieser Stelle eine Geschichte erzählen. Eine Freundin von mir, Keisha, hatte sich endlich eingestanden, dass ihre langjährige Freundin Nadine krankhaft narzisstisch war. Ständig rief Nadine bei Keisha an, um über ihre Probleme zu sprechen, über ihre Kontakte, ihre Kinder, ohne je umgekehrt an Keishas Angelegenheiten Interesse zu zeigen. Manchmal zogen sich diese Gespräche über Stunden hin. Schließlich entschied Keisha, dass sie genug davon hatte. Sie rief Nadine an und teilte ihr mit, dass sie keinen Kontakt mehr zu ihr haben wolle. Daraufhin legte Nadine einfach auf. Keine Entschuldigung, keine Bitte um eine Erklärung, kein Versuch, die Freundschaft wieder zu kitten. Nur Schweigen.

Ein paar Tage später erhielt Keisha ein großes Paket mit der Post. Sie sah, dass es von Nadine war, also war sie aus Neugierde und um der alten Zeiten willen gespannt, was es wohl enthalten würde. Als sie das Paket öffnete, sah sie, dass ihre ehemalige Freundin ihr die meisten der Geburtstagsgeschenke, die Keisha ihr im Laufe der Jahre gemacht hatte, zurückgeschickt hatte. Keine Mitteilung, keine Erklärung. Andererseits war auch keine Erklärung nötig. Keisha hatte einen Schlussstrich gezogen, indem sie Nadine erklärte, warum sie keinen Kontakt mehr zu ihr haben wolle, und Nadine hatte einen Schlussstrich gezogen, indem sie ihr einen Karton mit früheren Geburtstagsgeschenken per Nachnahme schickte. Dabei genoss Nadine vermutlich die kurze Genugtuung der Rache, erfuhr für sich aber wohl keinen wirklichen Abschluss. Sosehr Keisha andererseits enttäuscht war, hat ihr diese Aktion doch etwas klargemacht. Sie verstand, dass das empfindliche Ego ihrer Freundin angekratzt war und dass sie die richtige Entscheidung getroffen hatte, indem sie sich von ihr trennte.

Soll das nun heißen, dass ich diese Art, einen Schlussstrich zu ziehen, empfehle, anstatt sich zusammenzusetzen und miteinander zu reden? Gewiss nicht. Aber ich verstehe auch, dass uns manchmal nur übrigbleibt, eine Tür hinter uns zu schließen, und wir alles daransetzen, das auch zu erreichen.

Schweigen

Bei meiner Arbeit führe ich viele Gespräche mit Klient*innen, in denen es um Versuche geht, durch Schweigen mit jemandem oder etwas abzuschließen, etwa in der Art: »Ich werde meinem Partner zeigen, dass er so nicht mit mir umgehen kann. Ich werde ein paar Tage lang nicht mit ihm reden«, »Nachdem sie mir das angetan hat, habe ich beschlossen, nie wieder mit ihr zu sprechen. Ich habe jeden Kontakt abgebrochen«, »Ich schätze, er will mich nicht mehr sehen. Er ignoriert mich.«

Wie schon gesagt, sind Gespräche, in denen es darum geht, einen Schlussstrich zu ziehen, oft nicht einfach. Es ist nur menschlich, wenn uns die Worte fehlen, wenn es uns die Sprache verschlägt. Die Gründe dafür sind vielfältig. Vielleicht sind wir so wütend oder traurig, dass wir einfach keine Worte dafür finden. Vielleicht haben wir die Befürchtung, dass die andere Person uns nicht verstehen kann oder will. Vielleicht sind wir von unseren Gefühlen überwältigt und wollen vermeiden, vollends die Fassung zu verlieren. Doch wie Sie vielleicht schon in Ihrem eigenen Leben erfahren haben, ist das Schweigen nur allzu oft ein Mittel, um jemanden zu bestrafen.

Nicht immer ist Schweigen Gold. Ein Abbruch der Kommunikation hinterlässt ein schales Gefühl. Und mangels Informationen malt unser Verstand sich eine Geschichte aus, die oft das Worst-Case-Szenario darstellt. Hinter der Mauer des Schweigens spielt unser Verstand vielleicht immer wieder die Situation durch, die uns hat verstummen lassen. Erinnerungen können sich trüben und dadurch auch verzerren. Tatsachen können sich ändern. Auch die Gründe für unser Schweigen können sich verschieben und verändern. Vielleicht bemerken wir irgendwann, wie wir immer wieder vergangene Ereignisse Revue passieren lassen oder in Gedanken ein Gespräch mit der Person führen, mit der wir zu einer Lösung kommen wollen.

Das soll nicht heißen, dass es nicht sinnvoll sein kann, eine Weile auf Abstand zu gehen und einander etwas Freiraum zu lassen, bevor man wieder zusammenkommt und über die Dinge spricht. Doch je länger das Schweigen anhält, desto unwahrscheinlicher ist es, dass wir mit der fraglichen Person zu einer befriedigenden Lösung kommen. Am Ende ist es eine verpasste Gelegenheit – für persönliches Wachstum und zur inneren Heilung; um ein Kapitel abzuschließen, damit wir ein neues beginnen können; oder um das Verhältnis zu einem Menschen zu reparieren, damit es seine Fortsetzung finden kann.

Gegenüber Tyrann*innen kann es jedoch das beste Mittel sein, sie einfach stehen zu lassen. Manchmal ist Schweigen unsere beste oder sogar einzige Option. Wenn wir nicht in der Lage sind, mit jemandem zu einer befriedigenden Lösung zu kommen und ohne dass dies mit weiteren Verletzungen einhergeht, dann ist es an der Zeit weiterzugehen.

Wohltätigkeit

Wenn ein geliebter Mensch stirbt, so ist das natürlich eine Situation, in der es unmöglich ist, durch eine Aussprache für sich einen Abschluss zu finden. Aber das bedeutet nicht, dass ein Abschluss unmöglich wäre. Ich spreche häufig mit meinen Klient*innen darüber, wie es möglich ist, für sich mit dem Tod eines nahestehenden Menschen abzuschließen, indem man sein Erbe durch wohltätige Handlungen in Ehren hält. Vielleicht haben Sie selbst schon ähnliche

Überlegungen angestellt. Wir können das Andenken an einen Menschen auf viele Arten ehren. Wir können einem gemeinnützigen Verein etwas spenden, den er geschätzt hat oder in dem er Mitglied war. Wir können eine Initiative oder eine Stiftung zu seinen Ehren ins Leben rufen. Oder wir können uns einfach dafür entscheiden, freundlicher zu unseren Mitmenschen zu sein, um so die Freundlichkeit weiterzugeben, die wir von dem oder der Verstorbenen erfahren haben. Dies ist ein weiterer Weg, der uns hilft, unsere Trauer zu verarbeiten und dem Verlust für uns einen Sinn zu geben.

Wohltätige Gesten können aber auch in anderen Situationen helfen, für sich mit etwas zu einem Abschluss zu kommen. Vielleicht haben Sie Schuldgefühle und empfinden Scham wegen etwas, das Sie getan haben. Vielleicht hat ein Mensch, den Sie verletzt haben, Ihnen nicht verziehen und Sie haben das Gefühl, noch irgendetwas Gutes tun zu müssen, um damit abschließen zu können. Oder vielleicht haben Sie auch niemandem direkt Schaden zugefügt, fühlen sich aber dennoch schlecht wegen Ihrer Handlungsweise. Vielleicht erinnern Sie sich gerne an einen Menschen, der Sie auf irgendeine Weise berührt hat, sei es am Arbeitsplatz oder im privaten Umfeld, und dem richtig zu danken Sie keine Gelegenheit mehr hatten. Eine freundliche Geste, ein Weitergeben dieser positiven Erfahrung an andere kann Ihnen helfen, auch damit auf befriedigende und sinnvolle Weise abzuschließen. Vielleicht öffnet es sogar neue Türen für Kontakte und Möglichkeiten, sich mit Ihren Fähigkeiten einzubringen – ein neues Kapitel, mit dem Sie nicht gerechnet hatten.

Übung: Das Klärungsgespräch

Denken Sie an eine aktuelle Situation in Ihrem Leben, in der es sich anbietet, mit einem Menschen über etwas zum Abschluss zu kommen. Gehen Sie alle Schritte im Abschnitt »Das klärende Gespräch führen« durch und notieren Sie, was Sie zu der betreffenden Person bei jedem Schritt sagen könnten. (Denken Sie daran, dass der Zweck dieser Übung darin besteht, einen generellen Plan zu entwickeln, was Sie zu sagen vorhaben, und nicht darin, eine Erwartung vorwegzunehmen oder den erwarteten Ablauf durchzuspielen). Nehmen Sie sich nun etwas Zeit, um sich über die Gefühle klar zu werden, die bei Ihnen aufkamen, während Sie die einzelnen Schritte durchgearbeitet haben. Fragen Sie sich:

- Bin ich mir über meine Absichten im Klaren und in der Lage, sie deutlich und in der Gewissheit zu äußern, dabei aus dem Herzen zu sprechen?
- Wie sehr vertraue ich darauf, dass die andere Person in der Lage sein wird, so zu reagieren, wie ich es mir erhoffe?
- Gibt es Schritte im Gesprächsverlauf, die für mich selbst oder mein Gegenüber möglicherweise besonders schwierig sind? Gibt es etwas, das ich tun oder sagen kann, damit wir uns beide wohler fühlen und offener füreinander sein können?
- Wie sehr vertraue ich auf meine Offenheit für das, was mein Gegenüber zu sagen hat, und auf meine Fähigkeit, ihm zuzuhören, ohne eine Antwort erzwingen zu wollen, die ich mir wünsche?
- Nachdem ich nun mehr Klarheit darüber gewonnen habe, was ich konkret sagen möchte: Glaube ich, für dieses Gespräch bereit zu sein? Habe ich noch immer das Gefühl, dass es hilfreich sein wird, es zu führen, oder ist es an der Zeit, auf eine abschließende Klärung zu verzichten?

Abschließende Überlegung:
Sie schaffen das!

Es ist nicht leicht, um etwas zu bitten, das man sich wünscht und braucht. Es bedeutet, sich zu öffnen, sich einem anderen Menschen gegenüber verletzlich zu zeigen, sich ihm zu offenbaren, um Gehör zu bitten und auf Verständnis zu hoffen. All das kann schwierig sein.

Vielleicht hilft es Ihnen, Ihr Zögern zu überwinden, wenn Sie sich überlegen, welche Vorteile es hat, Ihr Gegenüber wissen zu lassen, wie Sie sich fühlen und warum, wenn Sie die Verantwortung dafür übernehmen, was Sie denken und fühlen. Indem Sie sich mitteilen, schaffen Sie für all das ein Ventil. Es liegt nun offen zutage. Endlich. Das kann etwas sehr Befreiendes haben.

Mag sein, dass Sie für sich nicht den Abschluss erreichen, den Sie sich wünschen. Vielleicht werden Sie nicht verstanden. Vielleicht haben Sie das Gefühl, gegen eine Wand zu reden. Vielleicht erfahren Sie nur mehr von dem, was Sie dazu veranlasst hat, ein klärendes Gespräch zu suchen.

Aber nur Mut! Was bedeutet es, mutig zu sein? Es bedeutet, mitfühlend und zugleich ehrlich und direkt zu sein. Zu sagen, was Sie zu sagen haben. Sich Wahrheiten anzuhören, die Sie vielleicht nicht hören wollen. Bereit zu sein, nach einer gemeinsamen Basis zu suchen, wenn es sie denn gibt, und zu akzeptieren, dass sie sich nicht finden lässt, weil Ihr Gegenüber nicht bereit ist, mit Ihnen danach zu suchen. Mutig zu sein, bedeutet auch, zu akzeptieren, wann es Zeit ist weiterzugehen, worauf wir in Teil IV noch näher eingehen werden.

KAPITEL 10

EINE BEWERTUNG VORNEHMEN

Sie haben also den Versuch unternommen, mit jemandem zu einem Abschluss zu kommen, und dabei bleibt eine Frage offen: Wie ist es gelaufen? Nachdem wir uns in Kapitel 8 mit der Vorbereitung eines klärenden Gesprächs und in Kapitel 9 mit seiner Durchführung beschäftigt haben, ist es nun an der Zeit, die Ergebnisse dieses Gesprächs zu bewerten.

Haben Sie für sich den Abschluss erreicht, von dem Sie dachten, dass Sie ihn wollen und brauchen? Und geschah das vielleicht auf eine Weise, die Sie nicht erwartet hatten? Oder sind Ihre Bemühungen darum, einen Schlussstrich zu ziehen, gescheitert?

Gehen Sie, bevor Sie antworten, in sich und lassen Sie das Gespräch noch einmal wie ein Video vor Ihrem inneren Auge ablaufen: was Sie gesagt haben, was Ihr Gegenüber gesagt hat und wie das Ganze ausgegangen ist. Falls das Gespräch so schmerzlich für Sie war, dass Sie am liebsten gar nicht mehr daran denken möchten, machen Sie sich die eine oder andere Achtsamkeitstechnik zunutze. Atmen Sie tief durch und führen Sie sich das Gespräch bildhaft vor Augen, während sie seinen Ablauf aus dem Gedächtnis rekonstruieren. Vielleicht machen Sie sich auch Notizen dazu; das kann Ihrer Erinnerung auf die Sprünge helfen.

Bleiben Sie, während Sie erwägen, ob Sie den angestrebten Abschluss erreicht haben oder nicht, möglichst bei sich selbst. Ich weiß, dass das nicht unbedingt einfach ist, wenn Ihnen noch die Emotionen nachgehen, die Ihr Gegenüber zum Ausdruck gebracht hat, aber ich empfehle Ihnen, sich dennoch auf Ihre eigenen Reaktionen zu konzentrieren, nicht auf die der anderen Person.

Was sagt Ihr rationaler Verstand zu der Erfahrung, die Sie damit gemacht haben? Denken Sie, dass Sie objektiv betrachtet für sich einen Schlussstrich ziehen konnten? Andererseits sollten Sie auch Ihr Bauchgefühl befragen. Haben Sie rein gefühlsmäßig den Eindruck, dass Sie bei diesem Gespräch bekommen haben, was Sie für sich brauchten? Wenn Sie emotional völlig durcheinander sind, müssen Sie Ihre Gefühle vielleicht erst eine Weile sich setzen lassen, bevor Sie das Ergebnis genauer beurteilen können. Dieses Kapitel soll Ihnen dabei helfen, Ihre Gedanken und Gefühle zu sortieren, das Erlebte richtig einzuordnen und herauszufinden, ob Sie für sich einen Schlussstrich ziehen konnten – und wie es von da aus weitergeht.

Wie fühlen Sie sich?

Der Mensch ist ein emotionales Wesen. Höchstwahrscheinlich war eines der Hauptmotive für die Suche nach einem Abschluss, mit Ihren intensiven Gefühlen klarzukommen oder, anders ausgedrückt, sich besser zu fühlen. Und ebenso wahrscheinlich waren Gefühle mit im Spiel, als Sie Ihre Absichten dabei formulierten. Nicht unbedingt als der einzige Faktor dabei, aber – ob bewusst oder unbewusst – gewiss doch einer der Faktoren. Im Folgenden finden Sie einige der Emotionen, über die meine Klient*innen häufig mit mir sprechen und die ich bei ähnlichen Gelegenheiten auch selbst erlebt habe. Anhand dieser Beispiele gelingt es Ihnen vielleicht auch, Ihre eigenen Gefühle klarer zu benennen.

- **Freude:** Höchstwahrscheinlich sind Sie froh, wenn Sie für sich den Abschluss erreichen, den Sie sich gewünscht haben. Sie haben gesagt, was Sie zu sagen hatten. Die andere Person hat Ihnen zugehört, schien Sie wirklich zu verstehen und hat so reagiert, wie es Ihrem Wunsch entsprach. Nun, das ist sicherlich die ideale Form von Abschluss, aber nicht gerade die häufigste, zumindest nicht nach meinen eigenen Erfahrungen und denen meiner Klient*innen. Vielleicht sind Sie aber auch aus anderen Gründen froh, etwa weil Sie sich endlich zugestanden haben, Ihren Ärger zum Ausdruck zu bringen.
- **Traurigkeit:** Mit jemandem darüber zu sprechen, mit etwas abzuschließen, kann eine traurige Erfahrung sein. Vergangene Probleme zu besprechen, kann zum Beispiel auch bedeuten, alte Gefühle der Traurigkeit wieder zu erleben. Auch bei Ihrem Gegenüber wird das Gespräch Emotionen hervorrufen. Wenn Sie im Falle einer negativen Reaktion keinen Schlussstrich ziehen können, könnte Sie das traurig stimmen. Und reagiert Ihr Gegenüber traurig, fühlen Sie sich vielleicht selbst auch traurig, auch dann, wenn Sie einen Schlussstrich ziehen können. Es kann Sie traurig machen, wenn ein Schlussstrich zugleich das Ende einer Beziehung bedeutet, wenn er eine Veränderung im Umgang mit sich bringt oder wenn er bedeutet, die Tatsache zu akzeptieren, dass ein Leben zu Ende geht. Ein Ende ist nicht immer ein Happy End, selbst wenn es uns gelingt, noch offengebliebene Fragen zu klären.
- **Wut:** Ebenso wie Traurigkeit kann auch Wut aus unserem Inneren kommen oder eine Reaktion darauf sein, was die andere Person fühlt. Vielleicht ist es Ihnen möglich, in dem Moment mit etwas abzuschließen, in dem Sie sich endlich erlauben, die bis dahin unterdrückte

Wut zu spüren. Die Wut kann in Ihnen aufsteigen, während Sie versuchen, Ihrem Gegenüber zu erklären, was in Ihrer Beziehung Sie schließlich an diesen Punkt gebracht hat. Wenn sie in angemessener Weise zum Ausdruck gebracht wird, kann Wut befreiend sein. Wut kann aber auch eine Reaktion darauf sein, wie sich die andere Person während des Gesprächs verhält – zum Beispiel, wenn sie sich weigert, Ihre Gefühle zu akzeptieren, wenn sie versucht, die Tatsachen zu verdrehen, ihrerseits wütend auf Sie reagiert und so weiter.

- **Angst:** Vielleicht kommen Sie aus dem klärenden Gespräch mit der Befürchtung heraus, die Gefühle Ihres Gegenübers verletzt zu haben, oder Sie haben Angst vor dessen Reaktion (oder, schlimmer noch, vor einer späten Vergeltung). Vielleicht macht Ihnen auch Ihr eigenes Verhalten Angst und was es über Sie aussagt – die Art und Weise, wie Sie Ihrem Ärger Luft gemacht, die Dinge, die Sie gesagt haben, oder auch die Gedanken, die Ihnen durch den Kopf gegangen sind. (»Puh, ich wusste gar nicht, dass ich das in mir habe.«) Mit der Angst lässt sich nur schwer leben, und sie kann Sie dazu bringen, einen weiteren Versuch zu unternehmen, die Angelegenheit aus der Welt zu schaffen. Aber wie Sie vielleicht in anderen Lebensbereichen schon erfahren haben, führt es selten zu positiven Ergebnissen, wenn wir aus der Angst heraus agieren, weder für uns selbst noch für andere.
- **Schuldgefühle/Scham:** Schuld- und Schamgefühle stellen sich häufig infolge anderer Emotionen im Anschluss an ein klärendes Gespräch ein. Wut kann zu einem Gefühl der Scham führen. (»Warum habe ich das nur gesagt?«) Vielleicht fühlen Sie sich schuldig, wenn Sie froh über das Ergebnis sind, Ihr Gegenüber hingegen nicht.

Vielleicht schämen Sie sich für die große Angst, die Sie verspüren (»Habe ich denn so wenig Mut?«). Schuld- und Schamgefühle können aber auch ohne diese Anlässe auftreten. Sie können aus dem Hang zur Selbstkritik stammen oder wenn wir glauben, einen bestimmten Abschluss nicht verdient zu haben – vor allem, wenn wir uns für eine Aussprache weit aus unserer Komfortzone herausbewegt haben oder es gewohnt sind, uns als Opfer zu fühlen. Scham kann uns unmittelbar erfassen, aber auch im Laufe der Zeit in uns aufsteigen, wenn unsere eigenen Gefühle mehr Raum in uns einnehmen und uns klarer wird, wie und warum unser Gegenüber auf eine bestimmte Weise reagiert hat.

- **Frustration:** Wenn das Gespräch nicht so verlaufen ist, wie Sie es sich gewünscht haben, fühlen Sie sich vielleicht einfach nur frustriert. Andere Menschen verhalten sich nicht immer so, wie wir es gerne hätten. Vielleicht hat Ihr Gegenüber sich geweigert, über das zu sprechen, was Sie eigentlich mit ihm besprechen wollten. Oder es hat Ihnen nicht richtig zugehört. Oder hat Sie nicht verstanden. Oder hat Sie als den Übeltäter oder die Übeltäterin hingestellt, um sich selbst aus der Verantwortung zu stehlen. Und so weiter und so fort. Auch im Fall der Frustration besteht die Gefahr, dass Sie immer wieder erneute Versuche unternehmen, einen Schlussstrich zu ziehen, was das Gefühl der Ohnmacht nur weiter verstärkt und Sie nur noch unglücklicher macht.
- **Erleichterung:** Das Gefühl der Erleichterung stellt sich natürlich häufig ein, wenn ein klärendes Gespräch gut verläuft. Aber meine Klient*innen sprechen auch oft davon, dass sie sich allein schon durch den Versuch dazu erleichtert fühlten, auch wenn es nicht ganz das war,

was sie sich davon versprochen hatten. Vielleicht verspüren Sie Erleichterung, weil Sie Stellung bezogen, offen über Ihre Gefühle gesprochen haben oder jemanden haben wissen lassen, wie es für Sie war, auf diese oder jene Weise behandelt zu werden. Zumindest haben Sie es herausgelassen. Und wie schon gesagt: Mit etwas abzuschließen, kann auch bedeuten, die eigenen Ambivalenzen zu überwinden, selbst wenn wir von dem Resultat nicht gerade begeistert sind. Auch wenn er nicht optimal ist, kann uns diese Art von Schlussstrich ein Gefühl der Erleichterung verschaffen, da wir nun aufhören können, uns ständig mit einer bestimmten Situation zu beschäftigen, und in der Lage sind, unser Leben weiterzuführen.

Wenn es Ihnen schwerfällt, Ihre Gefühle zu benennen, lassen Sie sich damit Zeit. Nach einer emotional gefärbten Begegnung mit einem Menschen kann es sinnvoll sein, sich erst einmal eine Weile davon zu erholen. Bei einer Aussprache ist das nicht anders. Haben Sie vor allem Geduld und Mitgefühl mit sich selbst. Und bleiben Sie mit Ihren Gefühlen nicht allein. Suchen Sie sich Unterstützung in Ihrem Umfeld. Sprechen Sie darüber. Brüllen Sie es heraus. Weinen Sie sich aus. Setzen Sie sich mit Menschen in Ihrem Leben zusammen, denen Sie vertrauen, die Sie gut kennen und die hinter Ihnen stehen. Wenn Sie eine Situation so erklären, dass jemand, der nicht daran beteiligt ist, verstehen kann, was passiert und was es mit Ihnen macht, können Sie die Situation auch für sich selbst besser einordnen. (Das ist einer der Vorteile der Gesprächstherapie!)

Was denken Sie?

Unsere Gefühle sind eng mit unseren Gedanken verknüpft. Wollen wir uns also darüber klar werden, was wir fühlen, müssen wir uns auch darüber klar werden, was wir denken. Beachten Sie, dass ich *Gedanken* hier als Oberbegriff verwende, der nicht nur einzelne Gedanken, sondern im weiteren Sinne auch unsere Wahrnehmungen, unsere Überzeugungen und unsere Weltanschauung umfasst. Wir alle haben Überzeugungen, die wir im Laufe unseres Lebens verinnerlicht haben, sei es durch unsere Herkunftsfamilie, die größere Gemeinschaft, in der wir leben, oder den Kulturkreis, in dem wir aufgewachsen sind. Einige dieser Überzeugungen verursachen uns Leid, andere sind eine große Stärke.

Nehmen wir an, Sie bemühen sich um eine Aussprache, die nicht so gut verläuft, wie Sie gehofft hatten, und die in Ihnen Gefühle hinterlässt, die jeder Mensch in dieser Situation haben würde: Wut, Traurigkeit, Frustration. Welche Gedanken tauchen neben und in Verbindung mit diesen Gefühlen auf, ob bewusst oder unbewusst? Hier einige Beispiele für selbstzerstörerische oder irrationale Gedanken, denen ich bei meinen Klient*innen häufiger begegne:

- »Das passiert mir jedes Mal. Schon wieder werde ich missverstanden und nicht ernst genommen.«
- »Er/Sie wusste genau, dass ich das Thema ansprechen würde, und hat sich darauf vorbereitet, um mich zu überrumpeln.«
- »Ich muss das mal wieder schlucken, und es wird mir mein Leben lang nachgehen.«
- »Wieder einmal macht ein toxischer Mensch mich unglücklich – *story of my life*.«

- »Die Menschen sind einfach schlecht; als ob ich das nicht schon zur Genüge erfahren hätte.«
- »Also wieder zurück zu ›Start‹. Beim nächsten Mal sitze ich aber am längeren Hebel!«

Gedanken wie diese sind wie dunkle Regenwolken, die über Ihnen hängen und die nur darauf warten, sich über Sie zu ergießen. Sie müssen Sie nicht erst *herbeirufen*. Sie sind das Ergebnis Ihrer Erziehung, Ihrer gesamten Persönlichkeitsstruktur und der Erfahrungen, die Sie im Laufe der Jahre gemacht haben, neben anderen Faktoren. Sie brauchen sich diese Gedanken gar nicht erst durch den Kopf gehen zu lassen oder sie bewusst zu formulieren. Sie sind einfach ungefragt da und helfen maßgeblich dabei, die Situation, in der Sie sich befinden, zu interpretieren. Leider »helfen« sie Ihnen oft auch dabei, sich noch schlechter zu fühlen. Innerhalb der Psychotherapie sprechen wir von irrationalen Überzeugungen oder Glaubenssätzen, also von Gedanken, die nicht unbedingt auf der Realität beruhen, sondern im Laufe der Jahre unserem Gehirn einprogrammiert wurden.

Wenn Sie versuchen, mit jemandem zu einem Abschluss zu kommen, der auf einer irrationalen Überzeugung in Bezug auf sich selbst beruht, dann bringt Ihnen das nur Frustration, Enttäuschung und das Gefühl der Ohnmacht ein. Wenn meine Klient*innen mit irrationalen Überzeugungen zu kämpfen haben, die sich hartnäckig immer wieder einstellen, ihre Wahrnehmung verzerren, ihnen emotionalen Schmerz bereiten und auf andere Weise ihren Seelenfrieden stören, schlage ich ihnen vor, diese Überzeugungen vor ein imaginäres Gericht zu zitieren.

Wie läuft das ab? Denken Sie an eine möglicherweise irrationale Überzeugung, die Sie von sich hegen, während

Sie versuchen, unter etwas einen Schlussstrich zu ziehen. Dann stellen Sie sich vor, wie Sie im Gerichtssaal von der Staatsanwaltschaft in fieser Weise mit einem Ihrer selbstzerstörerischen Glaubenssätze konfrontiert werden – zum Beispiel: »Sie werden niemals bekommen, was Sie sich wünschen«, oder: »Sie werden niemals geliebt werden.« Schließlich heißt es seitens der Verteidigung: »Einspruch! Welche Beweise liegen dafür vor? Hat mein*e Mandant*in etwa noch nie im Leben Liebe erfahren? Hat mein*e Mandant*in etwa in keinem einzigen Fall das bekommen, was er/sie wollte? Entspricht das den Tatsachen? Nein, diese Anschuldigungen sind nicht haltbar. Dabei handelt es sich um irrationale Überzeugungen!«

Nehmen Sie sich einen Moment Zeit und betrachten Sie Ihre selbstzerstörerische Überzeugung aus dieser Perspektive. Ist sie wirklich immer absolut wahr? Und die noch wichtigere Frage lautet: Ist es denkbar, dass sie nicht immer wahr sein *muss*?

An dieser Stelle ergreift die oder der Vorsitzende das Wort: »Da keine Beweise vorliegen, wird die Klage abgewiesen. Die Sitzung ist geschlossen.«

Lassen Sie dabei den Spaß nicht zu kurz kommen, aber nehmen Sie sich die Zeit, die Fragen der Verteidigung vollständig zu beantworten. Was genau *sind* die Beweise? Ist es möglich, dass das Wörtchen *manchmal* zutreffender wäre als *immer* oder *nie*? Und ist es denkbar, dass Sie diesen Teufelskreis mit etwas persönlichem Einsatz durchbrechen können?

Wenn Ihr Verlangen nach einem Abschluss auf einer irrationalen Überzeugung wie den oben genannten beruht, sollten Sie sich im nächsten Schritt fragen: Was hoffe ich durch den Abschluss zu erreichen? Geht es mir dabei darum, mir eine irrationale Überzeugung bestätigen oder widerlegen zu lassen? Wenn dem so ist, erwarten Sie im Grunde von einem anderen Menschen, dass er Sie von Ihrer eigenen Selbstkritik freispricht. Und das bedeutet vermutlich, dass Sie sich selbst dem Gefühl der Ohnmacht ausliefern, auf inneres Wachstum verzichten und weiter leiden werden.

Nach den Erfahrungen, die ich in der Arbeit mit meinen Klient*innen gemacht habe, sind unsere Gedanken allzu oft kritisch, wertend und auf das Schlechte konzentriert anstatt auf das Gute. Aber unsere Überzeugungen und unsere Art wahrzunehmen, muss nicht zwangsläufig negativ sein. Wir haben auch Gedanken, die uns Mut machen, mit denen wir uns selbst bestätigen, die uns helfen, die positive Seite zu sehen, und die uns das Glas als halb voll statt als halb leer betrachten und nach vorne blicken lassen. Ja, diese Überzeugungen, die auch als rationale Überzeugungen bezeichnet werden, können uns helfen, einen Schlussstrich zu ziehen und ein Gefühl der Zufriedenheit zu verspüren oder – falls das nicht möglich ist – zumindest der Akzeptanz und Zuversicht.

Die Kraft des rationalen Verstandes

Was sollen wir also tun, um für uns selbst einen Abschluss zu finden, wenn wir uns nicht auf unsere eigenen Gedanken und Gefühle verlassen können? Zunächst einmal: Sie *sind* nicht Ihre Gefühle, es sind nur Gefühle, die Sie *haben*. Sie *sind* nicht Ihre Gedanken, es sind nur Gedanken, die Sie *haben*. Worauf Sie sich aber verlassen können, das ist Ihr rationaler Verstand!

Der rationale Verstand ist ein Konzept, das in verschiedenen Geistestraditionen Anwendung findet, vom Buddhismus bis zur westlichen Psychologie. Ich lernte es während meines Studiums der rational-emotionalen Verhaltenstherapie (REBT) am Albert Ellis Institute in New York kennen. Man kann sich den rationalen Verstand als etwas vorstellen, das über Ihren Gedanken und Gefühlen schwebt und Ihnen hilft, beides zu sortieren. Der rationale Verstand ermöglicht es Ihnen, die Gefühle, die Sie erfahren, als solche zu erkennen und zu benennen: Wut, Traurigkeit, Angst. Er hilft Ihnen zu erkennen, dass die Gedanken die Ursache für die Gefühle sind, die Sie empfinden: Dieser Gedanke führt zu diesem Gefühl. Der rationale Verstand hilft Ihnen zu beurteilen, ob diese Gedanken realistisch und konstruktiv sind, ob sie Ihr Selbstwertgefühl stärken, ob sie Ihnen helfen, wohlwollend mit sich selbst umzugehen – oder ob sie nur dazu dienen, sich selbst schlecht zu machen, in eine Opferhaltung zu verfallen und den Teufel an die Wand zu malen.

Der rationale Verstand kann Ihnen letztlich auch dabei helfen, zu erkennen, wo jemand im Recht war oder wo Ihre Art zu reagieren – und auch Ihr Bedürfnis nach einer abschließenden Klärung – auf einer falschen Wahrnehmung der Situation oder irrationalen Überzeugungen beruhte. Der rationale Verstand kann Ihnen ebenfalls helfen zu erkennen, dass Sie – auch wenn es nicht in der erhofften Weise geschah – doch eine Lösung für sich gefunden haben, und sei es auch nur, weil Sie in der Lage waren, Ihre Gefühle zum Ausdruck zu bringen, unabhängig davon, wie Ihr Gegenüber reagiert hat. Und vielleicht führt Sie Ihr rationaler Verstand zu der Einsicht, dass es nicht möglich war, eine Klärung herbeizuführen, und dass es an der Zeit ist, mit Ihrem Leben auf andere Art und Weise fortzufahren.

Der rationale Verstand führt uns nicht immer zu der Lösung, die uns am liebsten wäre. Aber er kann uns davor bewahren, in Wut, Groll und Hass zu versinken.

Übung: Den rationalen Verstand einsetzen

Wie setzen Sie den rationalen Verstand ein? Ziehen Sie sich zunächst an einen ruhigen Ort zurück, an dem Sie sich ohne Ablenkung auf Ihre Gedanken und Gefühle konzentrieren können. Atmen Sie ein paarmal tief durch. Das ist ein guter Weg, um den rationalen Verstand zu wecken, denn es hilft Ihnen, Ihre Gefühle und verworrenen Gedanken zu beruhigen und in einen mentalen Raum einzutreten, in dem Sie besser mit ihnen umgehen können. Stellen Sie sich dann vor, wie Sie außerhalb Ihrer selbst stehen und diese Person beobachten, die versucht, sich aus dem Sumpf der verworrenen Gedanken und Gefühle herauszuziehen. Stellen Sie sich dabei Fragen wie diese:

- Was fühle ich? Benennen Sie Ihre Gefühle.
- Was denke ich über das, was vorgefallen ist?
- Wie hängen diese Gedanken mit jedem dieser Gefühle zusammen?
- Hege ich rationale Überzeugungen über meinen Platz in der Welt, die mein seelisches Wohlbefinden unterstützen?
- Hege ich irrationale Überzeugungen über meinen Platz in der Welt, die mir infolgedessen meinen Seelenfrieden rauben?
- Und schließlich: Wenn dies keine rationalen, realistischen Einschätzungen der Situation sind, ist es dann so, dass sich in schwierigen Situationen immer wieder die gleichen Gedanken und Gefühle in mir einstellen?

Wenn Sie für sich keinen Abschluss finden konnten

Wie schon gesagt, mögen Menschen keine offengebliebenen Fragen. Und wenn wir vergeblich versuchen, einen Schlussstrich zu ziehen, hinterlässt das in uns eine ganze Reihe neuer offener Fragen: »Wie konnte er das nur sagen?«, »Wie konnte sie das nur tun?«, »Was denken sie sich nur dabei?« Das kann schwer auszuhalten sein. So schwer, dass es Sie vielleicht dazu drängt, einen weiteren Klärungsversuch zu unternehmen.

Es liegt in der menschlichen Natur, das letzte Wort haben zu wollen. Wir hatten alle schon Momente, in denen es uns so erging, in denen wir uns in Gedanken unsere Sätze zurechtgelegt haben. Wenn Sie an Ihr Klärungsgespräch zurückdenken, fallen Ihnen vielleicht die Stellen ein, wo Sie unvorsichtig waren, oder Dinge, die Sie hätten sagen sollen, wozu es Ihnen in dem Moment aber an der nötigen Geistesgegenwart fehlte. Aber hüten Sie sich vor der kleinen Stimme in Ihrem Hinterkopf, die Ihnen zuraunt: »Jetzt weiß ich, was ich *wirklich* hätte sagen sollen: ein paar deutliche Worte, um diese Person in die Schranken zu weisen«, oder: »etwas Nettes, um meine Gefühle besser zum Ausdruck zu bringen.«

Falls es Ihnen auch so ergeht, ist es nicht nötig, sich deswegen zu geißeln. Das ist eine ganz normale Reaktion. Aber diesem Impuls zu folgen, führt normalerweise nicht zu einer befriedigenden Lösung. Wenn Sie sich dabei ertappen, dass Sie sich eine Strategie zurechtlegen, wie Sie das letzte Wort haben können, geraten Sie dabei möglicherweise in eine Falle. Mit diesem Vorgehen laufen Sie Gefahr:

- recht haben zu wollen, während auch Ihr Gegenüber darauf beharrt, im Recht zu sein. Das ist eine Situation, in der beide Seiten nur verlieren können und durch die höchstwahrscheinlich all die unangenehmen Gefühle weiter in Ihnen brodeln;
- recht behalten zu wollen, vielleicht ohne bereit zu sein, auch die andere Seite zu sehen. Vielleicht müssen Sie etwas über sich selbst lernen; aber möglicherweise ist zwischen Ihnen so viel vorgefallen, dass Sie über den Punkt hinaus sind, zu einem gegenseitigen Verständnis

zu kommen, das für Sie beide zu einer Weiterentwicklung führen könnte;

- sich in vergeblichen Versuchen zu verstricken, kontrollieren zu wollen, wie Ihr Gegenüber während der Aussprache reagiert, mit dem Resultat, dass Sie es beim nächsten Mal »richtig« machen wollen – als ob Sie Macht über die Reaktionen eines anderen Menschen hätten;
- einem Konkurrenzkampf Tür und Tor zu öffnen, in dem Sie sich am Ende möglicherweise mit Anfeindungen und Rachegelüsten gegenseitig überbieten. Wollen Sie dieses Gift wirklich in Ihrem Leben haben?

Nichts davon wird Sie dem Ziel näher bringen, auf gesunde Weise einen endgültigen Schlussstrich zu ziehen. Stattdessen bleiben Sie in einem Teufelskreis gefangen, in dem Sie wieder und wieder versuchen, »doch noch« mit etwas abzuschließen (und dann *noch* einmal, falls Sie erneut damit scheitern sollten).

Ähnliche Gedankengänge quälen uns oft im Rückblick darauf, wie eine Aussprache verlaufen ist. Unabhängig davon, ob das Gespräch insgesamt gut gelaufen ist oder nicht, hat es sich wahrscheinlich nicht nach Drehbuch abgespielt – da es ja auch kein Film war, sondern das echte Leben. Vor allem dann, wenn es nicht den gewünschten Ausgang hatte, werden Sie vielleicht von nagenden Zweifeln geplagt, ob Sie nicht etwas anderes sagen oder sich anders hätten verhalten sollen und so zu einem anderen Ergebnis gekommen wären.

Haben Sie gesagt, was zu sagen war, um auf dieser Basis zu einer Einigung kommen zu können? Hat Ihr Gegenüber Sie verstanden? Hat es so reagiert, wie Sie es sich erhofft haben? Hat es auf eine andere Art und Weise reagiert, die Sie ebenfalls für möglich gehalten hatten?

Wenn Sie die erste Frage mit »Ja« beantworten können – also sagen konnten, was Sie zu sagen hatten –, dann haben Sie Ihr Bestes getan. Wie Ihr Gegenüber reagiert, liegt nicht in Ihrer Hand. Legen Sie also die quälenden Zweifel ab und wenden Sie sich wieder anderen Dingen zu.

Wie geht es weiter mit Ihrer Beziehung zu der anderen Person?

Unabhängig davon, ob Sie das Gefühl haben, für sich einen Abschluss gefunden zu haben oder nicht, wird eine Aussprache eine Auswirkung auf Ihre Beziehung zu der betreffenden Person haben. Diese Auswirkung könnte auch darin bestehen, die Beziehung zu beenden, so schwer Ihnen das auch fallen mag. Wenn Sie die Beziehung fortsetzen, bringt das eine Reihe anderer Herausforderungen mit sich. Vielleicht brauchen Sie Zeit, um die Veränderungen, die Sie gemeinsam beschlossen haben, behutsam umzusetzen und sich gegenseitig den nötigen Freiraum dafür zu geben.

Innerhalb einer Freundschaft oder Partnerschaft ist der Weg der klärenden Aussprache besonders schwer zu beschreiten. Sie müssen beide eine Entscheidung darüber treffen, was zu tun ist, um die eigenen Gefühle, aber auch die Beziehung zu schützen. Aber hier stehen Ihnen immerhin Möglichkeiten offen.

In anderen Arten von Beziehung sind die Möglichkeiten eventuell begrenzter. Am Arbeitsplatz haben Sie, sofern Sie nicht gekündigt haben, möglicherweise weiterhin mit der Person zu tun, mit der Sie, vielleicht erfolglos, eine klärende Aussprache gesucht haben. Und es ist zu hoffen, dass Sie einen Weg gefunden haben, wie Sie in Zukunft miteinander umgehen können. Auch Familienangehörige gehören weiterhin zu Ihrer Familie, nichts wird daran etwas ändern. Wenn Sie sich dazu entschließen, den Kontakt abzubrechen – und manchmal ist dies in einer ungesunden Familiendynamik unumgänglich –, wird sich dadurch die Art Ihrer Beziehung verändern. Aber da es vermutlich gemeinsame Verwandte gibt, können Sie die Begegnungen nicht ganz vermeiden. Falls Sie den Kontakt nicht abbrechen, müssen Sie wiederum gemeinsam einen Weg finden, um weiterhin miteinander auszukommen.

Die Dynamik zwischenmenschlicher Beziehungen lässt sich nicht über Nacht verändern. Es ist ein langsamer Prozess, der sich Tag für Tag in kleinen Schritten vollzieht und immer wieder neu versucht werden will, während Sie Ihren ursprünglichen Intentionen treu bleiben (ja, schon wieder die besagte »Intentionalität«). Und denken Sie daran: Seien Sie geduldig und mitfühlend, mit sich selbst und mit der anderen Person.

Wie geht es der anderen Person damit?

Wenn wir uns um eine abschließende Klärung bemühen, erreichen wir damit manchmal zu viel des Guten. Vielleicht ging es Ihnen darum, dass die andere Person ihren Fehler eingesteht und sich bei Ihnen entschuldigt, aber Sie wollten sie nicht völlig aufgelöst nach Worten ringen oder um Vergebung betteln sehen.

Wenn das passiert, hinterlässt die Aussprache in Ihnen vielleicht ein tief sitzendes Gefühl von Schuld und Scham. Als Erstes denkt man dabei wohl an die Beendigung einer Liebesbeziehung, aber dergleichen kann auch in ganz anderen Situationen vorkommen: etwa, wenn Sie eine

Freundschaft beenden, weil die andere Person zu sehr mit sich selbst beschäftigt ist, und dann feststellen, dass ihr die Beziehung wichtiger war, als Sie dachten; oder wenn Sie einem Kollegen mitteilen, dass Sie nicht mehr für ihn geradestehen werden, und dann erfahren, dass er sich in der Probezeit befindet und seinen Job unbedingt behalten will.

Achten Sie darauf, was Schuldgefühle und Scham in Ihnen bewirken. Der Versuch, sich von diesen Gefühlen zu befreien, kann Sie geradewegs in die ursprüngliche Beziehungsproblematik zurückwerfen, und der Wunsch, es bei der anderen Person »wiedergutzumachen«, endet möglicherweise in derselben ungesunden Form von Interaktion, die überhaupt erst das Bedürfnis nach einem Schlussstrich hervorgerufen hat. Es ist, als würden Sie sich selbst noch mehr bestrafen, um die Scham und die Schuldgefühle loszuwerden, und auf diese Weise vom Regen in die Traufe geraten.

Bedienen Sie sich hier also Ihres rationalen Verstandes. Schauen Sie sich Ihre Schuldgefühle und ihre Scham an sowie die Gedanken und Vorstellungen, die in Ihnen auftauchen. Stellen Sie sich vor, wie Sie einem Freund oder einer Freundin in einer ähnlichen Situation helfen könnten, was Sie ihm oder ihr nahelegen würden, welchen Rat Sie geben könnten. Und überlegen Sie, wie ein mitfühlender Umgang mit der Situation aussehen könnte – mitfühlend gegenüber sich selbst und gegenüber der anderen Person.

Vielleicht kommen Sie zu der Einschätzung, dass ein kurzer Anruf oder ein paar Zeilen wie »Ich hoffe, es geht dir gut« oder »Ich wünsche Ihnen alles Gute« unter diesen Umständen am ehesten angebracht sind. Sie könnten die andere Person auch ermutigen, sich woanders die Unterstützung zu holen, die Sie ihr selbst nicht bieten können, ohne Ihr eigenes seelisches Wohlbefinden aufs Spiel zu setzen. Bedenken Sie jedoch, dass es oft *nicht* die beste Idee ist, die Beziehung wieder aufzunehmen, nachdem Sie mit einem Menschen einen Schlusspunkt gesetzt haben, es sei denn, dieser Schlusspunkt hat den Weg für eine Verbesserung oder sogar Vertiefung Ihrer Beziehung bereitet. Wenn ein Schlussstrich bedeutet, eine Tür zu schließen, ist es *nicht* ratsam, sich erneut so weit einzulassen, dass Sie riskieren, alte Dinge wieder aufzurühren. In diesem Fall besteht die Anteilnahme manchmal darin, der anderen Person die Freiheit zu lassen, ihre eigenen Gefühle zu empfinden, sich auf ihre eigenen Kräfte und Ressourcen zu besinnen, ohne sich einzumischen und zu versuchen, die Probleme für sie zu lösen, was letztlich beide nicht weiterbringt.

Halten Sie Ausschau nach der Lektion

Wenn Sie eine emotional tiefgehende Erfahrung machen, so liegt darin ein Geschenk, auch wenn es zu diesem Zeitpunkt vielleicht nicht so aussieht. Und zwar besteht das Geschenk in einer Lektion. Wenn Sie bereit sind, sie zu lernen, erfahren Sie etwas darüber, wie Sie selbst denken, fühlen und sich verhalten. Sie lernen, welche Ihrer emotionalen Knöpfe von anderen Menschen und durch bestimmte Situationen leicht gedrückt werden können. Sie erfahren mehr darüber, was Sie im Leben wollen und nicht wollen, und auch darüber, was Sie sich von den Menschen, die Sie in Ihr Leben lassen, wünschen und nicht wünschen. Sie lernen, was Sie tun und was Sie nicht tun sollten, um zu bekommen, was Sie sich wünschen. Und Sie erfahren, was Sie, im Guten wie im Schlechten, von anderen Menschen erwarten können und nicht erwarten können.

Auch die Tatsache an sich, einen Schlussstrich ziehen zu

wollen, kann lehrreich sein. Sie erfahren, warum Sie an diesem Punkt sind und was Sie in diese Lage gebracht hat; was Sie selbst zu der Situation beigetragen haben und was die andere Person dazu beigetragen hat.

Das mögen schmerzhafte Lehren sein, aber es sind wertvolle Lehren. Das Leben bietet Ihnen eine weitere Gelegenheit zu wachsen.

Übung: Werfen Sie einen Blick auf Ihre rationalen Überzeugungen

In diesem Kapitel war die Rede von irrationalen Überzeugungen. Ebenso aber auch von rationalen Überzeugungen. Wie wäre es also, wenn Sie sich etwas Zeit nehmen, um sich Ihre rationalen Überzeugungen genauer anzusehen? Nur zur Erinnerung: Rationale Überzeugungen sind solche Überzeugungen über sich selbst und Ihren Platz in der Welt, die Ihnen nützen und Ihr seelisches Wohlbefinden fördern. Rationale Überzeugungen führen also zu vernünftigen, emotional gesunden Gedanken, die Sie wiederum in die Lage versetzen, auf sinnvolle und gesunde Weise einen Schlussstrich zu ziehen.
Sie sind sich nicht sicher, was Ihre rationalen Überzeugungen sind? Hier einige Fragen, die Sie sich dazu stellen können:

- Wenn ich mir mein bestes Selbst vorstelle, wie sieht es dann für mich aus?
- Auf welche Weise trage ich als mein bestes Selbst zur Welt um mich herum bei? Zu Hause? Am Arbeitsplatz? Im Freundes- und Bekanntenkreis?
- Wie fühle ich mich, wenn ich aus meinem besten Selbst heraus handele? Woher weiß ich, dass es so ist?
- Wie reagieren andere Menschen auf mich und wie gehen sie mit mir um, wenn ich mich von meiner besten Seite zeige?
- Auf welche Weise nütze ich den Menschen in meinem Leben? Und woran erkenne ich das?

- Wenn ich das Gefühl habe, mein bestes Selbst zu sein, welche Gedanken habe ich dann, die zu diesem Gefühl beitragen?
- Und was sind die Überzeugungen, die hinter diesen Gedanken stehen?

Nehmen Sie sich etwas Zeit und erstellen Sie eine Liste Ihrer rationalen Überzeugungen. Diese sind die Leitprinzipien in Ihrem Leben, die grundlegende Orientierung, wer Sie in der Welt sein und wie Sie von anderen behandelt werden wollen.
Um Ihnen die Aufgabe zu erleichtern, hier einige Beispiele für rationale Überzeugungen, wie sie sich unter anderen bei meinen Klient*innen finden:

- Die Welt ist ein sicherer Ort.
- Manchmal spielt das Leben so, wie ich es will, manchmal nicht, aber ich bin nicht zum Scheitern und Unglücklichsein verurteilt.
- Ich bin freundlich zu anderen Menschen und verdiene umgekehrt die gleiche Behandlung.
- Es ist mein Recht, um das zu bitten, was ich brauche.
- Manche Menschen werden mich mögen, andere nicht, aber ich bin trotzdem ein liebenswerter Mensch.
- Ich werde nicht immer von anderen verstanden werden, und vielleicht werde ich auch andere nicht immer verstehen.
- Ich habe keine Kontrolle darüber, wie andere Menschen denken, fühlen oder sich verhalten.

Halten Sie Ihre Liste griffbereit. Ergänzen Sie sie, wenn Sie weitere rationale Überzeugungen in sich entdecken. Nehmen Sie diese Liste zur Hand, wenn Sie sich in einer Situation befinden, in der Sie das Bedürfnis verspüren, für sich einen Schlussstrich zu ziehen, und dabei sind, Ihre Intentionen zu formulieren beziehungsweise zu hinterfragen.

Abschließende Überlegung: Segen und Fluch des Rückschauhaltens

Es liegt in der menschlichen Natur, viel Zeit – und oft zu viel Zeit – damit zu verbringen, in den Rückspiegel des Lebens zu schauen. Mit Erinnerungen, Bewertungen, Kommentaren. Vielleicht spielen wir dabei auch immer wieder durch, wie wir uns verhalten und was wir sagen würden, wenn es uns möglich wäre, die Zeit noch einmal zurückzudrehen. Wenn Sie also eine Bewertung vornehmen, wie Ihr Versuch, einen Schlussstrich zu ziehen, verlaufen ist, denken Sie daran: Sie können viel aus diesem Rückblick lernen, wenn Sie in der Lage sind, die Vergangenheit mit größerer Objektivität zu betrachten und daraus Lehren für die Zukunft zu ziehen. Aber leider führt diese Rückschau nur zu oft dazu, dass wir uns selbst verurteilen und uns noch schlechter fühlen.

Es ist Ihnen zu wünschen, dass Sie bei Ihrem Versuch, mit etwas abzuschließen, das erhoffte ideale Resultat erzielen konnten. Aber vielleicht war das Ergebnis alles andere als ideal und hat Ihre Fragen zwar beantwortet, aber auf eine Art und Weise, die Sie traurig oder wütend gemacht hat. Und vielleicht konnten Sie für sich auch gar keinen Abschluss finden.

Meinen Klient*innen sage ich oft: Wir tun mit dem Wissen und den Ressourcen, einschließlich unserer inneren Ressourcen, die uns zu einem bestimmten Zeitpunkt zur Verfügung stehen, stets unser Bestes. Was Sie in der Gegenwart einzubringen haben, stand Ihnen vielleicht noch nicht zur Verfügung, als Sie versucht haben, für sich einen Abschluss zu finden. Vielmehr war es vielleicht gerade der damalige Versuch, aus dem Sie das Nötige gelernt haben und der Ihnen dabei geholfen hat, sich selbst besser zu verstehen. Auch hier gilt: Sie haben damals Ihr Bestes getan, und wenn es mit einer klaren Zielsetzung und in Aufrichtigkeit geschah, haben Sie es wahrscheinlich sogar ziemlich gut gemacht. Wir alle sind auf dem Weg und bewegen uns dabei oft auf dem schmalen Grat zwischen Hoffnung und Verzweiflung. Seien Sie also etwas nachsichtig mit sich selbst.

TEIL IV

WENN WIR NICHT DEN ABSCHLUSS ERREICHEN, DEN WIR UNS WÜNSCHEN

KAPITEL 11

WANN ES ZEIT IST WEITERZUGEHEN

Ich hoffe, dass die Techniken, die wir in Teil III behandelt haben, Ihnen helfen werden, auf gesunde und konstruktive Weise den Schlussstrich zu ziehen, den Sie sich wünschen. Hoffentlich kommt es zu einem offenen Gespräch mit einer klaren Zielsetzung, das für Sie eine Klärung herbeiführt, sodass Sie Ihr Leben in Frieden fortsetzen können. Wie ich jedoch in diesem Buch immer wieder betont habe, ist uns ein solcher Abschluss nicht immer möglich, und zwar aus einer ganzen Reihe von Gründen.

Und das bedeutet, dass Sie sich manchmal die Frage stellen müssen: Ist es an der Zeit, im Leben weiterzugehen, *ohne* den Schlussstrich ziehen zu können, den ich mir wünsche?

Nun denken Sie vielleicht: »Zuerst erklärst du mir ausführlich, warum ich einen Schlussstrich ziehen will und wie mir das gelingen kann – und jetzt heißt es, ich soll mir die Sache aus dem Kopf schlagen?«

Ja, manchmal jedenfalls.

Das mag hart klingen, was aber bestimmt nicht in meiner Absicht liegt. Wenn Sie sich jedoch auf etwas versteifen, das unerreichbar bleibt, sich unaufhörlich damit beschäftigen und zulassen, dass es eine übergroße Rolle in Ihrem Leben spielt, ist das ein sicherer Weg, um sich unglücklich zu machen. Auf einem Abschluss zu bestehen, wenn dieser nicht in Sicht ist, bedeutet im Grunde, das Unmögliche erzwingen zu wollen und darauf zu warten, dass eine andere Person oder fremde Macht Ihnen die Heilung bringt, die

Sie für sich brauchen – und so lange im Unglück zu verharren, bis das geschieht.

Aber wie im 2. Kapitel bereits erwähnt, gibt es eine Alternative zum Abschluss, und die heißt Akzeptanz. Während ein Abschluss Fragen beantwortet und Unklarheiten ausräumt, besteht Akzeptanz darin, die Dinge ... nun ... so zu *akzeptieren*, wie sie sind, und trotzdem den eigenen Weg weiterzugehen. Auf dem Weg der Akzeptanz wird sich vielleicht nie ein positives Gefühl von Endgültigkeit oder das Verständnis dafür einstellen, *warum* bestimmte Dinge so verlaufen sind, wie sie verlaufen sind – und dennoch beschließen Sie, die Sache loszulassen, sie nicht weiter zu verfolgen und sich darauf zu konzentrieren, Ihr Leben weiterzuführen. Das klingt nicht so toll, wie alles in ein hübsches Paket mit einer Schleife obendrauf zu packen, aber wenn ein echter Abschluss – wie so oft – unmöglich ist, dann ist Akzeptanz in der Regel der beste Weg.

Bislang ging es in diesem Buch vor allem um die Vorzüge beziehungsweise Risiken, die es in emotionaler Hinsicht mit sich bringt, für sich einen Abschluss zu suchen und zu finden oder ihn nicht zu finden. Im vierten Teil werden wir eine neue Richtung einschlagen, indem wir uns der Frage zuwenden, was zu tun ist, wenn Sie keinen Abschluss erreichen oder erreichen können. In diesem Kapitel geht es zunächst um die Überlegung, wann es an der Zeit ist, die Dinge auf sich beruhen zu lassen, und warum.

Geben Sie auf Ihr seelisches Wohlbefinden acht

Die Entscheidung, sich in einer bestimmten Situation nicht weiter um eine abschließende Klärung zu bemühen, zählt zu den schwierigsten, die ich meine Klient*innen treffen sehe. Wir alle wissen, wie schwierig dies ist, und zwar aus all den verschiedenen Gründen, die ich in Teil II genannt habe. Wir wollen uns im Recht wissen. Wir wollen, dass man uns vergibt oder selbst vergeben können. Wir wollen die Kontrolle behalten. Wir wollen, dass die andere Person erfährt, wie wütend oder verletzt wir sind. Und so weiter. Wenn aber das vergebliche Bemühen um einen Abschluss unser gesamtes Wohlbefinden beeinträchtigt, kann es den Versuch wert sein, die Sache auf sich beruhen zu lassen.

»Auf sich beruhen lassen?«, werden Sie vielleicht fragen. »Das heißt, ich soll darauf verzichten, für mich einen Schlussstrich zu ziehen?«

Lassen Sie mich auf diese Frage mit ein paar Gegenfragen antworten: Wie viel Wert legen Sie auf Ihre seelische Gesundheit? Auf Ihr Selbstwertgefühl? Ihre Lebensqualität? Mit anderen Worten, wie viel Wert legen Sie auf Ihr Wohlbefinden? Ich vermute, dass Sie an einem beliebigen Tag sagen würden, dass Sie großen Wert auf all das legen. Ja, gewiss! Wenn ich mir jedoch ansehe, wie sehr meine Klient*innen leiden, weil sie ihr Verlangen nach einem Schlussstrich nicht loslassen können oder wollen, frage ich mich, ob dem wirklich so ist.

Wenn ich einem Klienten oder einer Klientin erstmals Fragen wie diese stelle, erhalte ich vielleicht nicht viel mehr als ein Achselzucken als Antwort. Mit der Zeit bekommt die Frage, ob das Beharren auf einem Schlussstrich das seelische Wohlbefinden gefährdet, jedoch oft eine neue Bedeutung.

Wahrscheinlich sind Sie sich mehr oder weniger der Tatsache bewusst, dass Körper, Geist und Seele zusammenwirken. Ihr seelisches Wohlbefinden hat Auswirkungen auf Ihr körperliches Wohlbefinden und umgekehrt. Nach einem stressigen Arbeitstag bekommen Sie vielleicht Kopfschmerzen oder einen Hautausschlag. Wenn Sie dagegen ein Ziel erreichen, auf das Sie hingearbeitet haben, und deswegen stolz und glücklich sind, werden Sie vielleicht in der folgenden Nacht gut schlafen. Und wenn Sie eine Reihe von Enttäuschungen erleben – zum Beispiel, wenn Sie immer wieder versuchen, mit etwas zum Abschluss zu kommen, und damit jedes Mal scheitern –, dann kann es sein, dass Ihre Stimmung in den Keller geht, dass Sie jeden Antrieb verlieren und das Gefühl haben, dass Ihr Leben ein einziger Scherbenhaufen ist.

Als Therapeut kümmere ich mich vorrangig um Gefühle, aber ich sehe auch, welche Auswirkungen die emotionale Verfassung meiner Klient*innen auf andere Bereiche ihres Lebens hat. Im Laufe der Zeit kann ein unerfülltes Bedürfnis nach einem Abschluss unser seelisches und damit auch unser allgemeines Wohlbefinden erheblich beeinträchtigen. Deshalb ist es so wichtig, einschätzen zu lernen, wann es an der Zeit ist, das Verlangen nach einem Schlussstrich aufzugeben und sich stattdessen in Akzeptanz zu üben.

Schauen wir uns also einige der wichtigsten Anzeichen dafür an, dass es an der Zeit ist, sich im Interesse Ihres eigenen Wohlbefindens von einem Abschluss zu verabschieden.

Der Abschluss ist zu einer Frage von »alles oder nichts« geworden

Ein Anzeichen dafür, dass Ihre Versuche, einen Schlussstrich zu ziehen, ungesunde Formen annehmen, ist es, wenn Sie begonnen haben, darin etwas zu sehen, von dem für Sie alles abhängt, und das Gefühl haben, dass Ihr ganzes Leben nicht mehr funktioniert, wenn Sie nicht genau das bekommen, wonach Sie suchen.

»Wenn ich damit keinen Abschluss finde, dann werde ich …« Am häufigsten höre ich meine Klient*innen diesen Satz mit den folgenden Worten beenden: »… am Boden zerstört sein«, »... mich nie mehr davon erholen«, »... mich wie ein*e Versager*in fühlen«, »... nie mehr zur Ruhe kommen«, »... einfach sterben.« Wenn das Verlangen nach einem Abschluss in so extremer Form beschrieben wird, wobei es nur die Alternative gibt, zu bekommen, was man will, oder einen totalen emotionalen Zusammenbruch zu erleiden, läuten bei mir die Alarmglocken. Offenbar sind die Betroffenen so sehr darauf fixiert, einen Schlussstrich ziehen zu können, dass sie bereit sind, ihr seelisches Wohlbefinden für etwas aufs Spiel zu setzen, das möglicherweise unerreichbar ist.

Ihr Verstand mag alle möglichen Gründe dafür ins Feld führen, warum Sie für sich einen Schlussstrich ziehen müssen: Sie haben genug gelitten, Sie haben es verdient und so weiter. Das mag ja alles wahr sein; aber wenn Sie von der Welt, dem Universum oder von Gott verlangen, Ihnen das zu geben, was Sie unbedingt haben *müssen*, dann können Sie damit nur scheitern. Allzu oft fällt dieses »Entweder-oder« im Sinne des »oder« aus. Und was dann?

Die Wahrheit ist, dass Ihr Leben nicht zu Ende sein wird, wenn Sie nicht den Abschluss bekommen, den Sie sich wünschen. Wenn Sie aber das Gefühl haben, dass es so sein wird, ist das ein Signal, etwas Abstand zu gewinnen und zu überlegen, ob es an der Zeit ist weiterzugehen.

Wir können an nichts anderes mehr denken

Im Bereich der Psychotherapie ist viel vom Grübeln die Rede. Grübeln bedeutet, sich immer und immer wieder über etwas den Kopf zu zerbrechen, und zwar in einem Ausmaß, das längst nicht mehr gesund oder produktiv ist, indem man etwas aus allen möglichen Blickwinkeln analysiert und sich ausmalt, was man hätte anders sagen oder tun können und wie anders die Dinge dann möglicherweise verlaufen wären. Häufig bedeutet das auch, immer wieder in Gedanken ein künftiges Gespräch (oder eine Auseinandersetzung) durchzuspielen, sich auszumalen, was man sagen wird, und sich alle Gegenargumente zurechtzulegen, bis hin zu der entscheidenden Aussage, die alles auf den Punkt bringt. Jede freie und nicht freie Minute wird damit verbracht, in der Fantasie den großen Moment vorwegzunehmen, der den Schlusspunkt setzt, den man sich wünscht, den man braucht und den man verdient hat.

Wenn wir derart auf etwas fixiert sind, scheint alles, was uns begegnet, weitere Erinnerungen und weitere Gedanken an das Objekt unserer Fixierung samt aller damit verbundenen Gefühle auszulösen. Wir sind in einem Labyrinth gefangen, und jede Abzweigung scheint uns in dieselbe Sackgasse zurückzuführen. Ein Schlussstrich kann sich da wie der einzige Ausweg anfühlen. Wie unsere einzige Rettung. Gelingt es uns aber nicht, diesen Schlussstrich zu ziehen, fallen wir wieder in das zwanghafte Grübeln zurück. Kein Vorankommen, keine wirkliche Genugtuung, keine Freude. Nicht, solange wir nicht endlich …

Sollten Sie sich in diesem Geisteszustand befinden, ist es höchste Zeit, einen anderen Ausweg aus dem Labyrinth zu suchen.

Wir können über nichts anderes mehr reden

Wenn wir zwanghaft über einen Schlussstrich nachdenken, ist die Wahrscheinlichkeit groß, dass wir auch in zwanghafter Weise darüber reden. Jedem Menschen, der lange genug stillhält, um uns zuzuhören, erzählen wir dieselbe Geschichte. Die Geschichte über das, was uns widerfahren ist, wie wir versucht haben oder versuchen werden, für uns einen Abschluss zu finden. Vielleicht sind wir auf der Suche nach Anteilnahme (»Ist es dir nicht auch schon so ergangen?«). Vielleicht sind wir auf der Suche nach Mitgefühl (»Kannst du mich da verstehen?«). Vielleicht sind wir auch auf der Suche nach einem Rat (»Was würdest du an meiner Stelle tun?«). Um was immer es uns dabei geht, wir können einfach nicht aufhören, über die Angelegenheit zu reden. Wir sind verbittert. Wir ziehen uns selbst herunter. Wir ziehen andere herunter. Der Schlussstrich ist zu unserem einzigen Lebensinhalt geworden.

Mir kommt dabei ein Klient in den Sinn, der bei einem Spaziergang in der Abenddämmerung von einem Taxifahrer angefahren wurde. Um an den langsam vor ihm gehenden Fußgängern vorbeizukommen, war er vom Gehweg auf die Straße getreten und flog plötzlich durch die Luft. Er brach sich mehrere Knochen, und seine Verletzungen erforderten den Einsatz von Klammern und Schrauben sowie eine Menge Physiotherapie. Bei jedem unserer Gespräche wollte dieser Klient über den Taxifahrer sprechen, der nicht genug aufgepasst hatte, von dem er meinte, er habe sein Leben ruiniert, und dessen einzige Sorge es war, für den Unfall nicht verantwortlich gemacht zu werden. Mein Klient wollte eine Entschuldigung. Wenn es nach ihm ginge, sollte der Taxifahrer seit dem Unfall keinen ruhigen Moment mehr haben. Er wollte mehr Schmerzensgeld. Er wollte die Angelegenheit allein zu seinen Bedingungen geregelt wissen. Von ihm gingen so viel Wut und Verbitterung aus, dass seine Freunde anfingen, ihn zu meiden. Der Unfall wurde zum Dreh- und Angelpunkt seines Lebens, und er war zutiefst unglücklich.

Gewiss waren diese Gefühle verständlich. Aber brachte ihn sein Verlangen nach einem Abschluss tatsächlich dem inneren Frieden und der Zufriedenheit näher, oder trieb es ihn weiter davon weg?

Wir versinken im Zorn

Zorn und Wut sind ganz normale menschliche Gefühlsregungen. Wenn uns jemand in irgendeiner Weise Leid zufügt, empfinden wir Wut, und das ist nicht immer etwas Schlechtes. Problematisch wird es, wenn sich die Wut in unserem Geist festsetzt und anfängt, all unsere Gedanken und Gefühle zu beherrschen. Wie in Kapitel 4 besprochen, kann ein Schlussstrich der einzige Weg sein, um die aufgestaute Wut loszuwerden. Und können wir den Schlussstrich, von dem wir glauben, dass er uns von unserer Wut befreit, nicht ziehen, werden wir meist noch wütender.

Lassen uns der Zorn oder die Wut nicht los, kann das dazu führen, dass wir versuchen, der anderen Person emotional oder auf andere Weise Schaden zuzufügen, um so für uns einen Abschluss zu finden. Wut kann aber auch dazu führen, dass wir der Auseinandersetzung ausweichen, um weiterhin selbstgerecht im Zorn zu schwelgen – oder umgekehrt, weil wir das Gefühl haben, nichts anderes verdient zu haben, als in Wut und Groll zu verharren.

So zu denken, ist nicht nur für uns selbst und die andere Person potenziell schädlich, sondern beruht auch auf der falschen Annahme, dass wir nicht über die mentalen oder emotionalen Ressourcen verfügen, um eigenständig mit unserer Wut umzugehen, sondern dabei von der anderen Person abhängig sind, weil nur sie uns aus diesem Zustand erlösen kann. Das entspricht jedoch nicht den Tatsachen, denn wir können aus eigener Kraft einen Zustand der Akzeptanz erreichen, wie ich im nächsten Kapitel noch näher erläutern werde.

Wir vermeiden die Trauer

Wenn wir einen Menschen verlieren, sei es durch einen Todesfall, eine Trennung oder aus einem anderen Grund, durchlaufen wir einen Trauerprozess – wir lassen diesen Menschen los, durchleben die damit einhergehenden Gefühle, verarbeiten mental den Verlust und schlagen ein neues Kapitel in unserem Leben auf. Innerlich mit dem Verlust abzuschließen, wie auch immer das für uns aussehen mag, kann uns helfen, Lebewohl zu sagen. Ein Abschluss hilft uns zu trauern.

Manchmal jedoch – insbesondere bei einem Todesfall – ist uns der erwünschte Abschluss unmöglich. Wir werden nie mehr Gelegenheit haben, die Dinge zu sagen, die wir sagen wollen, oder die Dinge zu hören, die wir hören wollen. Können wir diesen Schlussstrich nicht für uns ziehen, kann das den Trauerprozess erschweren – so sehr, dass uns der fehlende Abschluss völlig gefangen nimmt. Wir grübeln. Wir spielen immer wieder dieselben Dinge in Gedanken durch. Wir verlangen, dass Gott oder das Universum uns irgendwie den Abschluss gewährt, von dem wir wissen, dass wir ohne ihn nicht weitermachen können.

Nach einem Verlust ist der Abschluss, den wir uns ausmalen, möglicherweise nichts anderes als eine Form des magischen Denkens. Nichts, das real, realistisch oder auch nur möglich wäre. Trauer ist ein Prozess des allmählichen Loslassens. Einen sofortigen Abschluss zu verlangen, kann verhindern, dass der Trauerprozess überhaupt einsetzt. Es kann eine Form der Leugnung sein, ein Versuch, den Schmerz der Trauer nicht zu spüren, was am Ende nur zu einer Verlängerung des eigenen Leidens führt.

Das ist ein Signal dafür, dass es an der Zeit ist, sich von der Fixierung auf den Abschluss zu lösen. (Und denken Sie immer daran: Wenn Sie von Trauer oder anderen Gefühlen überwältigt werden, scheuen Sie sich nicht, sich an einen Psychotherapeuten oder eine Psychotherapeutin zu wenden. Wir sind darin geschult, objektiv und unvoreingenommen zuzuhören, und können Ihnen helfen, mit Ihren Gefühlen umzugehen und entsprechende Bewältigungsstrategien zu erlernen.)

Selbsteinschätzung: Ist mein seelisches Wohlbefinden in Gefahr?

Im Folgenden einige Fragen, die Sie sich selbst stellen können, um mehr Klarheit über Ihre seelische Verfassung zu gewinnen und besser einschätzen zu können, ob es angebracht ist, sich von Ihrem Verlangen nach einem Abschluss zu lösen.

- Ertappe ich mich dabei, dass ich häufig auf ein vergangenes Ereignis zurückkomme und immer wieder darüber nachdenke, was vorgefallen ist und gesagt wurde?
- Spiele ich in Gedanken mehrere Versionen des Gesprächs durch, das ich mit der Person führen will, mit der es für mich etwas zu klären gibt?
- Habe ich das Gefühl, nicht mehr froh werden zu können, solange ich für mich keinen Schlussstrich ziehen kann?

- Habe ich das Gefühl, dass mein Leben sinnlos geworden ist, zu einer einzigen Tretmühle, in der ich gefangen bin, solange ich nicht mit etwas abschließen kann?
- Warte ich auf irgendeine Art von Abschluss, bevor ich anfangen kann, einen Verlust zu verarbeiten und zu akzeptieren?
- Versetzt mich der fehlende Abschluss so in Wut, dass ich oft kurz davor bin zu explodieren?
- Wird das, was mir widerfahren ist, und mein Bedürfnis nach einem Abschluss in praktisch jedem Gespräch zum Thema?
- Habe ich so etwas wie einen existenziellen Wutanfall, bei dem ich, bildlich gesprochen, um mich trete und schreie, damit das Universum mir den Abschluss gewährt, nach dem ich verlange?
- Ertappe ich mich dabei, dass ich sage: »Wenn ich damit einen Abschluss finde, kann ich endlich ______________________________ ______________«?
- Habe ich manchmal oder öfter das Gefühl, dass es zu meinem einzigen Lebensinhalt geworden ist, mit etwas abschließen zu können?
- Und schließlich: Hindert mich mein Verlangen nach einem Abschluss daran, ein optimistischer, zufriedener, positiver Mensch zu sein, der am Leben teilnimmt und liebevolle Beziehungen führt?

Hüten Sie sich vor Tyrannen

Abgesehen davon, dass Ihr seelisches Wohlbefinden Vorrang haben sollte, liegt ein weiterer guter Grund, auf eine abschließende Klärung mit einem Menschen zu verzichten, dann vor, wenn dieser Sie schikaniert oder auf andere Weise schlecht behandelt. Das kann auf ganz unterschiedliche Art und Weise geschehen, aber die beiden Formen, über die ich am häufigsten mit meinen Klient*innen spreche, bestehen darin, die Tatsachen zu leugnen oder zu verdrehen (»Gaslighting«) beziehungsweise ein Gespräch in ein Streitgespräch zu verwandeln.

Zunächst zum Begriff *Gaslighting*. Gaslighting ist eine Form von Manipulation, bei der jemand versucht, einem anderen Menschen einzureden, dass er sich etwas nur einbildet, um ihn an sich selbst und seinen Wahrnehmungen zweifeln zu lassen. (Der Begriff stammt ursprünglich aus dem Theaterstück *Gas Light* von Patrick Hamilton aus dem Jahr 1938*, in dem ein Ehemann versucht, seine Frau glauben zu machen, sie verliere den Verstand, unter anderem, indem er die Helligkeit einer Gaslampe im Haus verändert und ihr sagt, sie bilde sich das nur ein.)

Es ist eine gängige Taktik von Menschen, die dazu tendieren, Dinge zu verdrängen, und nicht bereit sind, sich selbst zu hinterfragen. Typische Aussagen sind etwa:

- »Das habe ich überhaupt nicht getan. Wie kannst du nur so etwas sagen?«
- »Meinen Sie nicht, dass Sie sich das vielleicht alles nur einbilden?«
- »So ist das nie passiert. Immer musst du alles dramatisieren.«

Es kann extrem frustrierend sein, zum Opfer von Gaslighting zu werden, vor allem, wenn es von einem Menschen ausgeht, mit dem Sie in einer Sache zu einer abschließenden Klärung kommen wollen. Wenn Sie gegen die Mauer rennen, die ein*e Gaslighter*in vor Ihnen errichtet hat, werden Sie vermutlich verzweifelt versuchen, sich der Verdrehungen zu erwehren, oder werden es irgendwann leid, die

* Vor allem bekannt geworden in der Verfilmung mit Ingrid Bergman aus dem Jahr 1940 (dt. Titel: *Das Haus der Lady Alquist*).

immer gleichen fadenscheinigen Argumente zu hören. In jedem Fall wird Ihr Gegenüber an seiner Geschichte festhalten, und jedes Mal, wenn Sie sie hören, werden Sie sich noch ohnmächtiger fühlen. Und das bedeutet, dass es an der Zeit ist, es aufzugeben und keinen weiteren Klärungsversuch zu unternehmen.

Ein weiterer Grund, sich ohnmächtig zu fühlen, ergibt sich daraus, dass unser*e Gesprächspartner*in darauf aus ist, einen Streit zu provozieren. Manche sind geschickter im Umgang mit Worten als andere, und der Versuch, ein klärendes Gespräch mit jemandem zu führen, der sein verbales Geschick wie eine Waffe einsetzt, kann eine echte Herausforderung sein. Anstatt unvoreingenommen zuzuhören, widerspricht unser Gegenüber jedem der Argumente, die wir vorbringen, entweder, um sich aus der Verantwortung zu stehlen, oder auch, um uns einzuschüchtern. Ich hatte schon Klient*innen, die empört darüber waren, dass ihre aufrichtigen Versuche, ein klärendes Gespräch zu führen, als Gelegenheit benutzt wurden, um sie anzufeinden und ins Unrecht zu setzen.

Sollten Sie sich in dieser Lage befinden, haben Sie die Wahl: Sie können Ihre Wunden lecken und auf eine – was das verbale Geschick angeht – hoffentlich ausgeglichenere zweite Runde hoffen (viel Glück dabei!). Oder Sie können beschließen, sich nicht weiter dem Missbrauch durch einen Menschen auszusetzen, der Ihnen immer nur weiteres Leid bereiten wird. Wie Ihnen vormals wahrscheinlich schon Ihre Eltern gesagt haben, ist der beste Weg, mit Tyrannen auf dem Spielplatz umzugehen, sich nicht auf sie einzulassen. Jemanden stehen zu lassen, der sich als Experte in verbaler Kriegsführung erweist, ist ein Akt der Selbstbehauptung.

Die wahre Bedeutung von Verständnis und Mitgefühl

Was meine Klient*innen oft davon abhält, sich für Akzeptanz statt für einen Abschluss zu entscheiden, ist die Sorge, dass die andere Person sie in irgendeiner Weise »braucht« oder dass sie sich immer wieder um ein klärendes Gespräch bemühen müssen, um ein »guter Mensch« zu sein. Diese Art von Motiv vermute ich in ihnen am Werk, wenn ich sie Dinge sagen höre wie:

- »Er steht unter Druck. Ich weiß, dass er es nicht so meint.«
- »Ich kann sie nicht im Stich lassen. Eines Tages wird sie einsehen, wie sehr sie mich braucht.«
- »Er ist ein Sturkopf. Aber mit der Zeit werde ich schon irgendwie zu ihm durchdringen.«

Dieser Logik zu folgen, kann bedeuten, in eine Sackgasse zu geraten oder mit dem Kopf gegen die Wand zu rennen. Vielleicht denken Sie jetzt: »Aber Gary, ich bin doch ein mitfühlender Mensch! Hier geht es darum, Verständnis zu haben! Ich bin bereit, alles zu tun, was nötig ist, um ihm/ihr klarzumachen, dass wir einen Schlussstrich ziehen und unser Verhältnis in Ordnung bringen müssen. Ich bin die/der Starke in unserer Beziehung. Ich kann das schaffen. Er/Sie braucht meine Hilfe.«

Lassen Sie mich sagen, wie ich meinerseits Mitgefühl definiere. Mitgefühl bedeutet, andere und sich selbst zu lieben, zu respektieren und wertzuschätzen. Es bedeutet nicht, das schlechte Benehmen eines anderen Menschen zu tolerieren, ihm zu erlauben, uns zu übergehen oder zu verletzen, oder unser eigenes Wohlbefinden zu opfern, um ihm beizustehen oder ihn auf den rechten Weg zu bringen. Mit dieser Art von »Verständnis« ist weder ihm noch uns selbst gedient.

Wenn Sie feststellen, dass Sie sich weiterhin um eine Lösung bemühen, weil Sie glauben, dass es das ist, was ein anteilnehmender und verständnisvoller Mensch tut, auch wenn es zu nichts führt und Ihnen nur Kummer und Schmerz bereitet, dann ist dies ein klares Signal dafür, dass es an der Zeit ist, einen anderen Weg zu gehen.

Andere Gründe, von der Suche nach einer Lösung abzusehen

Es gibt noch viele andere Gründe, aus denen Sie beschließen könnten, dass es das Beste ist, sich nicht weiter um eine Lösung zu bemühen und stattdessen zu versuchen, die Situation so zu akzeptieren, wie sie ist. Lassen Sie uns einige der häufigsten Gründe betrachten.

Der mögliche Gewinn ist das Risiko nicht wert

Wenn Sie mit einem Menschen eine Klärung anstreben, der sich in der Vergangenheit als schwierig, verschlossen oder auch aggressiv erwiesen hat, ist das Risiko, bei der Suche nach einer Lösung zu Schaden zu kommen, möglicherweise größer als der potenzielle Nutzen einer versuchten Aussprache. Stellt sich die Suche nach einer Lösung als ein langwieriger Prozess mit wiederholten Zusammenkünften oder sogar gerichtlichen Schritten dar, die Ihr Leben zusätzlich belasten und/oder Ihnen seelischen Schaden zufügen, sollten Sie Ihre Energie lieber an anderer Stelle einsetzen. Vielleicht können Sie für sich den erhofften Schlussstrich ziehen – aber was wird Sie das am Ende gekostet haben, angefangen bei Ihrem Seelenfrieden? Und was alles hätten Sie durch Akzeptanz gewinnen oder vermeiden können?

Die eigenen Beweggründe hinterfragen

Wir haben bereits ausführlich über die Bedeutung von Intentionalität gesprochen. Wenn Sie darüber nachdenken, von welchen Intentionen Sie sich bei Ihrer Suche nach einem Abschluss leiten lassen, werden Sie sich dabei vielleicht auch einige unbequeme Fragen stellen müssen und zu dem Schluss kommen, dass dieses Bestreben nicht unbedingt zu Ihrem eigenen Besten ist. Vielleicht geht es Ihnen nur darum, recht zu behalten, eine Entschuldigung zu hören oder sich zu rächen. In einem anderen Fall gelangen Sie bei näherer Betrachtung vielleicht zu der Einsicht, dass die Angelegenheit für Sie nicht mehr so wichtig ist, wie sie es einmal war, nachdem die anfänglichen Gefühlswallungen sich gelegt haben. Wenn Sie einen objektiven Blick auf Ihre Motive werfen und sich die Zeit nehmen, für sich selbst Klarheit zu gewinnen, werden Sie vielleicht feststellen, dass Sie mit einem Schulterzucken der Akzeptanz ebenso gut fahren.

Ein Klärungsversuch kann die andere Person oder Ihr Verhältnis zu ihr belasten

Wenn Sie schon einmal einem Menschen »die Meinung gesagt« haben und dann mit ansehen mussten, wie er an Ihren Worten zerbrach, dann wissen Sie genau, warum Akzeptanz manchmal der bessere Weg sein kann. Manchmal verhalten sich Menschen nicht so, wie sie sollten – in

Paarbeziehungen, in Freundschaften, in der Familie, auf der Arbeit, im Leben –, und dennoch geben sie ihr Bestes. Mag sein, dass ein Mensch nicht Ihren Erwartungen entsprochen hat. Aber werden Sie mit Ihrem Klärungsversuch erreichen, was Sie zu erreichen hoffen? Und wenn ja, ist möglicherweise der Preis dafür, dass im Zuge dessen die Gefühle dieses Menschen verletzt werden oder seine Selbstachtung leidet? Wird Ihre Beziehung danach noch Bestand haben? Es heißt, das Leben sei zwar kein Krieg, aber dennoch sei es ratsam, seine Schlachten mit Umsicht zu wählen. Akzeptanz kann für Sie beide ein Gewinn sein.

Ihnen wird klar, dass die andere Person Ihnen keinen Abschluss gewähren wird

In den vorangegangenen Kapiteln ging es um die vielen Möglichkeiten, wie Sie mit dem Wunsch nach einem Abschluss auf eine Mauer stoßen können. Sie haben Ihre Hausaufgaben gemacht, Ihre Absichten geklärt (zumindest für sich selbst) und sich überlegt, wie Sie auf einen Menschen zugehen wollen, mit dem Sie zu einer Lösung kommen möchten. Und dennoch wurde aus der Aussprache nichts. Die von mir genannten nonverbalen Versuche, ins Gespräch zu kommen, wie eine wohlwollende Geste oder eine schriftliche Nachricht, wurden ignoriert. Wann werden Sie für sich beschließen, die Sache auf sich beruhen zu lassen? Es ist Ihre Entscheidung, aber wenn Sie sich in dieser Situation befinden, werden Sie vielleicht feststellen, dass Akzeptanz letztendlich die gesündeste Option ist.

Zur Erinnerung: Ein Schlussstrich kann als Waffe eingesetzt werden. Wenn ein Mensch sagt, er wolle mit etwas abschließen, fehlt es ihm dabei möglicherweise an einer klaren Zielsetzung oder an Intentionalität. Es kann aber auch sein, dass der Wunsch, einen Schlussstrich zu ziehen, schlichtweg unaufrichtig ist. Ein Klärungsgespräch mit einer solchen Person kann letztlich nichts anderes sein, als ein Mittel, um Sie an vergangenes Leid zu erinnern, um einmal mehr Macht über Sie auszuüben und Ihnen weiteren Schmerz zuzufügen. Wenn Sie jedoch die Vergangenheit akzeptieren und zum Weitergehen entschlossen sind, werden Sie immun gegen Versuche, Sie unter dem Vorwand, einen Schlussstrich ziehen zu wollen, in die Vergangenheit zurückzuziehen. Mit Akzeptanz gewappnet, sind Sie in der Lage, den Wolf im Schafspelz zu erkennen und ihm aus dem Weg zu gehen (oder das Weite zu suchen).

Folgen Sie Ihrem Bauchgefühl

Sollten Sie sich jetzt noch immer fragen: »Woher weiß ich nun aber, wann es an der Zeit ist, meine Versuche, zu einer abschließenden Klärung zu kommen, aufzugeben und weiterzugehen?«, so gibt es darauf eine einfache Antwort: Folgen Sie Ihrem Bauchgefühl.

Was die Frage angeht, wie andere Menschen uns behandeln und wie wir damit umgehen wollen, können wir uns meiner Erfahrung nach durchaus auf unseren Instinkt, unser »Bauchgefühl« verlassen. Ich frage meine Klient*innen oft, was ihre Intuition ihnen über eine Situation sagt, in der sie sich befinden, und oft berichten sie mir von der leisen Stimme in ihrem Inneren, die ihnen sagt, was sie zu tun haben. Vielleicht wollen sie aber gar nicht auf diese innere Stimme hören. Vielleicht wollen sie sich ausreden, was sie Ihnen sagt, und denken sich alle möglichen Gründe aus, die dafür sprechen, bei Ihrem Vorgehen zu bleiben. Aber vielleicht bringt Ihre Intuition Sie mit der Zeit dazu, Ihre Vorgehensweise immer mehr zu hinterfragen. Lassen Sie sich auf das Unbehagen ein und lauschen Sie der Lektion.

Diese leise, aber beharrliche innere Stimme ist immer mit uns, und sie führt uns nur selten in die Irre. Und selbst wenn Sie zögern, Ihrem Instinkt zu folgen, ist er doch ein wichtiges Kriterium, das Sie bei Ihren Entscheidungen berücksichtigen sollten.

Die Dinge auf sich beruhen lassen

Wie also gelingt es uns, etwas auf sich beruhen zu lassen, wenn wir mit unserem Wunsch nach einem Abschluss immer wieder gegen eine Mauer rennen? Betrachten wir anhand eines Beispiels, wie das in der Praxis aussehen kann.

Saeed und Aria waren seit einem Jahr zusammen gewesen, als Aria ihre Beziehung abrupt per SMS beendete. Saeed, dem es das Herz brach, war völlig durcheinander, und natürlich wünschte er sich eine Aussprache. Er und Aria verabredeten sich zu einem Gespräch, aber als der Tag kam, tauchte sie nicht am vereinbarten Treffpunkt auf. Als er ihr eine SMS schrieb und fragte, was los sei, hieß es, sie sei sehr beschäftigt und habe ihre Verabredung vergessen. Daraufhin sandte ihr Saeed noch zwei weitere Nachrichten mit der Bitte, einen Zeitpunkt für ein Treffen zu finden, aber nun antwortete Aria gar nicht mehr.

Welche Möglichkeiten verbleiben Saeed jetzt noch? Worin besteht der nächste Schritt?

Wenn Saeed mein Klient wäre, würden wir wahrscheinlich damit beginnen, uns die Beweggründe für seinen Wunsch nach einem Abschluss anzusehen. Ich würde mit ihm darüber sprechen, warum er sich mit Aria zusammensetzen möchte. Geht es ihm darum, sie zurechtzuweisen? Will er sie genauso verletzt sehen, wie er es ist? Oder möchte er mit ihr darüber sprechen, was in ihrer Beziehung passiert ist und warum Aria sich plötzlich entschieden hat, ihn zu verlassen? Auf welche Fragen erhofft er sich von einem solchen Gespräch die Antworten? (Typische Beispiele sind: »Wie konnte es so weit kommen?«, und: »Was habe ich denn eigentlich falsch gemacht?«) Will er, dass sie weiß, wie schlecht es ihm geht, und möchte er wissen, wie sie sich fühlt? Möchte er herausfinden, ob es für sie einen Weg gibt, wieder zusammenzukommen oder auch, weiterhin befreundet zu sein, oder geht er davon aus, dass dies ihre letzte Begegnung sein wird?

Ich würde Saeed auch fragen, wie er sich fühlt, seitdem er von Aria ignoriert wird. Und ohne dabei lange über Arias Beweggründe zu spekulieren: Ist dieses Verhalten angesichts dessen, was er über sie weiß, für ihn überraschend oder nicht? Fühlt er sich durch seine wiederholten Bitten um ein abschließendes Gespräch besser oder schlechter? Fühlt er sich dadurch gestärkt oder eher geschwächt?

Auch Saeeds Ängste könnten dabei zur Sprache kommen. Hat er Angst davor, wie seine Wochenenden ohne Aria aussehen werden? Macht er sich Sorgen darüber, wie er in Zukunft seine Zeit verbringen und wie sein soziales Umfeld aussehen wird? Vielleicht hat er auch Angst davor, wieder als Single auf der Suche zu sein. Vielleicht befürchtet er, kein liebenswerter Mensch zu sein und Aria zu brauchen, damit sie ihm in dieser Hinsicht die Bestätigung gibt, die er sich selbst nicht geben kann. Die eigenen Ängste zu benennen, kann etwas sein, das seinerseits Angst macht, aber es kann auch ein Weg zu mehr Selbstbestimmung sein.

Wichtig wäre auch, über die Kraft zu sprechen, die darin liegt, sich seines rationalen Verstandes zu bedienen und einen realistischen Blick auf die Fakten zu werfen. Wie hat Aria auf Saeeds Bitten um ein Treffen reagiert – um das er sie fast schon angefleht hat? Hat sie Ja gesagt und ist auch dazu erschienen? Oder hat sie »vielleicht« oder »im Moment nicht« gesagt? Die Tatsachen sprechen für sich, und wenn Saeed einen nüchternen Blick auf sie werfen würde, nachdem er sich mit seinen Hoffnungen und Ängsten auseinandergesetzt hat, käme er wahrscheinlich zu dem Schluss, dass Aria dieses Gespräch – aus welchen Gründen auch immer – nicht führen will und er sie nicht dazu zwingen kann.

Mein Ziel als Therapeut wäre es, Saeed zu einem besseren Verständnis zu verhelfen, was in seinem eigenen Kopf und Herzen vor sich geht, und ihm die Entscheidung zu erleichtern, wann es an der Zeit ist, den Wunsch nach einer Aussprache mit Aria aufzugeben. Und sobald er diese Entscheidung getroffen hätte, wäre es ebenfalls an der Zeit, sich selbst Grenzen zu setzen.

Meiner Erfahrung nach ist es ratsam, sich selbst Grenzen zu setzen, wenn wir etwas wollen, von dem unser rationaler Verstand uns sagt, dass wir es höchstwahrscheinlich nicht bekommen werden. In Saeeds Fall könnte das bedeuten, Aria keine SMS mehr zu schreiben und sich in Erinnerung zu rufen, dass der nächste Schritt, wenn es denn einen geben soll, von ihr ausgehen muss. Es könnte auch bedeuten, Aria nicht mehr in den sozialen Medien zu folgen und gemeinsame Freund*innen zu bitten, ihn nicht weiter über ihr Leben auf dem Laufenden zu halten. Sich selbst Grenzen zu setzen, würde für Saeed höchstwahrscheinlich auch bedeuten, sein Leben aktiver in die Hand zu nehmen, neue

Möglichkeiten zu finden, seine Zeit zu verbringen, und seinen Freundeskreis zu erweitern oder neu aufzubauen. Sich selbst Grenzen zu setzen, ist ein Weg, um der Falle der Ohnmacht zu entkommen und zu einem selbstbestimmten Leben zu finden.

Übung: Unabhängigkeit und Seelenfrieden visualisieren

Suchen Sie einen ruhigen Ort auf, an dem Sie ungestört sind. Nehmen Sie eine bequeme Körperhaltung ein und schließen Sie die Augen. Denken Sie an eine gegenwärtige oder vergangene Situation, in der Ihnen der nötige Abschluss verwehrt geblieben ist. Stellen Sie sich nun vor, dass Sie der Person gegenüberstehen, die Ihnen Kummer bereitet hat. Sagen Sie nichts, sondern führen Sie nur eine Geste des Abschieds aus und kehren Sie ihr dann den Rücken zu. Entfernen Sie sich von ihr und begeben Sie sich in Gedanken an einen Ort, der Sie glücklich macht, zum Beispiel Ihr Zuhause oder der Strand. Nehmen Sie die Gefühle wahr, die unterwegs in Ihnen aufkommen. Wenn Sie Wut, Traurigkeit oder Enttäuschung verspüren, ersetzen Sie diese Gefühle bewusst durch positive Gefühle wie Erleichterung, Freude oder einfach nur Zufriedenheit. Sprechen Sie die folgenden Worte zu sich selbst, während Sie die alten Gefühle durch neue ersetzen: *Ich akzeptiere. Ich lasse los. Ich lerne. Ich gehe weiter.*

Sie können diese Visualisierungsübung jederzeit wiederholen – wann immer das Bedürfnis, mit jemandem oder etwas abzuschließen, in Ihren Gedanken auftaucht, wann immer die alten Gefühle hochkommen. Diese Übung kann Ihnen auch dabei helfen, für sich eine Entscheidung zu treffen, wann es an der Zeit ist, etwas auf sich beruhen zu lassen. Außerdem kann sie dazu beitragen, Sie in Ihrer Entscheidung zu bestärken, indem sie Sie daran erinnert, dass die Vergangenheit hinter Ihnen und die Zukunft vor Ihnen liegt.

Abschließende Überlegung:
Zu sich selbst stehen

Die grundlegende Botschaft dieses Kapitels lautet, sich selbst an die erste Stelle zu setzen – was insbesondere für Ihr seelisches Wohlbefinden gilt. In der Familie und in unserem übrigen sozialen Umfeld wird uns das nicht immer beigebracht. Stattdessen lernen wir oft, dass Gefühle gefährlich oder ein Zeichen von Schwäche sind und deshalb verdrängt und verleugnet werden müssen. Vielen von uns wurde nicht gezeigt, wie man mit unangenehmen oder belastenden Gefühlen umgehen kann. Stattdessen haben viele von uns gelernt, dass andere Menschen für unsere negativen Gefühle verantwortlich sind und auch dafür, uns wieder von ihnen zu befreien.

Einen Abschluss zu finden, kann ein sehr positiver Weg sein, um uns selbst und unsere Beziehungen zu heilen. Aber die Suche nach einem Abschluss kann auch ins Leere führen, uns unseren Seelenfrieden rauben und uns erschöpft zurücklassen. Nur Sie selbst können wissen, wann es an der Zeit ist, eine Angelegenheit hinter sich zu lassen. Und wie können Sie das wissen? Hören Sie auf Ihre innere Stimme, Ihre Intuition. Benutzen Sie Ihren rationalen Verstand. Und fragen Sie sich, ob es sich lohnt, Ihr seelisches Wohlbefinden aufs Spiel zu setzen, indem Sie auf einen Abschluss hinarbeiten, von dem Sie im Grunde Ihres Herzens wissen, dass er unerreichbar ist. Wenn die Antwort Nein lautet, dann ist es an der Zeit, der Sache den Rücken zu kehren.

KAPITEL 12

SICH IN AKZEPTANZ ÜBEN

Wir haben inzwischen erkannt, welchen Wert es hat, mit etwas abzuschließen, und inwiefern ein Abschluss zur Heilung von Menschen und Beziehungen beitragen kann. Aber wir haben auch gesehen, inwiefern das Streben nach einem Abschluss ein Irrweg sein kann, der nicht nur kräftezehrend ist, sondern in emotionaler Hinsicht auch etwas Selbstzerstörerisches an sich hat. Was bleibt uns also übrig, wenn sich ein Abschluss als unmöglich erweist? Müssen wir uns nun unablässig verletzt fühlen, gezwungen, mit gebrochenem Herzen irgendwie weiterzumachen, voller Frustration, Wut und Ratlosigkeit? Keineswegs. Nicht, wenn wir uns in Akzeptanz üben.

Als ich dieses Kapitel schrieb, hörte ich zufällig im Radio einen Bericht über zwei Schauspielerinnen, die ein Filmstudio verklagt hatten, das ihnen vor mehr als fünfzig Jahren unrecht getan hatte. Eine neue Gesetzgebung hatte ihnen erlaubt, ihren Fall vor Gericht zu bringen, und sie forderten eine gigantisch hohe Abfindungssumme. Der Kommentar des Sprechers dazu lautete, dass die beiden Schauspielerinnen nun im Alter von etwa siebzig Jahren damit wohl endlich ihren Frieden machen könnten. Natürlich hat diese Geschichte mein Interesse geweckt.

Als ich über ihre Geschichte nachdachte, war ich ebenfalls der Meinung, dass ihnen Unrecht widerfahren war. Es schien offensichtlich, dass sie in ihrer Jugend nicht mit dem notwendigen Respekt behandelt worden waren, zu einer Zeit, als sie nicht wussten, wie sie sich wehren sollten.

Aber ich musste auch bedenken, was dieser Rechtsstreit für sie bedeuten würde. Höchstwahrscheinlich würde sich das Verfahren über Jahre hinziehen, mit einer Unmenge von Sitzungen und Verhandlungsterminen – Jahre, die sie besser damit verbringen würden, ihr Leben im Kreis der Familie und der Freunde und Freundinnen zu genießen. Ihr vergangenes und gegenwärtiges Leben würde auf den Kopf gestellt werden, wobei möglicherweise persönliche Dinge ans Licht kämen, die sie nicht in den Medien verbreitet sehen möchten und womit sie Gefahr liefen, zum Opfer von wilden Spekulationen, von Mitleid oder Spott zu werden. Ganz zu schweigen von den möglichen Einkommenseinbußen, die sie erleiden könnten, während sie einer Abfindung hinterherjagen, die nach Abzug der Anwaltskosten vielleicht nicht mehr viel ausmacht.

Aber vor allem musste ich mich fragen, ob ein Sieg vor Gericht es ihnen wirklich ermöglichen würde, mit der Vergangenheit abzuschließen. Eine nennenswerte finanzielle Entschädigung könnte ihnen und ihren Erben zugutekommen. Vielleicht würde das Filmstudio ihnen gegenüber eine Entschuldigung aussprechen, oder sie würden mit ihrer Klage mehr Bewusstsein für die schwierige Lage anderer junger Menschen in einer ähnlichen Situation schaffen. Aber wäre das Leid, das sie im Laufe der Jahre erfahren haben, mit einem Scheck aus der Welt zu schaffen – oder würde es umgekehrt bedeuten, das Leiden abermals zu durchleben und sogar noch zu verstärken, wenn nochmals aufgerührt würde, was ihnen damals widerfahren ist? Würde ein gewonnener Prozess ihnen nachträglich den beruflichen Erfolg bescheren, der ihnen laut eigener Aussage durch die schlechte Behandlung von damals verwehrt geblieben ist? Ich musste mich fragen, ob der Schlussstrich, den sie sich wünschten, all die Zeit wert wäre, die sie vor

Gericht würden verbringen müssen, und all das Negative, das sie würden ertragen müssen, um recht zu bekommen – wenn es denn überhaupt dazu käme. Oder würde sich, wenn man den Nutzen gegen die Kosten abwägt, das Ganze am Ende als ein Pyrrhussieg erweisen?

Dann betrachtete ich den Fall aus der Perspektive der Akzeptanz. Ich sage nicht, dass es richtig war, was den beiden Schauspielerinnen widerfahren ist – ganz und gar nicht. Aber ich musste mich fragen, ob es für sie nicht besser gewesen wäre, die Dinge so zu akzeptieren, wie sie waren – ob zum Guten oder zum Schlechten. Das würde nicht bedeuten, so zu tun, als hätten die Ereignisse der Vergangenheit keine Auswirkungen auf sie. Eine aktive Haltung der Akzeptanz könnte sich in entsprechende Aktivitäten umsetzen, wie die Erzeugung medialer Aufmerksamkeit, das Sammeln von Spenden oder die Gründung einer Stiftung, die junge Menschen unterstützt und sich für ihre Belange einsetzt. Hätten sie nicht auch auf diese Weise für sich mit der Vergangenheit abschließen können? Und wäre es für sie nicht eine wertvollere Form von Abschluss gewesen, wenn er ihr Leben bereichert und sie auf eine Weise mit ihren Mitmenschen verbunden hätte, wie es ein Gerichtsverfahren sicher nicht vermag? Das würde allerdings voraussetzen, sich von der Vorstellung eines Schlussstrichs in Form eines großen Schecks zu verabschieden. Und es würde voraussetzen, zu akzeptieren, dass geschehen ist, was geschehen ist.

Im vorangegangenen Kapitel ging es darum, wie wir entscheiden können, wann es an der Zeit ist, die Suche nach einem Abschluss aufzugeben und sich stattdessen in Akzeptanz zu üben. In diesem Kapitel werden wir uns nun mit den Vorzügen befassen, die es hat, etwas zu akzeptieren, so schwer es auch zunächst erscheinen mag.

Akzeptanz ist Macht

Auch wenn es auf den ersten Blick nicht einleuchten mag, so bedeutet Akzeptanz doch Macht. Wenn ich mit meinen Klient*innen über dieses Thema spreche, stoße ich oft auf Widerstände. Sie fürchten, als schwach, emotional instabil oder prinzipienlos zu gelten, wenn sie aufhören, für sich nach einem Abschluss zu suchen. Vielleicht kommt es ihnen so vor, als würden sie nicht für sich selbst einstehen, sich alles gefallen lassen oder sogar vor Menschen kuschen, die sie tyrannisieren. Und ich verstehe diese inneren Widerstände vollkommen. Wie kann es eine Art von Macht sein, auf etwas zu verzichten und nicht zu bekommen, was man will? Lassen Sie es mich erklären.

Wir Menschen neigen dazu, uns selbst im Weg zu stehen. Der Grund dafür ist unser Ego. Das Ego will die Oberhand gewinnen, recht haben, sich durchsetzen. Das Ego lässt uns Situationen aus der Perspektive von Gut und Böse betrachten, wobei wir selbst das Gute im Kampf gegen das Böse sind. Unser Ego spornt uns an, uns als überlegen zu erweisen, den Sieg über etwas oder andere zu erringen. Das Ego will befriedigt sein! Wie oft habe ich mit Klient*innen gesprochen, die mit ihrem Bedürfnis nach einem Abschluss auf eine Mauer stießen, aber immer wieder einen neuen Anlauf unternahmen und nicht lockerließen, um ihr Ego zu befriedigen. Umgekehrt habe ich nur allzu oft erlebt, wie das Bedürfnis nach Befriedigung des Egos dazu verleiten kann, einem anderen Menschen den erwünschten Abschluss zu verwehren, selbst wenn dies der Beziehung zugutekäme.

Es ist wirklich paradox: Während unser Ego um jeden Preis im Besitz der Macht sein und die Kontrolle behalten will, führt es oft zu unkontrollierten Handlungen und Gefühlen der Ohnmacht, wenn wir den Forderungen unseres Egos nachgeben. Auch wenn alle Anzeichen darauf hindeuten, dass es an der Zeit ist loszulassen, halten wir daher oft noch lange an etwas fest, da wir das Loslassen mit einer Niederlage gleichsetzen, die wir auf keinen Fall hinnehmen wollen. Wir sind so besessen davon, zu gewinnen, dass wir nicht merken, dass wir bereits verloren haben.

Nun ist das Ego nicht nur etwas Schlechtes. Ein gesundes Ego kann uns davor bewahren, vergeblich nach einem Abschluss zu suchen, der uns nicht erreichbar ist. Es kann uns dabei helfen zu erkennen, wann es an der Zeit ist, einer Sache den Rücken zu kehren, und dies erhobenen Hauptes zu tun. Und es kann uns dabei helfen, nicht weiter auf einem Abschluss zu beharren, dem nachzujagen sich nicht lohnt oder den wir gar nicht nötig haben. Aber ein gesundes Ego gründet sich nicht auf Gefühle der Überlegenheit und Dominanz. Es beruht auf der Überzeugung, dass wir es wert sind, geliebt, mit Wohlwollen und Respekt behandelt zu werden, dass es uns zusteht, Entscheidungen im Leben zu treffen, die uns Seelenfrieden bescheren und nicht noch mehr Hoffnungslosigkeit oder Verzweiflung. Und es beruht auf der Bereitschaft, dieses Wohlwollen und diesen Respekt auch anderen entgegenzubringen.

Aus diesem Grund ist es kein Zeichen von Schwäche, sich für Akzeptanz statt für einen Abschluss zu entscheiden, auch wenn es anfänglich oft so aussehen mag. Vielmehr gehört eine Menge Kraft dazu, bewusst auf einen Abschluss zu verzichten und den eigenen Seelenfrieden an erste Stelle zu setzen, um sich nicht weiterhin der Gefahr von Frustration, Ärger und Enttäuschung auszusetzen, indem wir versuchen, aus einem Brunnen zu trinken, von dem wir längst wissen, dass er leer ist.

Wenn wir darum kämpfen, die Kontrolle über Dinge zu

erlangen, die sich unserer Kontrolle entziehen (wie es meistens der Fall ist), sind Scheitern und Frustration vorprogrammiert. Geben wir diesen Kampf hingegen auf, eröffnet sich uns eine ganz neue Art zu leben. Akzeptanz bedeutet, nicht mehr zu kämpfen. Nicht mehr zu erwarten, was wir vernünftigerweise nicht erwarten können. Sich dafür zu entscheiden, loszulassen und weiterzugehen, so schwer das auch sein mag, wenn man in all den Emotionen gefangen ist, die uns nach einem Abschluss verlangen lassen. Wenn wir akzeptieren, was wir im Leben nicht kontrollieren können, dann gibt uns das die Freiheit, uns auf das zu konzentrieren, was wir kontrollieren *können*. Was für eine Erleichterung!

Etwas auf sich beruhen zu lassen und weiterzugehen, kann bedeuten, uns die Macht, die wir abgegeben haben, zurückzuholen oder auch uns der Macht, die wir schon besitzen, erneut bewusst zu werden und schließlich zu uns selbst zu sagen: »Ich brauche das Verständnis dieses Menschen nicht. Ich brauche seinen Respekt nicht. Ich brauche seine Entschuldigung nicht.« Wenn Sie zu dieser Einsicht gelangen, sind Sie auch in der Lage zu erkennen, dass Ihre persönliche Macht in Ihrem Inneren wohnt und von dort in die Welt hinausstrahlt. Sie ist Ihnen gegeben. Sie müssen nicht darum betteln. Sie müssen nicht »Bitte, bitte« sagen. Sie müssen niemanden dazu überreden oder zwingen, sie Ihnen zu geben. Sie gehört Ihnen bereits.

Akzeptanz ist vernünftig

Die Entscheidung, auf den angestrebten Abschluss zu verzichten, kann äußerst schwierig sein, wenn unsere Gedanken und Gefühle geradezu danach schreien und wir das Gefühl haben, dass wir unbedingt für uns einen Abschluss finden *müssen*, weil wir ohne ihn nicht weiterleben können. Hier kommt der rationale Verstand zum Zug. Der rationale Verstand ermöglicht es Ihnen, Ihre Gedanken und die Gefühle, die aus Ihren Gedanken erwachsen, objektiv zu betrachten und zu entscheiden, was für Ihr seelisches Wohlbefinden das Beste ist. Der rationale Verstand hilft Ihnen, sich über den inneren Tumult zu erheben, und zu überlegen, was Sie sich von einem Abschluss in einer perfekten Welt erwarten würden, um dann zu erwägen, was in der realen Welt möglich ist. Der rationale Verstand ist die Grundlage für Akzeptanz und für Entscheidungen, die Ihrem eigenen seelischen Wohlbefinden, Ihrem Seelenfrieden und Ihrer Selbstachtung dienen. Wenn ein Abschluss nicht möglich ist, dann ist Akzeptanz eine rationale Entscheidung.

Lassen Sie mich Ihnen die Geschichte von Jamal und Tim erzählen. Jamal hatte mit der sehr schwierigen Trennung nach einer zehnjährigen Beziehung zu kämpfen. Seinen Ex-Partner Tim beschrieb er als emotional unnahbar, als einen Schönwetterfreund, der nicht in der Lage ist, mit den schwierigen Seiten einer Beziehung umzugehen oder emotionale Unterstützung zu leisten, und der unangenehmen Gesprächen lieber aus dem Weg geht. Zunächst versuchte Jamal, mit ihm über diese Dinge zu sprechen und die Beziehung zu retten, aber Tim lehnte das rundweg ab: »Ich weiß nicht, was du hast. Wo ist das Problem?« Schließlich erkannte Jamal, dass auf Dauer kein Verlass auf Tim war, und beschloss, die Situation nicht länger hinzunehmen. Er machte ihm das klar, indem er sich eine eigene Wohnung suchte und auszog.

Tim reagierte wütend, als Jamal diesen Schritt tat. Jamal wollte Tim wissen lassen, warum er diese Entscheidung getroffen hatte – wie sehr er sich bemüht hatte, wie sehr er das

Gefühl hatte, dass Tim nie ganz für ihn da gewesen war –, aber als er ihm eine SMS schrieb, ignorierte ihn Tim. Daraufhin rief Jamal ihn an und Tim erklärte, sie könnten sich treffen und miteinander reden, wenn er bereit sei, sich zu entschuldigen und es wiedergutzumachen. Jamal fand, dass er keinen Grund hatte, sich zu entschuldigen, und dass ein Treffen unter diesen Bedingungen nur zu einer Wiederholung dessen führen würde, was er seit zehn Jahren durchgemacht hatte. Erneut versuchte Jamal, mit Tim ins Gespräch zu kommen, doch bekam er von ihm lediglich dasselbe Ultimatum zu hören.

»Ich weiß, was Sie jetzt denken«, sagte Jamal zu mir. »Es ist, wie es ist.« Er verdrehte die Augen. »Das habe ich mir auch schon gesagt. Es ist ein abgedroschenes Klischee, aber in meinem Fall passt es wirklich. Ich wollte mit ihm gemeinsam einen Abschluss finden. Ich dachte, es würde mir helfen, mit mir und meinem Leben weiterzukommen. Ich dachte, es würde uns beiden helfen. Aber ich muss einsehen, dass es diesen Abschluss für mich nicht geben wird, sosehr ich auch glaube, ihn verdient zu haben. Das muss ich akzeptieren.«

Ich fragte Jamal, wie ich ihn dabei unterstützen könne, zur Akzeptanz zu finden.

»Eigentlich habe ich damit schon angefangen, und darauf bin ich auch stolz. Heute Morgen habe ich in den Spiegel geschaut und zu mir selbst gesagt: ›Jamal, lass es gut sein. Lass los.‹«

Natürlich wollte ein Teil von Jamal immer noch ein freundschaftliches, befriedigendes Abschlussgespräch – oder wenigstens überhaupt ein Gespräch. Aber mithilfe seines rationalen Verstandes konnte er einsehen, dass es dazu nicht kommen würde, und aufhören, danach zu suchen.

Übung: »Let it be«

Vielleicht stimmen Sie aufgrund Ihrer eigenen Erfahrungen der Aussage zu, dass die Worte »Let it be« etwas Magisches haben können, und das nicht nur wegen des schönen Beatles-Songs. Etwas sein zu lassen, bedeutet, den Versuch aufzugeben, das zu kontrollieren, was wir nicht kontrollieren können, und uns auf das zu konzentrieren, was wir kontrollieren können. Nehmen Sie sich etwas Zeit, um darüber nachzudenken, was Akzeptanz für Sie persönlich bedeutet. Setzen Sie sich dazu mit einem Stift und einem Blatt Papier hin. Sprechen Sie die Worte »Lass es sein« aus. Was kommt Ihnen dabei in den Sinn? Schreiben Sie es auf. Sagen Sie die Worte noch einmal. Schreiben Sie Ihre Antwort wiederum auf. Öffnen Sie Ihren Geist und betrachten Sie alle Bereiche Ihres Lebens. Welche Abläufe gibt es in Ihrem häuslichen Umfeld, bei denen es Ihnen oder anderen zugutekommen könnte, wenn Sie es gut sein ließen? Wie steht es damit in der Arbeit? Im Freundes- und Bekanntenkreis? Gibt es irgendwelche unerledigten Dinge, mit denen Sie schon lange abschließen wollten? Ist es an der Zeit, es sein zu lassen?

Akzeptanz ist Mitgefühl

Der Verzicht auf einen Abschluss kann Ihnen helfen, mehr Mitgefühl mit sich selbst und anderen aufzubringen. Was heißt das? Wenn Sie nicht bekommen, was Sie sich wünschen, und sich deswegen ohnmächtig fühlen, kann das dazu führen, dass für Sie nur noch Ihr eigenes Leid im Vordergrund steht. Sind Sie aber in der Lage, sich von diesem Leiden zu lösen, anstatt sich ihm weiter hinzugeben, kann das eine Gelegenheit sein, Ihre innere Haltung zu überdenken. Vielleicht stellen Sie sich Fragen wie: »Warum war mir das so wichtig? Was habe ich mir so sehr von dieser anderen Person erwartet, dass ich bereit war, meine Macht an sie abzugeben? Vielleicht habe ich das ja gar nicht gebraucht.« Ihre Antwort kann so eine Tür zu mehr Selbstakzeptanz öffnen.

Das kann Sie dazu motivieren, sich besser um sich selbst zu kümmern und freundlicher zu sich selbst zu sein. Es kann uns unglaublich viel Kraft geben, wenn wir uns selbst Mitgefühl entgegenbringen. Wenn wir uns so sein lassen, wie wir sind, ohne uns dafür zu schämen. Wenn wir nicht das Gefühl haben, uns dafür entschuldigen zu müssen, so zu sein, wie wir sind. Wenn wir unsere Fehler genauso akzeptieren wie unsere Fähigkeiten. Kurz: wenn wir Ja zu uns selbst sagen!

Wenn Sie sich der Dimension bewusst werden, die hinter Ihrem eigenen Leiden liegt, eröffnet sich Ihnen darüber hinaus die einzigartige Möglichkeit, das Leiden anderer wahrzunehmen und ihnen vielleicht mit mehr Freundlichkeit zu begegnen. Wenn Ihr erfolgloser Versuch, mit einem Menschen über etwas zu einem Abschluss zu kommen, Ihnen geholfen hat, zu erkennen, wie viel dieser Mensch in seinem eigenen Leben gelitten hat (oder wie sehr Ihr Versuch, einen Schlussstrich zu ziehen, ihn geschmerzt hat), dann kommen Sie vielleicht noch mehr in Kontakt mit Ihrer mitfühlenden Seite. Mitgefühl ist etwas, das wir zuerst uns selbst gegenüber entwickeln müssen. Sind wir mitfühlend mit uns selbst, dann sind wir es auch eher gegenüber anderen.

Die Lektionen des Lebens lernen

Wir denken gerne, dass ein Abschluss im Idealfall zu einem neuen Selbstverständnis führt, unser Selbstwertgefühl stärkt, uns besser befähigt, für uns selbst einzustehen und das einzufordern, was uns zusteht. Manchmal bewirkt ein Abschluss tatsächlich all das. Wir fühlen uns ermutigt, bestätigt und verstanden. Und das ist gewiss eine wertvolle Lebenserfahrung.

Um aber als Menschen zu wachsen, müssen wir offen sein für alle nur denkbaren Lektionen, die das Leben uns lehren kann, sowohl für solche, die wir feiern können, als auch für solche, die wir erdulden müssen. Das Leben stellt uns vor viele Herausforderungen und hinterlässt dabei emotionale Beulen und blaue Flecken auf unserer Seele. Aber in gewisser Weise sind diese Herausforderungen ein Geschenk, denn sie lehren uns Lektionen, die uns helfen, uns als Menschen weiterzuentwickeln. Und wird uns ein Geschenk angeboten, so sollten wir es dankbar annehmen. Einige der wichtigsten Lektionen meines Lebens habe ich durch bittere Erfahrung gelernt, und ich glaube, dass die Erfahrung, keinen Abschluss zu finden, so hart sie auch sein mag, ebenfalls eine sehr wertvolle Lehre für das Leben sein kann. Der Brief, den abgeschickt zu haben wir später bereuen, weil er einen Menschen verletzt oder seinem Ruf geschadet hat. Oder die öffentliche Maßregelung, die mit Vehemenz zurückgewiesen wurde, wodurch wir am Ende selbst bloßgestellt und gedemütigt dastanden. Aus alldem lässt sich etwas lernen.

Einer der Gründe, warum ich die Bedeutung der Intentionalität besonders betont habe, besteht darin, dass sie uns zur Klarheit darüber verhilft, aus welchem Grund wir für uns einen Abschluss brauchen, was wir dabei von der anderen Person erwarten und mit welcher Art von Reaktion wir zu rechnen haben. Und während wir für uns unsere Absichten klären, stellen wir vielleicht fest, dass wir emotional noch nicht so weit sind, dass unser Wunsch nach einem Abschluss nicht realistisch ist oder dass wir der anderen Person damit möglicherweise seelischen Schaden zufügen. Mit anderen Worten: Wir lernen dabei etwas über uns selbst – eine Lektion fürs Leben.

Hinter jeder Lebenserfahrung steht eine Geschichte, und ich möchte hier die von Mark erzählen.

Mark war in einer kleinen Stadt aufgewachsen, in der jede*r jede*n kannte. Sein Vater betrieb dort einen kleinen Imbiss, den Mark als »bessere Würstchenbude« bezeichnete und der nie besonders gut lief. Infolgedessen lebte Marks Familie nahe an der Armutsgrenze. Sie hatten ein winziges Haus mit einem einzigen Schlafzimmer, in dem seine Eltern schliefen, während Mark und sein älterer Bruder die Nacht auf Klappbetten im Wohnzimmer verbrachten. Seine Eltern arbeiteten viele Stunden in dem Imbiss, so dass Mark und sein Bruder für sich selbst sorgen mussten. Darüber hinaus stritten sich seine Eltern oft. Seine Mutter wollte, dass sein Vater den Imbiss aufgibt und sich einen besser bezahlten Job sucht. Sie sagte, der Imbiss sei »auf einem Dollar und einem Traum aufgebaut, und wir haben nicht einmal den Dollar«. Sein Vater dagegen versprach immer, dass das Geschäft irgendwann besser laufen würde, aber das tat es nie.

Mark schämte sich für die Situation, in der seine Familie lebte. In der Schule machten sich die Kinder über seine Secondhandkleidung lustig. Er brachte nie einen seiner Freunde mit nach Hause, aber sie alle wussten, wie er lebte.

Nachdem Marks Bruder die Highschool abgeschlossen hatte, ging er sofort zum Militär und brach, abgesehen von gelegentlichen Telefonaten, den Kontakt zur Familie ab.

Auch Mark hat seither kaum noch Kontakt zu ihm. Unterdessen konnte Mark aufgrund eines Stipendiums eine staatliche Universität besuchen und fand einen Sommerjob auf dem Campus, sodass er nicht mehr zu Hause wohnen musste.

Mark ist jetzt zweiunddreißig und arbeitet in einem anderen Bundesstaat als Lehrer. Er sieht seine Eltern ein paarmal im Jahr. Noch immer arbeiten sie viele Stunden im Imbiss. Er glaubt, dass er Jahre gebraucht hat, um sich mit den Wunden seiner Kindheit abzufinden – den Entbehrungen, dem Spott, den er ertragen musste, und der Uneinsichtigkeit seiner Eltern, wie sich ihre Entscheidungen, insbesondere die seines Vaters, auf ihre Söhne auswirken würden.

Letzten Sommer fuhr Mark über das Wochenende in seine Heimatstadt, um seine Eltern zu besuchen. (Er hatte sich ein Zimmer in einem Hotel in der Nähe genommen, da er es nicht über sich brachte, auf seinem alten Klappbett zu schlafen.) Dabei hatte er sich etwas fest vorgenommen. Er wollte seinen Eltern sagen, wie schwer sein Leben als Kind gewesen war, wie sich die Armut, die das Ergebnis ihrer schlechten Entscheidungen war, auf ihn ausgewirkt hatte, wie sie seinen Bruder vertrieben hatte. Er wollte ihnen begreiflich machen, wie sehr er darum gekämpft hatte, zu sich selbst zu finden, sich nicht ständig weniger wert zu fühlen als alle anderen um ihn herum, und endlich einzusehen, dass er es wert war, mehr im Leben zu haben, als er als Kind gehabt hatte. Mark erwartete keine Entschuldigung, er wollte sie nicht einmal. Aber er wollte, dass sie wissen, wie er über den Egoismus seines Vaters und seine Unfähigkeit dachte, der Realität ins Auge zu sehen, sowie über die fehlende Bereitschaft seiner Mutter, ein Machtwort zu sprechen und ihren Kindern ein besseres Leben zu ermöglichen.

Aber als Mark begann, über seine Kindheit zu sprechen, unterbrach ihn sein Vater und sprach stattdessen darüber, welches Potenzial der Diner besitze, dass er im Viertel nie die nötige Unterstützung gefunden habe und dass es ein großartiges Restaurant hätte werden können, wenn man ihm nur eine Chance gegeben hätte. Und seine Mutter erzählte ihm, was für eine großartige Mutter sie gewesen sei, wie sie und ihr Vater ihm und seinem Bruder solide Werte vermittelt hätten. Immer wieder fielen sie ihm ins Wort, wobei sie ständig darauf zurückkamen, was alles hätte sein können, was alles hätte sein sollen. Als er versuchte, ihnen zu vermitteln, wie unglücklich er als Kind gewesen war, wie sehr er sich in der Schule als Außenseiter gefühlt hatte, sagte seine Mutter zu ihm: »Unsinn. Du warst ein glückliches Kind. Du hast es geliebt, zu Hause mit deinem Bruder zu spielen, während wir in der Arbeit waren. Weißt du das denn nicht mehr? Ich schätze, diese ganze College-Ausbildung hat dir beigebracht, in deinen Eltern die Bösewichte zu sehen.«

»Na gut«, sagte Mark. »Na gut, Mom und Dad.« Er hatte weder das Herz noch die Energie, weiter zu streiten, noch den Wunsch, sie zu verletzen. Wenn sie ihm nicht zuhörten und versuchten, ihn zu verstehen, dann war das reine Zeitverschwendung.

Er war zwar ein wenig überrascht, wie sehr seine Mutter sich sträubte und dass sein Vater gänzlich dazu schwieg, aber er begann zu begreifen, wie wichtig es seinen Eltern war, die Fiktion einer glücklichen Kindheit aufrechtzuerhalten, in der er und sein Bruder in materieller und emotionaler Hinsicht alles hatten, was sie brauchten. Sie konnten sich nicht die Fehler eingestehen, die sie gemacht hatten, und dass sie ihr Leben mit einem Diner verschwendet hatten, der niemals erfolgreich sein würde. Einzusehen, dass Mark als Kind unglücklich gewesen war, würde bedeuten, die Verantwortung für ihre eigenen Lebensentscheidungen übernehmen zu müssen. Und wenn sie das täten, was bliebe ihnen dann noch? Stattdessen versuchten sie, ihm seine Wahrnehmung der Dinge auszureden, sagten ihm, dass seine Erinnerungen nicht real seien, dass sie das Produkt von zu vielen Psychologiekursen und der seither verstrichenen Zeit seien. Sie beharrten darauf, dass er die glückliche Kindheit, die sie ihm geschenkt hatten, vergessen habe und nur daran erinnert werden müsse.

Indem er die Grenzen, die seinen Eltern gezogen waren, als Realität akzeptierte, konnte Mark seinem Elternhaus um ein paar wertvolle Lehren reicher den Rücken kehren – Lehren, die er mit in sein eigenes Leben nehmen konnte. Eine dieser Lehren bestand darin, dass seine Eltern das Beste aus dem gemacht haben, was ihnen zur Verfügung stand. Weder als Eltern noch mit ihrem eigenen Leben hatten sie eine glückliche Hand gehabt, aber ihnen hatten auch die nötigen Ressourcen gefehlt – mental, emotional und finanziell –, um es besser zu machen. Eine weitere Lehre, die Mark mit nach Hause nahm, bestand darin, dass nicht alle Menschen, schon gar nicht seine Eltern, in der Lage sind, das eigene Leben objektiv zu betrachten, aus Angst, unter der Bürde der Wahrheit zusammenzubrechen. Und was vielleicht das Wichtigste war: Mark ging mit der Einsicht nach Hause, dass er in der Lage war, sein Schicksal selbst in die Hand zu nehmen, ob seine Eltern nun ihren Segen dazu gaben oder nicht. Er erkannte, dass er über diese Macht die ganze Zeit verfügt hatte, dass sie ihn dorthin gebracht hatte, wo er jetzt im Leben stand, ohne dass er sie sich wirklich zu eigen gemacht hatte. Jetzt konnte er sie klar erkennen und sich ihr ganzes Potenzial zunutze machen.

Mark konnte für sich nicht den Abschluss finden, den er sich von seinen Eltern gewünscht hatte, den Abschluss, den er zu brauchen glaubte. Stattdessen konnte er wertvolle Lehren für sein Leben daraus ziehen. Das ist die Kraft, die in der Akzeptanz liegt.

Das Leben ergibt nicht immer einen Sinn

Einer der Hauptgründe, warum wir überhaupt für uns einen Abschluss suchen, liegt darin, dass wir in der Lage sein wollen, einen Sinn in den Dingen zu sehen. Wir wollen verstehen, warum jemand so und so gehandelt hat oder warum sich die Ereignisse auf eine bestimmte Weise entwickelt haben. Selbst wenn uns die Antworten nicht gefallen, ziehen wir es vor, sie zu hören, als überhaupt keine Erklärung zu bekommen. Aber die Wahrheit ist, dass die Dinge in der Realität nicht immer einen Sinn ergeben.

Denken Sie an all die Dinge im Leben, die Sie einfach hinnehmen müssen, weil sie für Sie persönlich nicht unbedingt nachvollziehbar sind. Wenn ich mir auf alles, was mir im Alltag begegnet, einen Reim machen wollte, würde ich wohl nicht mehr aus dem Haus gehen. Es ist mir nicht begreiflich, wie ein Wolkenkratzer in diese Höhe gebaut werden kann, aber ich nehme trotzdem den Aufzug in den zwanzigsten Stock. Ich verstehe nicht, wie das Wetter so schnell umschlagen kann, aber ich greife trotzdem nach meinem Regenschirm, wenn ich ihn brauche. Ich kann nicht immer nachvollziehen, warum eine Klientin oder ein Klient nach einem Gespräch, das mir ganz unproblematisch erschien, völlig am Boden zerstört sein kann, aber ich höre trotzdem zu und biete emotionale Unterstützung an, um einen Lösungsweg aufzuzeigen.

Häufig sage ich zu meinen Klient*innen: »Menschen sind nun einmal so, wie sie sind.« Auf diese Aussage gibt es ganz unterschiedliche Reaktionen, von bedauernder Zustimmung über Schulterzucken bis hin zu zornigen Äußerungen wie »Das sollten sie aber nicht!«. Sicher, in einer perfekten Welt »sollten« die Menschen besser sein, aber wir leben nun einmal nicht in einer perfekten Welt. Ich kann hier aus eigener Erfahrung sprechen: Mein Leben wurde ein ganzes Stück einfacher, als ich aufhörte, von anderen Menschen zu erwarten, dass sie sich so verhalten, wie ich dachte, dass sie sich verhalten sollten, und stattdessen begann, sie so zu akzeptieren, wie sie sind. Nichts verlangen, nichts erbetteln, nicht erwarten, dass die Dinge einen Sinn ergeben. Die Menschen einfach so sein lassen, wie sie sind. Das Leben wurde auch sehr viel einfacher, als ich aufhörte, vom Leben zu erwarten, dass es in ihm logisch oder fair zugeht. Denn oft ist weder das eine noch das andere der Fall.

Fast jede Woche gebe ich einer oder einem meiner Klient*innen ebendiesen Rat, und oft sagen sie mir später, dass er auch in ihrem Leben eine große Veränderung bewirkt hat. Das heißt nicht, dass wir keine Erwartungen an uns nahestehende Menschen haben dürfen, aber es heißt einzusehen, dass das, was sie uns geben *können*, nicht immer das ist, von dem wir uns in einer perfekten Welt wünschen würden, dass sie es uns geben *könnten*.

Wenn wir uns von dem Anspruch lösen, dass wir die Welt und ihre Bewohner*innen begreifen müssen, gestehen wir uns selbst und allen anderen zu, die chaotischen Menschen zu sein, die wir alle sind. Wir erteilen ihnen die Erlaubnis, ihr Bestes zu geben, ungeachtet dessen, ob ihr Bestes unseren Ansprüchen genügt oder nicht. Erlaubnis! Ein so einfaches und doch so mächtiges Wort.

Wie so viele andere habe auch ich gelernt, ein Schulterzucken als etwas Negatives zu betrachten. Als ein Zeichen von Gleichgültigkeit, Trägheit oder auch Schwäche. Aber wenn wir uns von der Erwartung verabschieden, dass uns eine andere Person die Möglichkeit gibt, mit etwas abzuschließen, indem sie sich auf für uns sinnvolle Weise verhält, und stattdessen zu der Einsicht gelangen, dass es an der Zeit ist, mit den Schultern zu zucken und weiterzugehen, dann kann das ein Zeichen von Stärke, Akzeptanz und Kraft sein.

Ansätze, um sich in der Akzeptanz zu üben

Damit kommen wir zu der entscheidenden Frage: Wie kann ich mich in Akzeptanz üben, wenn alles in mir danach schreit, mit etwas einen Abschluss zu finden? Darauf gibt es eine einfache und zugleich schwierige Antwort: Sie lassen etwas hinter sich, indem Sie beschließen, es hinter sich zu lassen. Wenn Sie damit aber so lange warten, bis Sie vor Wut oder Frustration platzen, handeln Sie sich auf diese Weise nur noch mehr Wut und Frustration ein. Und wenn Sie auf die richtige Eingebung oder darauf warten, dass sich Ihr Seelenfrieden von selbst einstellt, werden Sie vielleicht sehr lange warten müssen. Stattdessen treffen Sie eine rationale Entscheidung. Sie sagen sich: »Ich brauche diesen Kampf nicht mehr zu führen. Es gibt vieles im Leben, das mir nicht einleuchten will, und in diesem Fall ist das nicht anders. Ich muss eine Entscheidung treffen, das bin ich meinem Seelenfrieden, meinem Selbstwertgefühl und meinem Energieniveau schuldig.«

Sie haben hier durchaus eine Wahl. Sie können etwas unternehmen, um Ihre seelische Gesundheit zu einer Priorität zu machen und sich wieder als ganzer Mensch zu fühlen. Im Folgenden finden Sie einige Ansätze, die Ihnen dabei helfen, Ihr seelisches Wohlbefinden zu verbessern und sich gleichzeitig von dem Bedürfnis nach einem Abschluss zu lösen. Wenn es hier einen gemeinsamen Tenor gibt, dann den, zur Akzeptanz zu gelangen, indem Sie Ja zu Ihrem Leben sagen. Sagen Sie so sehr Ja dazu, dass Ihnen keine Zeit bleibt, über das nachzudenken, was Sie nicht bekommen haben, weil Sie sich so sehr auf das konzentrieren, was Sie haben.

Achten Sie auf Ihre Selbstgespräche

Als Selbstgespräch wird der ständige Dialog bezeichnet, den wir in jedem wachen Moment in unseren Köpfen mit uns selbst führen. Oft sind diese Selbstgespräche voller Wertung und Kritik an uns selbst und anderen. Und wenn wir uns dieses »Hätte-könnte-sollte«-Tonband immer wieder vorspielen, machen wir uns damit selbst nur noch unglücklicher. Aber Sie können sich auch für wohlwollende Selbstgespräche entscheiden. Sie können sich selbst die Erlaubnis geben, ein Mensch zu sein wie jeder andere, und Sie können sich selbst die Gewissheit geben, dass Sie Ihr Bestmögliches tun, wie jeder andere Mensch auch.

Sprechen Sie mit einer inneren Stimme des Mitgefühls und des Wohlwollens zu sich selbst. Sprechen Sie mit sich selbst so, wie Sie mit jemandem aus dem Familien- oder Freundeskreis sprechen würden, der von einer anderen Person verletzt wurde. Wenn Sie sich dabei ertappen, wie Sie in Selbstkritik, Entweder-oder-Denken oder Schwarzmalerei in Bezug auf Ihre Zukunft verfallen, dann erinnern Sie sich daran, dass das Leben im Großen und Ganzen gut ist und dass es viele Menschen gibt, die es gut meinen, auch in Ihrem eigenen Leben.

Setzen Sie sich selbst Grenzen

Wenn Sie ständig daran denken, dass Sie mit etwas nicht den gewünschten Abschluss gefunden haben, werden Sie wahrscheinlich früher oder später selbst merken, dass die ständige Beschäftigung damit mehr schadet als nützt. Manchmal müssen wir uns selbst gegenüber ein wenig Strenge walten lassen und unseren eigenen Gedanken und Aktionen Grenzen setzen.

Treffen Sie die bewusste Entscheidung, Ihre Gedanken auf anderes zu richten, auch wenn es nur zeitweise ist. Bemühen Sie sich darum, im Freundes- und Familienkreis über etwas anderes zu sprechen als über die Situation, die zu Ihrem Bedürfnis nach einem Abschluss geführt hat. Vermeiden Sie Situationen, in denen Sie am ehesten in Grübeleien über Ihr Verlangen nach einem Abschluss verfallen, zum Beispiel am Wochenende den ganzen Morgen im Bett zu bleiben oder allein in einer Kneipe zu sitzen.

Denken Sie immer daran, dass Sie ja aus einem bestimmten Grund etwas auf sich haben beruhen lassen. Gewiss haben Sie sich immer wieder vor Augen gehalten, warum Sie einen Abschluss wollen und was Ihnen entgeht, wenn Sie ihn nicht bekommen. Aber was ist damit, was Sie gewinnen, wenn Sie sich von dem Verlangen nach einem Abschluss lösen, wie die frei gewordene mentale Energie, um an die Zukunft zu denken, ein größeres Gefühl von Ruhe und Erdung oder die Möglichkeit, wieder Freude zu fühlen? Hören Sie auf, sich selbst zu bestrafen. Seien Sie stattdessen freundlich zu sich selbst. Sie haben es verdient!

Lenken Sie sich ab

Positive Ablenkungen helfen Ihnen dabei, nicht in Trübsal zu verfallen, indem Sie sich gezielt auf Gedanken und Tätigkeiten konzentrieren, die Sie wieder in Ihre Mitte bringen, die Ihnen Freude bereiten und sich lebendig fühlen lassen. Wenn Sie mit wiederkehrenden Gedanken und Gefühlen zu kämpfen haben, die sich immer wieder darum drehen, dass Sie nicht in der Lage waren, für sich mit etwas zu einem Abschluss zu kommen, dann ist es gut, sich auf gesunde Weise abzulenken. Widmen Sie sich Ihren Hobbys, Ihren Freund*innen oder Ihrer Arbeit, konzentrieren Sie sich auf die schönen Dinge in Ihrem Leben, um Gefühle wie Frustration, Enttäuschung und Wut zu überwinden, die mit dem versagt gebliebenen Abschluss einhergehen. Solche positiven Ablenkungen sind kleine Bestätigungen, die in ihrer Summe ein größeres Bewusstsein dafür schaffen, dass das Leben lebenswert ist.

Gehen Sie den Aktivitäten in Ihrem Leben nach, die Ihnen Spaß machen, oder nehmen Sie sie wieder auf. Es geht dabei darum, Ihre Energie von den Gedanken an den nicht erreichten Abschluss und den damit verbundenen negativen Gefühlen abzuziehen, indem Sie Ihre Zeit auf positivere oder produktivere Weise verbringen. Hören Sie Musik. Sehen Sie sich einen Film an. Gehen Sie spazieren. Kochen Sie sich etwas Gutes. Treiben Sie Sport. (Übrigens ist körperliche Aktivität eine großartige Möglichkeit, um den Endorphinausstoß anzukurbeln und negativen Emotionen und Stress entgegenzuwirken). Sobald Sie diesen Weg einschlagen, wird Ihnen vielleicht auch bewusster, was Sie in Ihrem Leben dem Verlangen nach einem Abschluss bereits geopfert haben – was es Ihnen eventuell ebenfalls leichter macht, sich von diesem Verlangen zu lösen.

Erweitern Sie Ihren Radius

Wenn wir uns um einen Abschluss bemühen, geht es dabei oft um etwas, das nicht so gelaufen ist, wie wir es uns gewünscht hätten, oder um etwas, das uns genommen wurde. Überlegen Sie daher, ob Sie stattdessen etwas Neues in Ihr Leben bringen können. Entdecken Sie ein neues Hobby. Belegen Sie einen Kurs. Planen Sie eine Reise. Engagieren Sie sich ehrenamtlich.

Eine ehrenamtliche Tätigkeit oder ein anderes soziales Engagement kann besonders hilfreich sein, weil es Ihre Aufmerksamkeit von Ihren eigenen Problemen ablenkt, während Sie anderen Menschen bei ihren Problemen helfen. Sie können dazu beitragen, sich selbst von erlittenen Verletzungen zu heilen, indem Sie sich bewusst darum bemühen, anderen bei der Heilung ihrer Wunden zu helfen. Die selbstlose Unterstützung anderer Menschen ist zudem ein gutes Mittel, sich Ihrer eigenen Kräfte zu vergewissern, weil Sie auf diese Weise nicht zulassen, durch Ihre negative Erfahrung verbittert oder sarkastisch zu werden und sich durch sie geschlagen zu geben. Sie beweisen damit sich selbst, dass Sie sich davon, wie andere Sie behandelt haben, oder von den Enttäuschungen, die Sie erfahren haben, nicht unterkriegen lassen.

Versuchen Sie es mit Meditation

Vielleicht ziehen Sie auch in Erwägung, mit Meditation zu beginnen oder sich einer anderen spirituellen Praxis zu widmen, um so einen zusätzlichen Weg der Heilung zu beschreiten. Einer der bekanntesten und gangbarsten Wege ist die Achtsamkeitsmeditation, die Ihnen hilft, im Hier und Jetzt zu bleiben, anstatt zwischen den beiden Welten hin und her zu pendeln, in denen der menschliche Geist sich so gerne verliert: indem er in den Rückspiegel des Lebens starrt und über die Vergangenheit klagt oder in die sprichwörtliche Kristallkugel blickt und sich Sorgen über die Zukunft macht. Die Achtsamkeitsmeditation bringt Sie zurück in Ihr wirkliches Leben, in das volle Bewusstsein des gegenwärtigen Augenblicks. Viele Menschen empfinden sie als eine große Hilfe in ihrem Bemühen um mehr Ruhe und Ausgeglichenheit. Es gibt viele Apps, Websites und Bücher, die Ihnen den Einstieg erleichtern.

Visualisierung ist eine weitere Technik, die mit der Meditation verwandt ist und die Ihnen dabei helfen kann, zur Akzeptanz zu finden. Nehmen Sie sich morgens oder abends ein paar Minuten Zeit und malen Sie sich im Geiste aus, wie Sie sich von der Person trennen, mit der Sie zu keinem Abschluss kommen konnten. Das sollte kein von Zorn erfülltes inneres Bild sein, sondern eines, in dem Sie sich dafür entscheiden, dieser Person friedlich Lebewohl zu sagen, vielleicht mit einer Umarmung oder einem Händedruck, vielleicht auch, indem Sie sich einfach umdrehen und eine andere Richtung einschlagen. Wenn Sie diese Visualisierungsübung regelmäßig durchführen, kann Ihnen das im Laufe der Zeit ebenfalls zu einer größeren Akzeptanz verhelfen.

Holen Sie sich Unterstützung

Vielleicht hat die übermäßige Beschäftigung mit Ihrem Bedürfnis nach einem Abschluss dazu geführt, dass Sie sich in letzter Zeit verstärkt zurückgezogen haben. Möglicherweise haben Sie sich aber auch umgekehrt im Freundeskreis und in der Familie so ausgiebig Luft gemacht, dass Sie sich fragen, ob man Ihnen dort inzwischen aus dem Weg geht. Wie dem auch sei, entscheiden Sie sich dafür, mit den Menschen, die Ihnen am Herzen liegen und denen Sie am Herzen liegen, auf eine neue Weise in Kontakt zu treten. Verabreden Sie sich mit ihnen und machen Sie deutlich, dass Sie bereit sind, weiterzugehen und über andere Dinge zu sprechen. Zeigen Sie durch entsprechendes Nachfragen mehr Interesse an anderen. Ziehen Sie Aktivitäten wie gemeinsame Kino- oder Konzertbesuche in Betracht, bei denen sich ein Zusammensein ergibt, ohne dass zu viel geredet wird. Und zögern Sie nicht, sich zu entschuldigen, wenn Sie das Gefühl haben, dass Ihr Gegenüber es leid ist, Ihren Klagen zuzuhören.

Setzen Sie Ihren rationalen Verstand ein

Halten Sie inne und beobachten Sie Ihre Gedanken und die Gefühle, die sich daraus ergeben. Benennen Sie für sich alle Lücken und Unstimmigkeiten in Ihren Überlegungen. Seien Sie dabei aufrichtig mit sich selbst – insbesondere in Bezug auf Ihre Erwartungen an einen Abschluss und darauf, was Sie angesichts Ihrer Erfahrungen vernünftigerweise in Zukunft erwarten können. Denken Sie an die Vorteile, die es haben kann, wenn Sie auf einen Abschluss verzichten, der nicht realistisch oder nicht möglich ist.

Es kann Übung erfordern, sich auf Ihren rationalen Verstand zu verlassen. Ein Tagebuch zu führen, kann Ihnen helfen, Ihre Fortschritte auf dem Weg zu beobachten und den Lernprozess zu unterstützen. Setzen Sie sich hin und notieren Sie sich, warum Sie mit etwas oder jemandem zu einem Abschluss kommen wollten, was Sie unternommen haben, um das zu erreichen, was Sie daran gehindert hat und was Sie daraus gelernt haben. Überlegen Sie auch, was es bedeutet, sich in Akzeptanz zu üben, was es für die Zukunft bedeutet und wie es Ihnen zugutekommen wird.

Denken Sie, während Sie Ihren rationalen Verstand einsetzen, auch daran, dass Sie eine Wahl haben. Sie können sich dafür entscheiden, auf rationale Weise zu denken und vorzugehen. Sie können sich selbst heilen.

Selbsteinschätzung: Was steht der Akzeptanz im Weg?

Klingt Akzeptanz für Sie nach harter Arbeit? Hier sind einige Fragen, die Sie sich stellen können, um Ihre Bereitschaft zur Akzeptanz zu beurteilen:

- Welche Gedanken löst es in mir aus, wenn ich an die Worte »Lass es sein« denke?
- Welche Gefühle stellen sich bei diesen Gedanken ein?
- Kann ich akzeptieren, was mir widerfahren ist, und gleichzeitig akzeptieren, dass die andere Person sich schlecht verhalten hat, oder fühlt sich Akzeptanz so an, als würde ich das erlittene Unrecht billigen?
- Bin ich so sehr darauf erpicht, mit der anderen Person zu einem Abschluss zu kommen, dass sich Akzeptanz für mich wie Schwäche anfühlt?
- Was entgeht mir, wenn ich mich für Akzeptanz entscheide?
- Was gewinne ich, wenn ich mich für Akzeptanz entscheide?
- Welche emotionalen und anderen Risiken bringt es mit sich, wenn ich mich dafür entscheide, das Vorgefallene nicht zu akzeptieren?
- Welche Rolle spielt mein Ego bei der Entscheidung, mich in Akzeptanz zu üben?
- Wie würde mein Leben aussehen, wenn ich vollständig akzeptieren würde, dass mir ein Abschluss verwehrt bleibt?
- Wie würde Akzeptanz zu meiner persönlichen Weiterentwicklung beitragen?

Zugegeben, das sind keine einfachen Fragen; aber wenn Sie sich die Mühe machen, sie zu beantworten, kann das erheblich zu Ihrem Seelenfrieden beitragen und Ihnen dabei helfen, mit Ihrem Leben weiterzukommen. Seien Sie sich selbst diese Mühe wert!

Abschließende Überlegung: Der erste Schritt zur Freiheit

Ich weiß, dass es nicht leicht ist, etwas, das Ihnen so viel Kummer bereitet hat, einfach zu akzeptieren. Vielleicht denken Sie: *Wie kann ich das einfach so auf sich beruhen lassen?* Aber wenn Sie gegen eine Mauer stoßen oder Gefahr laufen, sich weiteren Anfeindungen auszusetzen, oder wenn es aus anderen Gründen unmöglich ist, mit etwas zu einem Abschluss zu kommen: Was ist dann die Alternative? Die Menschen sind so, wie sie sind. Wir können sie nicht dazu zwingen, so zu sein, wie wir sie haben wollen, und sei es nur, um das Ende einer Beziehung einfacher zu gestalten.

Akzeptanz ist kein Abschluss, und das mag zunächst dagegen sprechen. Es bedeutet, dass offene Fragen bleiben, die vielleicht nie geklärt werden. Aber die Tatsache, dass Akzeptanz kein Abschluss ist, bedeutet auch, dass Sie nicht bei einem anderen Menschen darum betteln mussten; dass Sie ihn nicht auf Kosten anderer erreicht haben; dass Ihnen nicht aufgezwungen wurde, was Sie so nicht gewollt haben. Akzeptanz ist etwas, was Sie von sich aus und allein für sich selbst tun. Es ist eine einsichtige, mitfühlende, kraftvolle Entscheidung. Sie befähigt Sie dazu, Ihr Leben selbst in die Hand zu nehmen und mit Zuversicht nach vorne zu blicken. Akzeptanz ist der erste Schritt in die Freiheit.

KAPITEL 13

NACH EINEM TODESFALL ZU EINEM ABSCHLUSS FINDEN

Jede Woche, wenn nicht mehrmals in der Woche, kommt es vor, dass ich mit einer oder einem meiner Klient*innen über das Thema Verlust spreche. Wenn wir in irgendeiner Form einen Verlust erfahren, empfinden wir Trauer. Wenn wir eine Freundschaft verlieren, trauern wir um diesen Verlust, auch wenn wir irgendwann zu dem Schluss gekommen sind, dass diese Freundschaft letztlich nicht gut für uns war. Wenn wir einen Arbeitsplatz verlieren, betrauern wir damit auch den Verlust des sicheren Einkommens, der Möglichkeit, produktiv zu sein, oder den Verlust der Beziehungen, die wir zu unseren Kolleg*innen hatten – auch wenn wir festgestellt haben, dass uns der Job mehr kostet, als er uns bringt, auch wenn wir entlassen oder rausgeschmissen wurden, und auch dann, wenn wir inzwischen einen besseren Job gefunden haben. Wir betrauern den Verlust einer Liebesbeziehung, ganz gleich, wer sie beendet hat, und wir trauern um den Verlust der Möglichkeit, mit Familienmitgliedern wirklich in Kontakt zu kommen, weil es Differenzen oder Meinungsverschiedenheiten gibt, die anscheinend unüberwindbar sind. In meiner Arbeit mit Klient*innen, die mit chronischen oder schweren Krankheiten konfrontiert sind, drehen sich die Gespräche oft um die Trauer, die sie nach einer ärztlichen Diagnose empfinden. Sie trauern um das Leben, das sie vor ihrer Diagnose hatten, und um die Zukunft, die vor ihnen zu liegen schien, als das Leben noch nach Plan verlief, bis es das auf einmal nicht mehr tat.

Und natürlich trauern wir, wenn ein geliebter Mensch stirbt. Als ich im Freundeskreis und gegenüber Klient*innen erwähnte, dass ich ein Buch über das Thema Abschluss schreiben würde, kam von vielen die Frage, ob es ein Buch über die Trauer nach dem Tod eines geliebten Menschen sei. Sicherlich ist ein Todesfall bei Weitem nicht der einzige Grund, warum wir für uns einen Abschluss suchen. Aber er stellt uns vor eine besondere Herausforderung, sowohl wegen der Intensität des Schmerzes als auch wegen der Endgültigkeit, die mit ihm verbunden ist und die es in anderen Situationen, in denen wir nach einem Abschluss suchen, so nicht gibt. Auch wenn das Bedürfnis nach einem Abschluss nach dem Verlust eines geliebten Menschen in diesem Buch immer wieder zur Sprache kommt, wollte ich das Thema daher ausführlicher in einem eigenen Kapitel behandeln.

Bedeutet ein Abschluss das Ende des Schmerzes?

Im Laufe meines Lebens habe ich viele Menschen verloren, und ich vermute, auch Sie haben Verluste erlitten. Der Tod eines geliebten Menschen hinterlässt in uns einen Schmerz, der sich nur schwer in Worte fassen lässt. Nach meiner eigenen Erfahrung und den Erfahrungen vieler meiner Klient*innen verändert sich der Schmerz über den Verlust mit der Zeit. Für jeden Menschen sieht Trauer anders aus, und es gibt keinen richtigen Weg zu trauern, aber oft beginnt sie mit unerträglichem Schmerz, jener Art von emotionalem Schmerz, dass wir nur noch weinen wollen und am liebsten schreien, auf ein Kissen einschlagen und gegen eine Tür treten würden. Es ist ein Schmerz, der uns glauben lassen kann, dass wir den Verstand verlieren. Es fühlt sich so an, als würden unsere Eingeweide durch den Mund herauskommen. Vielleicht ist der Schmerz so stark, dass er uns völlig überwältigt und wir glauben, unter der Last zusammenzubrechen. Und wir brechen auch zusammen, vielleicht sogar mehrmals. Aber irgendwie machen wir weiter.

Mit der Zeit geht dieser unsägliche Schmerz in einen dumpferen Schmerz über, der all Ihre Gedanken und Ihr ganzes Tun durchdringt. Sie fragen sich, ob Sie langsamer gehen, langsamer sprechen. Das Leben fühlt sich an, als würde es in Zeitlupe ablaufen. Sie sind umgeben von Erinnerungen an den verstorbenen Menschen. Ein Lied, eine Fernsehsendung, der Geruch einer bestimmten Speise, eine zufällige Bemerkung … all das löst weitere Erinnerungen aus. Der dumpfe Schmerz droht wieder intensiver zu werden. Und manchmal ist das auch der Fall, und plötzlich empfinden Sie den Schmerz wieder so frisch wie an dem Tag, an dem dieser Mensch gestorben ist.

Wenn wir trauern, fällt es uns schwer, zu akzeptieren, dass der geliebte Mensch nie wieder in unserem Leben sein wird. Unser rationaler Verstand sagt uns, dass wir der Tatsache ins Auge sehen müssen, dass er nicht mehr zurückkommen wird; aber anzuerkennen, dass er für immer gegangen ist, kann sich wie eine Kapitulation anfühlen. Wir fühlen uns entwurzelt, wie von allem abgeschnitten. Wir versuchen zu lächeln, optimistisch zu wirken, während wir die Welt durch einen dunklen Schleier betrachten. Wir wollen uns mit dem Tod dieses Menschen abfinden können, ohne zu wissen, wie uns das jemals gelingen soll.

In unseren Gesprächen über die Trauer sagen meine Klient*innen häufig Dinge wie: »Wie kann ich mich je von diesem Schmerz befreien? Es tut so sehr weh. Es überwältigt mich einfach«, »Kann ich jemals wieder froh werden?«

Und natürlich: »Wie kann ich damit für mich einen Abschluss finden?«

In Fortbildungen zur Trauerbegleitung wird uns Psychotherapeut*innen beigebracht, unsere Klient*innen dazu zu ermutigen, zu fühlen und über ihre Gefühle zu sprechen. Zu erzählen, wie die oder der Betroffene gestorben ist, wenn sie das möchten. Ihre Erinnerungen mitzuteilen. Darüber zu sprechen, wie ihr Leben jetzt aussieht, nachdem dieser Mensch nicht mehr da ist. Und jedes Mal, wenn sie die Geschichten über ihren Verlust erzählen, jedes Mal, wenn sie die damit verbundenen Gefühle durchleben, integriert ihr Verstand den Verlust ein wenig mehr. Ich glaube an die Macht des Gesprächs und an das Potenzial, das darin liegt, Gedanken und Gefühle in Worte zu fassen, aber … was meine trauernden Klient*innen wollen, ist ein Abschluss. Sie wollen die offenen Fragen für sich klären, die sie quälen, die ihnen keinen Moment Ruhe lassen und von denen sie glauben, dass sie der magische Schlüssel dafür sind, dass alles gut wird.

Ich weiß, wie sie sich fühlen. Als ich selbst einen geliebten Menschen verlor, habe ich mich dabei ertappt, wie ich das Universum um nur fünf Minuten mehr gemeinsame Zeit anflehte. Nur um ihm noch einmal in die Augen zu sehen. Um ihm zu sagen, wie sehr ich ihn geliebt habe und immer noch liebe. Vielleicht um die Worte zu sagen, die ich hätte sagen wollen, aber nicht gesagt habe. Vielleicht um Vergebung zu bitten für eine Zeit, in der ich freundlicher, hilfsbereiter und liebevoller hätte sein können, es aber nicht war. Um Antworten auf Fragen zu hören wie »Weißt du, wie sehr du mir am Herzen gelegen hast?« Und vielleicht auch, um zu hören, wie dieser Mensch mich um Vergebung bittet. Oftmals haben meine trauernden Klient*innen ähnliche Wünsche geäußert.

Würde uns das zu einem Abschluss verhelfen? Würde es den Schmerz zum Verstummen bringen? Vielleicht, aber ich glaube, die Erleichterung wäre nur vorübergehend, und der dumpfe Schmerz der Trauer würde wiederkehren. Und es ist ohnehin unmöglich. Welche Art von Abschluss wäre also nötig, damit wir uns *wirklich* besser fühlen?

Im Zuge der Trauerbegleitung habe ich von meinen Klient*innen viele Geschichten über die Suche nach einem Abschluss gehört, der sie in die Lage versetzen würde, die Trauer nach einem Todesfall zu bewältigen, manche davon erfolgversprechender als andere.

So haben zum Beispiel nicht wenige von ihnen versucht, die Gerichte zu bemühen, um auf diesem Weg für sich einen Abschluss zu erreichen. Ich bin Eltern begegnet, die völlig verzweifelt waren über den Tod eines Kindes, der auf einen Behandlungsfehler der behandelnden Ärzt*innen zurückzuführen war. Und ich bin Eltern von jungen Erwachsenen begegnet, die bei einem Verkehrsunfall durch die Schuld eines betrunkenen Fahrers ums Leben gekommen waren. Bisweilen wurden die Therapiestunden zu Updates über Anwaltstermine und Prozessverläufe, während ein Fall seinen mühsamen Gang durch die Instanzen nahm. Ich konnte sehen, wie sich die Gesichter dieser Klient*innen vor Wut verzerrten, als sie von Vergleichsterminen berichteten, bei denen sie das Gefühl hatten, dass von den Anwält*innen der Gegenseite, die in der Regel eine große Klinik oder Versicherungsgesellschaft war, die Wahrheit verdreht und ihr Leiden heruntergespielt wurde. Während dieser Gespräche formulierten meine trauernden Klient*innen oft dasselbe Ziel: »Ich will, dass sie mir die Möglichkeit geben, damit abzuschließen.« Ihre Wut verlieh ihnen Energie – zumindest vorübergehend. Und dann fielen sie zurück in die tiefe Grube ihrer Trauer.

Damit will ich nicht sagen, dass es falsch von diesen Menschen war, rechtliche Schritte einzuleiten. Je nach Situation kann es in finanzieller Hinsicht von Bedeutung sein, oder es kann dazu beitragen, dass eine Person oder Institution künftig nicht noch mehr Menschen Schaden zufügt. Aber ich habe wohl in keinem Fall erlebt, dass es meinen Klient*innen geholfen hätte, auf emotionaler Ebene für sich einen Abschluss zu finden oder ihre Trauer zu verarbeiten. Letzten Endes hatten sie noch immer einen Menschen verloren, den sie sehr geliebt haben.

Andere Klient*innen haben auf andere Weise versucht, nach dem Tod eines nahestehenden Menschen einen Abschluss für sich zu finden. So haben sie etwa darauf gehofft, dass der oder die Verstorbene ihnen im Traum erscheint und sie auf diese Weise die Antworten, die sie brauchen, erhalten und zur Ruhe kommen. Oder sie hofften auf ein Zeichen, wie jene Klientin, die einen Dollar auf der Straße fand, den Betrag ihres wöchentlichen Taschengeldes als Kind, und überzeugt war, dass es sich um eine Botschaft ihrer verstorbenen Mutter handelte. Ich hatte einmal einen besonders bemerkenswerten Klienten, der nach dem Verlust seines Partners so verzweifelt nach einem Abschluss für sich suchte, dass er einen Termin mit einem Medium vereinbarte, das behauptete, mit den Toten sprechen zu können. Dabei war sein erklärtes Ziel, »von meinem Partner zu hören, dass er noch bei mir ist. Das würde mir helfen, einen Abschluss zu finden.«

Was den herkömmlichen Rahmen angeht, so bietet uns unsere Kultur die Möglichkeit, durch Bestattungen, Trauer- oder Gedenkfeiern einen Abschluss nach einem Todesfall zu finden. Bei diesen Anlässen wird in Form von Nachrufen oft eine religiöse oder spirituelle Botschaft vermittelt, außerdem bieten sie eine Gelegenheit zum persönlichen

Austausch von Gedanken und Erinnerungen. Ich war schon auf vielen solcher Veranstaltungen, wie Sie vielleicht auch. Eine Bestattungszeremonie bietet Gelegenheit, gemeinsam zu trauern und Unterstützung zu erfahren, und ich denke, dass dies hilfreich sein kann, um für sich einen gewissen Abschluss zu finden. Andererseits kann die Teilnahme an einer Veranstaltung zu Ehren eines geliebten Menschen, den wir verloren haben, emotional auch sehr zermürbend sein. Gewiss gibt es viele Umarmungen und Beileidsbekundungen, aber jede von ihnen ist zugleich eine Erinnerung an die bittere Realität, dass dieser Mensch nicht mehr da ist. Und wir werden von einem Raum voller Menschen daran erinnert, unter denen vielleicht einige sind, mit denen wir nicht einmal wirklich Zeit verbringen möchten (und vielleicht auch einige, mit denen der oder die Verstorbene ebenfalls keine Zeit hätte verbringen wollen). Und Worte, die tröstlich sein sollen, wie »Er/Sie ist jetzt an einem besseren Ort« oder »Die Zeit heilt alle Wunden«, klingen, so gut sie auch gemeint sein mögen, einfach leer.

Wir alle müssen unseren eigenen Weg finden, um mit dem Verlust eines geliebten Menschen fertigzuwerden. Über das Wie steht uns kein Urteil zu. Die Trauer ist eine individuelle Reise für jede*n von uns, eine Reise, die wir ein jedes Mal unternehmen müssen, wenn wir jemanden verlieren, den wir lieben. Natürlich verstehe ich das Bedürfnis nach einem Abschluss und die Hoffnung, die hinter der Suche danach steht, das verzweifelte Bedürfnis, den Schmerz zu heilen. Der Schmerz ist so schwer zu ertragen.

Jedoch erkenne ich in den genannten Beispielen für diese Suche auch etwas Gemeinsames, nämlich die Hoffnung, diesen Abschluss von außen her, durch andere Menschen oder eine Institution zu finden: durch die Gerichte, durch ein Medium, durch Umarmungen und Beileidsbekundungen von Angehörigen und Nahestehenden. Der Versuch, durch die Handlungen und Worte anderer Menschen für sich einen Abschluss zu finden, ist, wie ich in früheren Kapiteln bereits ausgeführt habe, immer ein Glücksspiel. Vielleicht erhalten wir die große Versicherungssumme, vielleicht aber auch nicht. Das Zeichen, auf das wir warten, mag kommen oder nicht. Vielleicht hat die Trauerfeier die große tröstliche Wirkung, die man sich in unserer Kultur davon erwartet, vielleicht aber auch nicht. Und selbst wenn diese Erwartungen sich erfüllen, fühlen wir uns damit vielleicht nicht so, wie wir dachten und hofften, dass wir uns fühlen würden.

Ich muss gestehen, dass ich mir nicht sicher bin, ob andere Menschen uns wirklich dabei helfen können, einen Abschluss zu finden, wenn wir in Trauer sind. Ich möchte sogar noch einen Schritt weiter gehen: Ich bin mir nicht sicher, ob ich überhaupt weiß, worin ein Abschluss nach dem Tod eines geliebten Menschen tatsächlich besteht. In der Gewissheit, dass wir für ihn der Mensch waren, den er gebraucht hat? Im Wissen darum, dass er sich auf eine Reise an einen Ort begeben hat, an dem er vielleicht darauf wartet, dass wir ihm eines Tages dahin folgen werden? In der Vergebung für die Momente, in denen wir ihm Leid zugefügt haben? Oder besteht der Abschluss darin, dass uns der Schmerz über den Verlust verlässt und Frieden, Trost oder Freude an seine Stelle tritt?

Die traditionellen Abschlussrituale nach einem Todesfall können uns ein Gefühl von Unterstützung und Gemeinschaft vermitteln, und spirituelle und religiöse Überzeugungen können zusätzlich dazu beitragen, angesichts der scheinbaren Sinnlosigkeit des Todes Sinn zu finden. Letztendlich ist der Verlust eines Menschen jedoch wie ein Schlag in die Magengrube. Er lässt uns nach Luft ringen, macht uns fassungslos und wirft Fragen auf, auf die es keine Antworten gibt. Das Leben ist willkürlich und ungerecht. Menschen treten in unser Leben, und wir lieben sie, und manchmal verlieren wir sie. Und dann fühlen wir uns allein.

Zumindest theoretisch kann Ihre Chefin Ihnen sagen, warum sie Sie gefeuert hat. Ihr Freund kann Ihnen sagen, warum er mit Ihnen Schluss gemacht hat. Ihre Schwester kann Ihnen sagen, warum sie nicht mehr mit Ihnen spricht. Aber das Schweigen des Todes ist für immer. Ein Verlust hinterlässt bei Ihnen eine Wunde. Damit für sich einen Abschluss zu finden, was auch immer das für Sie bedeutet, mag ein gewisses Maß an Trost bieten, aber es wird diese Wunde nicht heilen.

Der Trauerprozess als eine Form von Abschluss

Ich spreche aus voller Überzeugung, wenn ich sage, dass im Trauerprozess die Hoffnung liegt, den Leidensweg zu bewältigen, auf den ein Verlust uns führt. Ich glaube aber nicht, dass sich die Trauer in vorgegebenen Schritten vollzieht. Ich glaube nicht, dass sie innerhalb eines bestimmten Zeitrahmens abgeschlossen ist. Ich glaube nicht, dass sich ihr Verlauf voraussehen lässt. Vielmehr glaube ich, dass jeder Mensch auf seine eigene Weise durch den Trauerprozess geht. Ich glaube auch, dass jeder Verlust einzigartig ist. Vielleicht trauern wir auf die eine Weise, wenn ein Mensch aus unserem Leben scheidet, und auf eine ganz andere, wenn uns ein anderer Mensch verlässt.

Der einzige Weg, der uns garantiert, die Trauer zu überwinden, besteht darin, den Prozess zu durchlaufen. Zu reden. Uns zu erlauben, die Gefühle zu durchleben. Den eigenen Weg zu finden, des Menschen zu gedenken, den wir verloren haben. Erinnerungen zu teilen. Unser Leben auf eine Weise zu leben, mit der es uns gelingt, das Vermächtnis des oder der Verstorbenen fortzuführen.

Jedes Mal, wenn wir einen geliebten Menschen verlieren, beginnen wir ein neues Kapitel in unserem Leben: das Kapitel ohne diesen Menschen. Das kann große Veränderungen mit sich bringen, wenn wir beispielsweise unseren Partner oder unsere Partnerin verlieren. Es kann aber auch kleinere Veränderungen bedeuten, wenn wir zum Beispiel jemanden aus dem Kollegen- oder Freundeskreis verlieren. So oder so beginnt damit ein neues Kapitel. Vielleicht passiert uns etwas Komisches, und wir haben den Impuls, diese Geschichte dem Menschen zu erzählen, den wir verloren haben, nur um dann festzustellen, dass wir das nicht mehr können. Vielleicht taucht ein Problem vor uns auf, und er ist der Erste, der uns als Ratgeber in den Sinn kommt, bis uns klar wird, dass er nicht mehr da ist, um uns zu helfen. Feiertage und Geburtstage stehen an, und wir denken daran, sie mit ihm zu verbringen, aber es ist uns nicht mehr möglich.

Wenn wir dieses neue Kapitel in unserem Leben aufschlagen, können wir dies mit offenem Herzen tun, indem wir akzeptieren, dass wir diese Wunde in uns tragen, und uns dafür entscheiden, unseren Weg mit ihr weiterzugehen, uns wenn nötig selbst Trost zu spenden, aber auf unserem Weg zu bleiben. Indem wir auf diese Weise unseren ganz eigenen Trauerprozess durchlaufen, gewähren wir uns selbst einen Abschluss.

Meine Geschichte: Dad, Mom und ich

Zu Beginn dieses Buches habe ich eine persönliche Geschichte zum Thema Abschluss erzählt und möchte zum Ende hin eine weitere wiedergeben. Meine Eltern sind nicht mehr bei mir. Als mein Vater starb und zehn Jahre später auch meine Mutter, habe ich mir viele Gedanken über den Abschluss nach dem Tod eines geliebten Menschen gemacht. Ich möchte sie Ihnen hier gerne mitteilen.

Mein Vater und ich waren oft nicht einer Meinung. In meiner Arbeit führe ich viele Gespräche mit Männern, und ich weiß, dass dies nicht ungewöhnlich ist. Viele von uns haben ein schwieriges Verhältnis zu ihren Vätern. Mein Vater wurde in den 1920er-Jahren geboren, als viele Männer dazu erzogen wurden, nur einer einzigen Emotion Ausdruck zu verleihen, nämlich Wut. Viele Männer seiner Generation verspürten nicht nur dann Wut, wenn sie wütend waren, sondern hatten oft gelernt, auch dann wütend zu sein, wenn sie Angst, Enttäuschung oder Traurigkeit empfanden. Mein Vater war sehr oft wütend. Mit ihm aufzuwachsen, war für mich nicht immer einfach, und ich vermute, für ihn war es umgekehrt auch nicht leicht. Sein in seine Bücher vertiefter mittlerer Sohn war ihm ein Rätsel. In vielerlei Hinsicht versuchte er, mir zu helfen, aber oft kommunizierte er aus der Wut heraus, und das war für mich als Kind schwer zu begreifen. Blicke ich mit der größeren Klarsicht des Erwachsenen auf meine Kindheit zurück, so weiß ich, dass er, wie die meisten Eltern, seine Kinder mit dem erzogen hat, was er wusste. Er tat sein Bestes, um trotz seiner eigenen Dämonen ein guter Vater zu sein. Aber zu jener Zeit konnten wir einfach keinen gemeinsamen Nenner finden.

Nachdem ich von zu Hause ausgezogen war und auf eigenen Füßen stand, versuchte mein Vater, die Kluft zwischen uns zu überbrücken, und nicht immer habe ich mich bemüht, ihm auf halbem Weg entgegenzukommen. Ich hatte sehr gemischte Gefühle in Bezug auf unser Verhältnis, und es schien mir zu schwierig, darüber zu sprechen, was zwischen uns passiert war. Ich redete mir ein, dass es für *ihn* zu schwer sein würde, aber schon damals wusste ich, dass dies nur eine Ausrede für meine eigene Abneigung war, über die Vergangenheit zu sprechen.

In meinem Kopf hatte ich ein Bild von einem Gespräch, das ich eines Tages mit meinem Vater führen würde. Ich wollte ihm sagen, wie es mir als Kind mit ihm ergangen war, womit er mir geholfen hatte, erwachsen zu werden, und womit nicht. Ich wollte ihn wissen lassen, warum ich mich ihm gegenüber so verhielt, wie ich es manchmal tat. Und ich wollte besser verstehen können, warum er sich mir gegenüber häufig so verhielt, wie er es tat. Vor allem aber wollte ich, dass wir einander verzeihen. Im Rückblick ist mir jetzt klar, dass es mir darum ging, mit ihm einen Schlussstrich unter das Vergangene zu ziehen.

Als er älter wurde und seine Gesundheit nachließ, wurde mir zunehmend bewusst, dass die Zeit meines Vaters ablief. Trotzdem dachte ich, es sei noch Zeit. Ich dachte, die richtige Gelegenheit würde sich wie im Kino auf magische Weise ergeben. Ich dachte, dass wir gemeinsam diesen Schlussstrich würden ziehen können, bevor er stirbt.

In einem Jahr fuhr ich zurück nach Michigan, um meine Eltern zu Weihnachten zu besuchen; es sollte das letzte Weihnachtsfest meines Vaters sein. An Heiligabend hatte ich das Gefühl, dass er mir etwas sagen wollte. Ich weiß noch, wie ich ihm im Wohnzimmer gegenübersaß und den Impuls hatte, dieses Gespräch mit ihm zu beginnen. Er war nie gut darin gewesen, zu sagen, was ihm durch den Kopf ging. Ich hätte einen Anfang machen können, aber ich tat es nicht. Stattdessen sagte ich mir, dass wir einen besseren Zeitpunkt finden würden. Auf jeden Fall einen besseren als Heiligabend. Und so fragte ich ihn, was er sich im Fernsehen anschauen wollte, und der Moment verstrich.

Im darauf folgenden Sommer erkrankte mein Vater schwer an Krebs, womit sich bestätigte, was wir bereits vermutet hatten. Als er und meine Mutter mich in New York besuchten, sah er krank aus, bewegte sich und sprach sehr langsam, und wir verbrachten viel Zeit in dem Hotelzimmer in Midtown, das ich für sie gebucht hatte. Eine meiner letzten Erinnerungen an meinen Vater ist unser Frühstück im Hotelrestaurant am Morgen ihrer Abreise. Er erzählte mir aus seinen jungen Jahren, als seine Firma ihn für ein paar Tage auf eine Geschäftsreise nach New York geschickt hatte. Als Kind hatte ich diese Geschichte schon viele Male gehört, aber ich spürte, dass es ihm wichtig war, sie mir noch einmal zu erzählen. Und so hörte ich zu, als wäre es das erste Mal. Ich sagte ihm, was für eine tolle Erfahrung das gewesen sein muss und wie wertvoll er für sein Unternehmen gewesen sein muss. Ich glaube, er brauchte meine Bestätigung dafür, ein guter Vater gewesen zu sein, der Dinge getan hatte, auf die er stolz sein konnte und auf die auch ich stolz sein konnte. Eine Bestätigung dafür, dass er es in der Welt zu etwas gebracht hatte. Und ich bin heute froh und dankbar, dass ich die Geistesgegenwart hatte, sie ihm zu geben. Bevor er New York verließ, um nach Michigan zurückzukehren, legte er seine Hand auf meine Schulter und sagte: »Danke, dass du mir immer zugehört hast.« Und ich erwiderte: »Gern geschehen, Dad. Jederzeit.«

Ein paar Monate später fuhr ich zu meinen Eltern nach Hause, um ihn zu besuchen, als er im Krankenhaus im Sterben lag. Ich wusste, dass wir das besagte Gespräch noch führen mussten, also stand ich eines Morgens sehr früh auf, um im Krankenhaus zu sein, bevor meine Geschwister und meine Mutter eintrafen. Als ich sein Zimmer betrat, sah ich, dass man ihm starke Medikamente verabreicht hatte, um seine Schmerzen zu lindern. Er war nicht mehr bei Sinnen. Ich setzte mich hin und begann zu weinen, denn ich wusste, dass der Moment, um reinen Tisch zu machen, vorübergegangen war und die Gelegenheit dazu wahrscheinlich nicht wiederkommen würde. Und das tat sie auch nicht. Dad kam nie wieder wirklich zu sich.

An jenem Morgen murmelte er etwas im Schlaf, bewegte sich ein wenig und war sehr unruhig. Ich stand von meinem Stuhl auf und trat an seine Seite. Ich sagte: »Hi, Dad, ich bin hier.« Ich legte meine Hand auf seine Schulter und ließ sie dort. Nach ein paar Augenblicken hörte er auf zu murmeln und wurde still. Sein Schlaf wurde friedlicher. Ich glaube, er wusste, dass zwischen uns alles in Ordnung war. Ich empfand es genauso, mit meiner Hand auf seiner Schulter, während ich ihm zusah, wie er ruhig dalag. Ich beugte mich zu ihm hinab und küsste ihn auf die Stirn.

Das war also der Abschluss, den ich mit meinem Vater hatte. Es war nicht so, wie ich es mir vorgestellt hatte. Der Abschluss, den ich wirklich wollte, war das Gespräch an Heiligabend oder das ich mir im Krankenhaus erhofft hatte. Stattdessen war dies der Abschluss, den wir fanden. Es war nicht genug, und das musste ich akzeptieren.

Bei meiner Mutter war es ganz anders. In den letzten Jahren ihres Lebens hatte sie große Schwierigkeiten zu gehen und war im Grunde nicht mehr in der Lage, für sich selbst zu sorgen. In diesen zwei Jahren verbrachte ich jeden Monat ein Wochenende mit ihr und sah mir stundenlang Wiederholungen von Krimiserien an. Oft fuhr ich mit ihr spazieren, damit wir beide etwas frische Luft schnappen konnten. Wir fuhren durch unsere alte Nachbarschaft, wobei wir dort vorbeikamen, wo ich zur Schule gegangen war, oder in die Gegend, in der sie aufgewachsen war.

Mir ist jetzt klar, dass auch meine Mutter einen Schlussstrich für sich ziehen musste – nicht in Bezug auf mich, sondern in Bezug auf ihr Leben. Auf unseren Fahrten erzählte sie mir viele Geschichten über ihre Kindheit. Wie sie aufgewachsen war. Was man für sie getan, aber auch, was man ihr angetan hatte, und zwar von Erwachsenen, die auf sie hätten achtgeben und für sie sorgen sollen. Das waren Geschichten, die ich noch nie gehört hatte, und um ehrlich zu sein, gab es einen Teil in mir, der die meisten von ihnen nicht hören wollte. Ich wollte nicht daran denken, dass das kleine Mädchen, das meine Mutter werden sollte, in Armut lebte, nicht das hatte, was es brauchte, von Autoritätspersonen misshandelt wurde und das selbst nicht die Möglichkeiten hatte, für die sie und mein Vater, um sie meinen Geschwistern und mir zu bieten, so hart gearbeitet hatten. Ich verfluchte die Lehrerin, die einem kleinen Mädchen verwehrte, das Mittagessen zu essen, für das ihre Eltern aufkamen, weil sie eine Rechenaufgabe nicht verstehen konnte. Ich segnete den Farmbesitzer, der seine Sonnenbrille einem kleinen Mädchen gab, das ihrem Vater und ihren Brüdern auf dem Feld half. Sie erzählte mir auch Geschichten aus der Kindheit meines Vaters, und ich verstand das Leid, das er in seiner Kindheit durchgemacht hatte, nun viel besser.

Es war sehr schwer, mir diese Geschichten anzuhören, aber ich wusste, wie wichtig es für meine Mutter war, dass ich sie erfuhr. Das war ihr Abschluss. Sie trauerte um ihr Leben, indem sie darauf zurückblickte und ihre Erinnerungen mit mir teilte, und ich trauerte mit ihr. Viele Male wiederholte ich dabei: »Es tut mir so leid, Mom, dass das passiert ist.« Mehr Worte hatte ich nicht. Aber diese wenigen waren von ganzem Herzen so gemeint. Was hätte ich dem kleinen Mädchen, das ein so hartes Leben hinter sich hatte, auch sonst sagen sollen? Anstelle der Worte, die mir fehlten, umarmte ich meine Mutter in diesen zwei Jahren sehr oft. Ich umarmte sie morgens, wenn sie aufstand, immer wieder tagsüber und gab ihr einen dicken Kuss auf die Wange, bevor sie abends zu Bett ging. Als ich meine Mutter umarmte, umarmte ich auch das kleine Mädchen in ihr, das darum gekämpft hatte, seinen Platz in der Welt zu finden, und das schließlich zu einer Mutter wurde, die ihre Kinder um alles in der Welt beschützen wollte. Sie sagte mir, wie sehr sie mich liebte, und ich sagte ihr, wie sehr ich sie liebte. (Ich wünschte, ich hätte das öfter zu meinem Vater gesagt.)

An meinem letzten Geburtstag, den ich mit meiner Mutter feierte, brachte meine Schwester einen Kuchen mit einer Kerze darauf. Meine Mutter versuchte, »Happy Birthday« für mich zu singen, und ich wusste, dass es das letzte Mal war, dass sie für mich singen würde. Ich bedankte mich bei ihr für all die Geburtstage, die sie und mein Vater mit mir gefeiert hatten und bei denen sie immer dafür gesorgt hatten, dass es ein ganz besonderer Tag war, mit Geschenken und Kuchen, die sie vermutlich als Kinder beide nicht sehr oft bekommen hatten. Man kann wohl sagen, dass meine Eltern es auf ihre eigene Art und Weise weitergegeben haben, und dafür bin ich ihnen ewig dankbar.

Ich erinnere mich noch genau, wie wir im Wagen meines älteren Bruders zur Beerdigung meiner Mutter fuhren. Als Kind war es eine meiner größten Ängste, meine Mutter zu verlieren und zu ihrer Beerdigung gehen zu müssen. Nun erlebte ich diesen Moment. Ich dachte daran, wie ich einmal als kleiner Junge wütend auf sie war, weil sie mich zwang, mein Zimmer aufzuräumen, und ich zu Gott aufschaute und sagte: »Sobald du bereit bist.« Als ich meiner Mutter diese Geschichte später als Erwachsener erzählte, fragte sie, für wen Gott eigentlich hätte bereit sein sollen, und ich sagte, wahrscheinlich für sie. Darüber haben wir beide sehr gelacht. Ich dankte Gott dafür, dass er mich nicht erhört hatte, dass er mich mit beiden Elternteilen aufwachsen und erwachsen werden ließ, sodass sie noch in meinem Leben waren, als ich selbst im mittleren Alter stand. Was für ein Geschenk.

Als wir auf dem Friedhof ankamen, sah ich zu meinem älteren Bruder, meiner Schwester und meinem jüngeren Bruder hinüber. Mich überkamen Erinnerungen an uns als Kinder, wie wir uns gegenseitig unterstützten, wie wir uns zankten, wie meine Eltern uns beigebracht hatten, aufeinander aufzupassen. Jetzt waren wir erwachsen, alle hatten wir unseren eigenen Platz im Leben gefunden und trugen gemeinsam den Sarg unserer Mutter zu ihrer letzten Ruhestätte. Vier Kinder, die die Bildung erreicht hatten oder eines Tages erreichen sollten, nach der sich mein Vater gesehnt hatte und die ihm dennoch verwehrt geblieben war. Ich spürte, wie tief die Liebe meiner Eltern zu ihren Kindern gewesen war, auch wenn sie sie nicht immer auf eine Weise zum Ausdruck brachten, die den Beifall von Kinderpsycholog*innen gefunden hätte, sondern eben auf die bestmögliche Weise, die sie kannten.

In diesem Moment fühlte ich mich solidarisch mit den vielen Klient*innen, die nach meiner Taschentuchbox gegriffen und mit erstickter Stimme die Worte hervorgebracht haben, die sie gerne noch einmal einem geliebten Menschen, der von ihnen gegangen war, gesagt hätten. Ich fühlte ihren Schmerz. Ich wurde daran erinnert, wie vergänglich das Leben ist und wie kostbar jeder Moment, den wir mit einem geliebten Menschen verbringen.

Bevor ich meine Mutter auf dem Friedhof verließ, klopfte ich ihr noch einmal auf den Sarg. Danke, Mom. Und danke, Dad.

Meine Mutter schloss mit ihrem Leben ab, indem sie mir die Geschichten erzählte, die sie mir nie zuvor erzählt hatte, Geschichten, die sie unbedingt erzählen musste. Mein Abschluss mit meiner Mutter bestand darin, ihr so viel Liebe wie möglich zu geben, angefangen damit, dass ich ihr zuhörte, was eines der größten Geschenke ist, die man einem anderen Menschen machen kann. Und viele Umarmungen. Meine Präsenz. Das war alles, was sie wollte.

Nach dem Tod meiner Mutter habe ich einige Jahre lang aufgehört, Weihnachten zu feiern. Die Erinnerungen waren zu schmerzlich, und in mir tat immer noch alles weh. Aber ich habe wieder damit angefangen. Weihnachten war für meine Eltern die schönste Zeit des Jahres. Meine Mutter hat es das ganze Jahr über geplant und jede Woche ein paar Dollar gespart, um uns das Weihnachtsfest zu ermöglichen, das sie und mein Vater als Kinder nie gehabt hatten. Meine Eltern würden nicht wollen, dass ich die Weihnachtstage ignoriere. Heutzutage verbringe ich die Feiertage im Freundeskreis, und wir teilen die Weihnachtsstimmung miteinander. Und jedes Jahr versuche ich, im Rahmen meiner Möglichkeiten denjenigen unter die Arme zu greifen, die nicht über die finanziellen Mittel verfügen, um Weihnachtsgeschenke für ihre Kinder zu kaufen. Dies zu tun und Zeit mit meinen Freunden zu verbringen, ist das Vermächtnis meiner Eltern und mir eine Freude.

Als ich diesen Abschnitt über den Verlust meiner Eltern schrieb, musste ich weinen, aber indem ich meine Geschichte erzählte, konnte ich ein wenig mehr damit abschließen und einen weiteren Schritt in meinem Trauerprozess tun. Es ist meine Hoffnung, dass mein Erlebnis Ihnen dabei helfen wird, Ihre eigenen Erfahrungen mit diesem Thema besser einzuordnen.

Abschließende Überlegung: Ein Kapitel muss enden, damit ein neues beginnen kann

Der Tod ist der letzte Beleg dafür, dass sich das Leben unserer Kontrolle entzieht. Wenn wir einen Menschen verlieren, kann sich der Schmerz unerträglich anfühlen. Es ist nur menschlich, damit abschließen zu wollen. Und ich glaube, wir können auf verschiedene Weise einen Abschluss finden. Aber ich glaube im Grunde genommen nicht, dass andere Menschen ihn uns bieten können, wenn jemand stirbt. Trost ja, aber keinen Abschluss.

Aber ich bin auch der Meinung – vielmehr der festen Überzeugung –, dass wir nach dem Verlust eines geliebten Menschen nicht so sehr einen Abschluss brauchen, wie wir vielleicht glauben. Ein Abschluss kann uns helfen, zur Ruhe zu kommen, er kann uns über manches hinwegtragen, aber er nimmt uns nicht den Schmerz über den Verlust, sosehr wir uns das auch wünschen würden. Meiner Erfahrung nach besteht der Weg, mit diesem Schmerz umzugehen, darin, zu lernen, ihn zuzulassen, ihn auszuhalten und dankbar dafür zu sein, dass wir in Kontakt sind mit diesem zarten Anteil in der Tiefe unseres menschlichen Wesens, der uns den Schmerz des Verlustes spüren lässt. Der Weg besteht darin, ohne Furcht den Kampf aufzugeben, den Schmerz zum Verschwinden zu bringen, denn er wird nicht verschwinden. Indem wir akzeptieren, dass Verlust und Schmerz Teil des Lebens sind, verleihen wir uns selbst die Kraft, mehr zu lieben, mehr zu geben und mehr zu akzeptieren. Gut mit uns selbst umzugehen und aus vollem Herzen das Vermächtnis unserer Lieben in unserem eigenen Leben und im Leben der Menschen um uns herum weiterzutragen.

Darin liegt unsere Heilung. Auf diese Weise finden wir unseren Abschluss.

SCHLUSSBETRACHTUNG: NACH VORNE BLICKEN

In diesem Buch haben wir uns mit dem Thema Abschluss aus unterschiedlichen Blickwinkeln beschäftigt – was er ist und was er nicht ist, warum wir ihn wollen, wie wir ihn bekommen und was wir tun können, wenn wir ihn nicht bekommen. Abschließend möchte ich Ihnen einige Überlegungen aus meiner Arbeit als Psychotherapeut mitteilen, von denen ich hoffe, dass sie Ihnen bei der eigenen Suche nach einem Abschluss in Ihrem Leben von Nutzen sein werden.

Sorgen Sie für weniger Klärungsbedarf

Sie können selbst dafür sorgen, weniger häufig in Situationen zu geraten, die nach einer Klärung verlangen, indem Sie sich eine gesunde Kommunikation zur täglichen Gewohnheit machen. Wenn Sie im gegenwärtigen Augenblick bleiben und sich der Gelegenheiten bewusst sind, die sich Ihnen hier und jetzt bieten, um umfassend zu kommunizieren, können Sie vermeiden, dass überhaupt erst die offenen Fragen entstehen, die das Bedürfnis nach einer Klärung wecken. Damit ist jedoch nicht gemeint, dass Sie Konflikten aus dem Weg gehen sollen, was oft dazu führt, dass sich ungute Gefühle einschleichen und sich am Ende ein noch größerer Klärungsbedarf ergibt. Es bedeutet vielmehr, dass ganz von selbst weniger Konflikte entstehen, wenn Sie gut kommunizieren, und die Konflikte, falls sie doch auftreten, leichter zu lösen sind. Hier die wichtigsten Grundsätze, die Sie sich einprägen sollten.

- **Kommunizieren Sie mit einer klaren Zielsetzung.** Wie ich in den vorangegangenen Kapiteln, insbesondere in Kapitel 8, erläutert habe, ist Intentionalität, also eine klare Zielsetzung, eine entscheidende Komponente für effektive Kommunikation. Seien Sie sich bewusst, was Sie mit Ihrer Kommunikation erreichen wollen. Überlegen Sie, wie Sie sich am einfühlsamsten ausdrücken können. Und machen Sie auch Ihrem Gegenüber Ihre Absichten klar.
- **Machen Sie Ihr Zuhause zu einem sicheren Raum für Emotionen.** Wenn Sie oder andere Familienmitglieder wie auf Eierschalen gehen müssen, ist das keine effektive Kommunikation. Arbeiten Sie mit Ihrem Partner oder Ihrer Partnerin daran, offen über Gefühle zu sprechen, ohne Angst vor Bewertungen oder Schuldzuweisungen haben zu müssen. Vermitteln Sie auch Ihren Kindern, dass es in Ordnung ist, über Gefühle zu sprechen und sie nicht zurückzuhalten.
- **Machen Sie sich den Anfängergeist zu eigen.** Wenn Sie sich dabei ertappen, wie Sie Gesprächsverläufe im Voraus durchspielen oder sich Dinge sagen wie »Ich weiß schon, worauf das hinausläuft«, dann zwängen Sie Ihr Gespräch in eine Schublade, sodass es genauso beginnt und endet wie die anderen zuvor, ohne dass damit irgendetwas erreicht wird. Jedes Gespräch ist neu, also gehen Sie unvoreingenommen in es hinein, bereit zu sagen, was Sie zu sagen haben, und ebenso bereit zuzuhören.
- **Achten Sie darauf, was zwischen den Zeilen stehen**

bleibt. Nicht nur das, worüber wir reden, sondern auch das, was ungesagt bleibt, kann später Klärungsbedarf nach sich ziehen. Lassen Sie nicht zu, dass Gefühle wie Wut, Angst und Ohnmacht übergangen und ignoriert werden. Sie selbst haben Gefühle, und der Person, mit der Sie zu kommunizieren versuchen, geht es da nicht anders. Warum sollten Sie so tun, als wäre es nicht so?

- **Räumen Sie alltägliche Unstimmigkeiten aus dem Weg.** Wenn Sie etwas auf dem Herzen haben, dann sprechen Sie es aus. Lassen Sie nicht zu, dass es weiter in Ihnen schwelt und Groll erzeugt. Und lassen Sie auch keine Gelegenheit ungenutzt, um sich freundlich zu zeigen, Danke zu sagen oder Ihre Wertschätzung auszudrücken. Es ist auch in Ordnung, auf einen offengebliebenen Punkt zurückzukommen, der Sie noch immer beschäftigt oder quält. Verschaffen Sie sich Klarheit.

Kommen Sie in Ihre Kraft

Das Verlangen nach einem Abschluss kann zu einem Gefühl der Ohnmacht führen. Es ist daher wichtig, dabei aus einer Position der Stärke zu agieren, da es unweigerlich zu weiterem Schmerz und damit zu einem fortgesetzten Verlangen nach einem Abschluss führt, wenn wir ihn aus einer Position der Schwäche anstreben.

In die eigene Kraft zu kommen, bedeutet für mich, sich zu erlauben, so zu sein, wie man ist. Den eigenen Werten treu zu bleiben. Zu den eigenen Gedanken, Wahrnehmungen und Ansichten zu stehen. Zu fühlen, was man fühlt. Es bedeutet, sich selbst zu respektieren und zu erwarten, von anderen mit demselben Respekt behandelt zu werden, den wir auch ihnen entgegenbringen. In die eigene Kraft zu gehen, bedeutet nicht, aggressiv oder fordernd aufzutreten. Es bedeutet, das Selbstvertrauen und das Selbstwertgefühl zu haben, sich selbst und anderen gegenüber anteilnehmend zu sein. Idealerweise geht dies Hand in Hand mit der Übernahme von Verantwortung, einschließlich der Bereitschaft, so zuzuhören, wie Sie selbst Gehör finden möchten, nämlich mit einem offenen Geist. Hier einige Tipps, die Ihnen dabei helfen, in Ihre Kraft zu kommen.

- **Geben Sie sich selbst Bestätigung.** Natürlich brauchen wir die Anerkennung anderer Menschen, um uns bestätigt zu fühlen, aber wir müssen uns diese Bestätigung auch selbst geben. Das bedeutet, uns selbst Mut zuzusprechen, der Stimme der Selbstkritik nicht nachzugeben, dafür zu sorgen, dass wir, auch wenn wir uns um andere Menschen kümmern, unsere eigenen Bedürfnisse an erste Stelle setzen, und unsere eigenen Interessen zu wahren, damit wir in die Lage kommen, weiter zu wachsen und uns gut um uns selbst und unser Wohlbefinden zu kümmern. Lassen wir es an dieser Selbstbestätigung vermissen, verfallen wir leicht in Gefühle der Ohnmacht, indem wir die Anerkennung anderer suchen.
- **Entschuldigen Sie sich nicht für das, was Sie sind.** In die eigene Kraft zu kommen, bedeutet, wie gesagt, sich zu erlauben, so zu sein, wie Sie sind, und ohne sich dafür zu entschuldigen. Das heißt freilich nicht, dass Sie die Freiheit haben, anderen Leid zuzufügen, aber es heißt, auf authentische Weise als die Person zu leben, die Sie sind, unabhängig davon, was andere Menschen in Ihnen sehen wollen. Der Versuch, für sich mit etwas abzuschließen, indem Sie versuchen, andere dazu zu bringen, Sie als Person zu akzeptieren oder anzuerkennen, ist ein aussichtsloses Unterfangen. Sie brauchen von niemandem die Erlaubnis, Sie selbst zu sein.

- **Lassen Sie andere Menschen so sein, wie sie sind.** Andere zu akzeptieren, ohne zu versuchen, sie zu ändern oder zu kontrollieren, ist etwas, das uns allen Freiheit schenkt. Ein Versuch, mit etwas abzuschließen, der darauf abzielt, die Gedanken, Gefühle oder das Verhalten eines anderen Menschen zu ändern, führt nicht zu einer Lösung, sondern nur zum Gefühl der Ohnmacht.
- **Sagen Sie Ihre Meinung, aber in freundlicher Form.** Letztlich schätzen die Menschen die Ehrlichkeit, auch wenn sie im Moment wehtun mag. Sie leiden viel mehr darunter, wenn wir nicht aufrichtig zu ihnen sind – zum Beispiel, wenn wir sie im Glauben lassen, wir seien mit etwas einverstanden, bis wir ihnen schließlich offenbaren, dass dem doch nicht so ist. Seien Sie also von Anfang an ehrlich. Lassen Sie andere wissen, wo Sie stehen. Sie können dies auf eine freundliche und einfühlsame Art tun und ohne dabei aggressiv zu werden.

Respektieren Sie die Grenzen der anderen

Sowohl innerhalb der Psychotherapie als auch in populären Kontexten ist viel von Grenzen die Rede. Wenn wir fremde wie eigene Grenzen respektieren, erlauben wir anderen Menschen, so zu sein, wie sie sind, und erlauben auch uns selbst, so zu sein, wie wir sind. Gesunde Grenzen lassen uns erkennen, wann wir helfen können und wann es gilt, andere selbst eine Lösung finden zu lassen, indem wir unsere Hilfe anbieten, ohne jedoch ein Fehlverhalten zu unterstützen. Diese Grenzen zu erkennen, kann Ihnen dabei helfen, einen Abschluss zu vermeiden, bei dem sich eine Seite (oder beide) emotional manipuliert und entmündigt fühlt. Wie gelingt es Ihnen, die Grenzen der anderen zu respektieren? Hier einige Tipps.

- **Geben Sie das Bedürfnis nach Kontrolle auf.** Es liegt in der menschlichen Natur, die Kontrolle über unser Leben behalten zu wollen. Schließlich sind wir darauf programmiert, Ungewissheit zu vermeiden. In unserem Verlangen nach Kontrolle versuchen wir jedoch allzu oft auch, andere zu kontrollieren. Hinter dem Bestreben, mit einer Person zu einer Einigung zu kommen, kann sich der Versuch verbergen, über sie oder unsere Beziehung zu ihr die Kontrolle zu erlangen, indem wir versuchen, die Dinge zwischen uns auf eine Weise zu klären, die für uns selbst akzeptabel ist, für die andere Person jedoch nicht. Hüten Sie sich daher vor dem Bedürfnis, andere zu kontrollieren. Überlegen Sie sich genau, von welcher Zielsetzung Sie sich leiten lassen, um sicherzugehen, dass es dabei nicht um Kontrolle geht.
- **Gewähren zu lassen, kann entmündigend sein.** Bedenken Sie, dass es für beide Seiten etwas Entmündigendes haben kann, wenn Sie das Fehlverhalten einer anderen Person tolerieren, unabhängig davon, ob dieses Verhalten Ihnen, der anderen Person oder Ihrer Beziehung zu ihr schadet. Es kann auch ein Weg sein, die andere Person in einem Zustand der Bedürftigkeit zu halten und so die eigene Position der Vormundschaft zu behaupten. Das Bemühen um Klärung kann ebenfalls eine Form sein, eine andere Person in ihrem Fehlverhalten zu bestärken, wenn Sie sich zum Beispiel bei ihr entschuldigen, indem Sie sich als das »größere Übel« hinstellen, während Sie im Grunde genommen nicht glauben, etwas falsch gemacht zu haben. Vielleicht gibt Ihnen dieses Vorgehen das Gefühl, besonders nachsichtig und liebenswürdig zu sein, aber letzten Endes schafft es nur die Voraussetzun-

gen dafür, dass ein Fehlverhalten unverändert weitergeht, ohne dass es Konsequenzen hat.

- **Auch Sie dürfen Grenzen haben.** So hart es auch klingen mag, nicht jeder Mensch, dem wir im Leben begegnen, hat unser Wohl im Sinn. Manche Menschen sind zu problembelastet, zu sehr in sich gefangen, haben selbst zu schlechte Erfahrungen gemacht, um andere mit Respekt und Freundlichkeit zu behandeln. Wenn der Versuch, mit einer solchen Person zu einer Einigung zu kommen, Ihnen nur weiteren Schaden zufügt, haben Sie selbstverständlich das Recht, für sich eine Grenze zu setzen und weiterzugehen.

Seien Sie sich bewusst, wann Sie Hilfe in Anspruch nehmen sollten

Mit etwas einen Abschluss zu finden, kann für unsere seelische Gesundheit ein großer Gewinn sein. Aber wie Sie aus der Lektüre dieses Buches (wenn nicht bereits aus Ihrem eigenen Leben) wissen, kann der Weg dorthin sehr mühsam oder auch ganz verbaut sein. Zudem stellt die Situation, die das Bedürfnis nach einem Abschluss überhaupt erst hervorgerufen hat, wahrscheinlich auch an sich eine Herausforderung für Ihr emotionales Wohlbefinden dar. Wir Menschen sind nicht dafür gemacht, auf uns allein gestellt zu sein. Hier sind einige Punkte, die es zu beachten gilt, wenn Sie sich Unterstützung in Ihrem persönlichen Umfeld oder bei psychologischen Fachleuten suchen.

- **Seien Sie sich Ihrer selbst bewusst.** Achten Sie auf Ihre Gedanken und Gefühle. Stellen Sie sich die unbequeme Frage, ob die Absichten, die hinter Ihrem Bedürfnis nach einem Abschluss stehen, wirklich gesund sind oder ob sie aus Ihren eigenen unerfüllten Bedürfnissen stammen, aus Ihren eigenen Geschichten, die Sie sich immer wieder erzählen, oder sogar aus dem Drang, einem anderen Menschen wehzutun. Selbsterkenntnis kann bedeuten anzuerkennen, wie wichtig es für Sie ist, einen Abschluss zu finden, und sich zu verpflichten, alles in Ihrer Macht Stehende zu tun, um ihn zu erreichen. Selbsterkenntnis kann aber auch bedeuten einzusehen – so schmerzhaft diese Entscheidung auch sein mag –, dass es an der Zeit ist, die Sache auf sich beruhen zu lassen und sich in Akzeptanz zu üben. Selbsterkenntnis verleiht Ihnen Stärke, denn sie ist der Schlüssel dazu, sich selbst und andere vor emotionalem Schaden zu bewahren.

- **Um Hilfe zu bitten, ist mutig.** In meiner Arbeit als Psychotherapeut höre ich oft von meinen Klient*innen, wie schwer es ihnen gefallen ist, sich Hilfe zu suchen, dass sie sich dadurch schwach vorkamen oder befürchteten, von anderen Menschen als schwach angesehen zu werden. Lassen Sie mich Ihnen etwas sagen, was ich in der Vergangenheit zu mir selbst gesagt habe und was ich auch oft zu Freund*innen, Familienangehörigen und meinen eigenen Klient*innen sage: Um Hilfe zu bitten, ist eines der mutigsten Dinge, die Sie tun können. Es bedeutet, dass Sie das Richtige für sich selbst tun, auch wenn es Ihnen Angst macht. Sie müssen nicht alles alleine bewältigen. Bitten Sie um Hilfe.
- **Lassen Sie sich nicht von Ihrem Stolz abhalten.** Um Hilfe zu bitten, ist zugleich schwer und einfach. Es ist schwer, weil wir Menschen nicht gerne zugeben, dass wir Hilfe brauchen. Es ist einfach, weil es nur weniger Worte bedarf: »Ich brauche Hilfe.« Lassen Sie nicht zu, dass Ihr Stolz Sie daran hindert, Hilfe zu finden, wenn Sie sie brauchen.

Ein paar abschließende Gedanken zum Thema Abschluss

Damit nähern wir uns dem Ende dieses Buches, und ich möchte nicht schließen, ohne Ihnen noch einige Gedanken mit auf den Weg zu geben, von denen ich hoffe, dass sie Ihnen bei Ihren Überlegungen, welche Bedeutung ein Abschluss in nächster Zeit für Sie hat, von Nutzen sein werden.

- **Sorgen Sie jeden Tag für einen kleinen Abschluss.** Wenn sich die kleinen Missverständnisse des Alltags mit der Zeit mehr und mehr häufen, wird es immer schwieriger, damit einen Abschluss zu finden. Lassen Sie Gelegenheiten für »kleine Abschlüsse« ungenutzt verstreichen, können daraus unausgesprochene Spannungen erwachsen, die sehr viel schwieriger aufzulösen sind. Machen Sie es sich zur täglichen Übung, mit einer klaren Zielsetzung zu kommunizieren und in alltäglichen Interaktionen einen Abschluss zu finden. Lächeln Sie und sagen Sie Danke. Sagen Sie den Menschen, die Ihnen nahestehen, wie viel sie Ihnen bedeuten. Sprechen Sie es an, wenn Sie sich missverstanden, nicht respektiert oder nicht wertgeschätzt fühlen. Lösen Sie diese Verstrickungen auf, bevor sie so fest werden, dass sie Ihre Beziehungen zu strangulieren drohen.
- **Es ist in Ordnung, um ein klärendes Gespräch zu bitten.** Ein fehlender Abschluss kann an Ihnen nagen, sich in Ihrem Geist festsetzen und zu Groll, Wut und Rückzug führen. Geben Sie sich selbst die Erlaubnis, um ein klärendes Gespräch zu bitten, wenn Sie es brauchen. Sie tun damit nicht nur sich selbst, sondern auch Ihren Beziehungen einen Gefallen. Seien Sie bereit, sich verletzlich zu zeigen, für eine ehrliche Kommunikation

auch etwas zu riskieren und zu tun, was immer Sie tun müssen, um Ihr eigenes Wohlbefinden und Selbstwertgefühl zu bewahren.

- **Es ist in Ordnung, nicht oder nicht länger um ein klärendes Gespräch zu bitten.** Seien Sie ehrlich zu sich selbst in Bezug darauf, was Sie von anderen Menschen erwarten können und was nicht. Wenn Sie einen Menschen gut genug kennen, um zu wissen, dass er Ihnen wahrscheinlich nicht zu dem Abschluss verhelfen wird, den Sie für sich brauchen, dann ist es in Ordnung, gar nicht erst zu fragen. Kommt die andere Person Ihrem Versuch, mit etwas – sei es nun mehr oder weniger bedeutsam – einen Abschluss zu finden, nicht entgegen, dann geben Sie sich selbst die Erlaubnis, die Sache für sich abzuhaken. In einer solchen Situation etwas auf sich beruhen zu lassen, bedeutet nicht, zu kneifen. Es besagt vielmehr: »Ich bin mir wichtig. Mein seelisches Wohlbefinden ist mir wichtig.« Zu tun, was für Sie und für andere das Richtige ist, zeugt von Mut, nicht von Schwäche.
- **Handeln Sie stets mit Mitgefühl.** Hätten Bücher Neonlichter, würde dieser Punkt rot aufleuchten. Bemühen Sie sich jeden Tag darum, anderen Menschen mit Mitgefühl, Freundlichkeit, Respekt und einem offenen Geist zu begegnen. Mitgefühl beginnt bei Ihnen selbst, in Ihrem eigenen Herzen und Geist. Negative Einstellungen, die Sie in Bezug auf sich selbst hegen, tragen Sie auch nach außen in die Welt. Zeigen Sie also zuerst Mitgefühl mit sich selbst. Geben Sie der Stimme der Selbstkritik und der Selbstverurteilung keinen Raum, und es wird Ihnen sehr viel leichter fallen, auch anderen gegenüber freundlich zu sein. Das kostet weniger Energie, als unfreundlich und auf Konfrontation aus zu sein, das kann

ich mit Bestimmtheit sagen. Manchmal wird es Ihnen gut gelingen, manchmal weniger gut, und sagen Sie sich dann, dass Sie es morgen besser machen werden. Wir alle müssen versuchen, unser Bestes zu geben.

- **Hören Sie unvoreingenommen zu.** Eines der größten Geschenke, die wir einem anderen Menschen machen können, ist das Zuhören. Erweisen Sie bei Ihrem Bemühen um einen Abschluss Ihrem Gegenüber Respekt, indem Sie dem zuhören, was er zu sagen hat. Vielleicht erfahren Sie dabei etwas über Ihre Beziehung, das Ihnen bisher nicht bewusst war. Vielleicht erfahren Sie dabei, dass etwas, das wie ein Fehlverhalten Ihnen gegenüber aussah, das Ergebnis eines Fehlverhaltens ist, das Ihrem Gegenüber widerfahren ist. Vielleicht stellen Sie dabei fest, dass ein Schlussstrich einen neuen Weg in Ihrer Beziehung eröffnet, obwohl Sie damit gerechnet hatten, dass sich Ihre Wege damit trennen würden. Vielleicht erleben Sie miteinander eine unerwartete Weiterentwicklung.

Zusammenfassend ist zu sagen: Mit etwas abschließen zu können, ist ein Verlangen, das uns Menschen angeboren ist. Es gibt gesunde und weniger gesunde Wege, nach einem Abschluss zu suchen, und es gibt gesunde und weniger gesunde Wege, darauf zu verzichten. Die Art von inneren Kämpfen, die zu dem Wunsch führen, mit etwas abzuschließen, bringt nicht immer das optimale Verhalten in uns zum Vorschein. Aber nur weil wir Wut im Bauch haben, heißt das nicht, dass ein anderer Mensch dafür leiden muss, und umgekehrt bedeutet, ein guter Mensch zu sein, nicht, dass wir zulassen, unter dem Verhalten eines anderen Menschen zu leiden. Wenn Sie vorhaben, einen Schlussstrich zu ziehen, dann tun Sie dies mit einer klaren Zielsetzung und dem nötigen Mitgefühl. Und wenn es nicht möglich ist, einen Abschluss zu finden, dann lassen Sie die Sache auf sich beruhen und üben Sie sich stattdessen in Akzeptanz. Das Wichtigste bei Ihrer Suche nach einem Abschluss ist, sich selbst und andere mit Wohlwollen und Respekt zu behandeln. Lieben Sie sich selbst. Beschützen Sie Ihr Herz.

DANK

Vielen Menschen, die mich während des Schreibens von *The Power of Closure* unterstützt haben, bin ich zu großem Dank verpflichtet.

Zunächst sei den vier Eckpfeilern dieser Unterstützung gedankt, und zwar in der Reihenfolge ihres Auftauchens:

Meine wunderbare Freundin Kathy Sharpe las einen Artikel über das Thema Abschluss, den ich für meine Webseite geschrieben hatte, und kommentierte ihn in einer E-Mail mit: »Darin steckt ein ganzes Buch.« Kathy war es auch, die meine Fortschritte beim Schreiben verfolgte und mich auf meinem Weg ermutigte.

Mein Literaturagent David Forrer hat mir bei der Konzeption des Inhaltsverzeichnisses und der Erstellung der Musterkapitel wertvolle Hilfe geleistet. Besonders glücklich schätze ich mich, dass seine Begeisterung für Bücher auch die Begeisterung für mein Buch einschloss. Für seinen Optimismus und seine Ratschläge bin ich nach wie vor sehr dankbar.

Marian Lizzi, Programmleiterin von TarcherPerigee, hat mir diese unglaubliche Gelegenheit geboten, meine Worte bei meinem Traumverlag gedruckt zu sehen. Außerdem stand sie mir während des gesamten Schreibprozesses mit ihrem Fachwissen, ihrer umsichtigen Anleitung und ihrer liebenswürdigen Ermutigung zur Seite.

Lauren O'Neal, meine großartige Lektorin bei TarcherPerigee, hat mich geduldig auf dem Weg begleitet, der vom ersten Entwurf bis zur endgültigen Fassung des druckreifen Textes führt. Dank ihres hervorragenden Lektorats war dieser Entstehungsprozess eine echte Freude. Immer wieder hat sie mich damit in Erstaunen versetzt, wie gut sie verstand, was ich vermitteln wollte, und wie es ihr gelang, mir bei der Ordnung und Klärung meiner Gedanken zu helfen.

Weiterhin gilt mein Dank zwei Highschool-Englischlehrern, Dale Seal und Cheryl Cox, die meine Liebe zum Lesen und Schreiben erkannten und förderten, sowie meinem ehemaligen Chef und Mentor Rich Moore, der vor vielen Jahren zu mir sagte: »Sie sollten ein Buch schreiben.«

Außerdem habe ich das Glück, von vielen Freund*innen und Kolleg*innen umgeben zu sein, die sich ständig nach meinen Fortschritten erkundigten und mich ermutigten, während ich mein Buch fertigstellte. Ich hoffe, sie wissen, wie sehr ich sie schätze.

Von meinen Klient*innen habe ich im Laufe der Jahre sehr viel über das Abschließen gelernt. Es war mir eine große Ehre, diesen Weg gemeinsam mit ihnen zu gehen, und indem ich ihre Erfahrungen mit ihnen teilte, empfing ich von ihnen reichlich Lern- und Denkanstöße rund um das Thema Abschluss.

Sowohl Fachleute aus dem Bereich der psychischen Gesundheit als auch Hobbypsycholog*innen haben in meinem Denkansatz vielleicht Anklänge an die rational-emotionale Verhaltenstherapie, an das Konzept der Achtsamkeit und den Existenzialismus entdeckt. Vielen Dank an Albert Ellis, Pema Chödrön und Viktor Frankl.

Meine Brüder und Schwestern Dick, Bev und Dave, meine Schwägerinnen Tedi und Shelly samt ihren Kindern spornten mich an – heutzutage oft aus der Ferne, per Telefon und Gruppenchat. Und mein anderer Bruder Claudio teilte meine Begeisterung bei einem Teller seiner Spezialität Penne Pesto, erkundigte sich aber auch, wenn es tatsächlich nötig war: »Solltest du nicht eigentlich an deinem Buch arbeiten?« Bei alldem spürte ich aber auch die Anwesenheit meines guten Freundes Cord und meiner geliebten Eltern, die mich aufmunterten und anfeuerten, wie sie es auch zu Lebzeiten stets getan haben.

ÜBER DEN AUTOR

Dr. Gary McClain ist Pädagoge, Psychotherapeut und Beziehungscoach in eigener Praxis in New York City. Darüber hinaus arbeitet er mit Beschäftigten im unternehmerischen Umfeld. Sein therapeutischer Schwerpunkt liegt in der Arbeit mit Erwachsenen, die sich in einer Übergangsphase befinden – sei es im Zusammenhang mit partnerschaftlichen und familiären Beziehungen, Fragen von Gesundheit und häuslicher Pflege, Arbeit und Karriere sowie Verlust und Trauer. Effektive zwischenmenschliche Kommunikation, schwierige Gespräche und der Wunsch nach einem Abschluss sind Themen, die er häufig mit seinen Klient*innen erörtert. Er ist außerordentlicher Lehrbeauftragter und leitet Seminare und Workshops über psychische Gesundheit und Kommunikation.

Franca Cerutti & Christian Weiss

PSYCHOLOGIE TO GO! WIE VERRÜCKT SIND WIR EIGENTLICH?

EHRLICHES UND ÜBERRASCHENDES ÜBER UNSERE PSYCHE

Psychologie leicht gemacht – die charismatische Podcasterin klärt auf

Ob vor dem Mikrofon oder zwischen zwei Buchdeckeln – auf ihre unverkennbar charismatische Art bringt die Psychotherapeutin und Podcasterin Franca Cerutti die Psychologie in den Alltag: Was hilft dir, wenn dich plötzlich eine Panikattacke überkommt? Was ist zu tun, wenn sich eine Depression bemerkbar macht, und wie kannst du anderen bei ihren Problemen beistehen? In Zusammenarbeit mit ihrem Mann, dem Psychiater Christian Weiss, gibt Franca Cerutti wertvolle Impulse und einfühlsame Ratschläge.

In diesem Buch findest du Erklärungen, Checklisten und FAQS zu psychischen Erkrankungen, spannende Fallgeschichten aus Francas Praxis, Tipps, Tools und Therapiehinweise.

KNAUR BALANCE

Lukas Klaschinski

FÜHL DICH GANZ

WAS WIR GEWINNEN, WENN WIR UNSERE EMOTIONEN VERSTEHEN UND ZULASSEN

In unseren Gefühlen finden wir den Kompass des Lebens

Häufig bekommen wir ein falsches Bild von Emotionen vermittelt: Freude und Glück sind willkommen, Angst und Einsamkeit werden ausgesperrt. Dabei sind alle Gefühle Teil des Lebens. Wenn wir mit Gefühlsbereitschaft unsere Emotionen verstehen und zulassen, erkennen wir: Ohne sie navigieren wir blind, mit ihnen finden wir Sinn und Lebensfreude.

»Fesselnd, wissenschaftlich und wirksam! Lukas Klaschinski nimmt uns zum Wichtigsten mit, was wir haben: unsere Gefühle!« – *Stefanie Stahl*

KNAUR
BALANCE

Birgit Fehst

HARTE WAHRHEITEN AUS DEM LEBEN EINER PAARTHERAPEUTIN

FÜR ALLE, DIE IN EINER BEZIEHUNG SIND, MAL IN EINER WAREN ODER ES ENDLICH GERNE WÄREN

Wie du endlich die Liebe findest, die du verdienst

Warum sind Dating und Beziehungen oft so kompliziert? Die bekannte Paartherapeutin Birgit Fehst erklärt, was hinter Paarproblemen steckt und wie du sie löst. Auf Basis der Bindungstheorie und vielen Fallbeispielen aus ihrer Praxis zeigt die Autorin, wie du beim Dating achtsam mit dir selbst umgehst, dich aus toxischen Beziehungen befreist und gut durch eine Trennung kommst.

Erfahre mithilfe eines ausführlichen Selbsttests, welcher der vier Bindungsstile deiner ist und wie sich das auf dein Liebesleben auswirkt. Egal, ob du Dauersingle oder in einer Langzeitbeziehung lebst: Birgit Fehst hilft dir dabei, die Liebe zu finden und eine erfüllende Beziehung zu führen.

KNAUR BALANCE